新加坡双语教育政策发展研究

The Study on
the Development of
Bilingual Education Policy
in Singapore

周 进 ◎ 著

社会科学文献出版社
SOCIAL SCIENCES ACADEMIC PRESS (CHINA)

序

摆在读者面前的这本小书，是笔者在博士论文的基础上修改而成的。之所以选择这个题目进行研究，主要是出于以下几个方面的考虑。

第一，在全球化时代，多极化格局重新勾画了世界的空间维度，同质化与多元化并行的趋势直接导致了教育的国际化。这使得双语教育成为一些国家教育内容的重要组成部分，并在推进国家发展中彰显了巨大的潜在能量，正如英国伦敦大学教育学院教授安迪·格林所说的："教育必须包容复合的文化与民族。"作为一种新的教育运动或教育思潮，双语教育不仅在拥有多元民族与文化的国家承担着民族认同和文化传承的重任，发挥与经济发展同等重要的作用，而且必将对现实的教育改革与发展产生深刻影响，甚至影响国家的政治、经济发展模式和国家实体的建构。

第二，新加坡不仅是世界上双语教育最发达的国家之一，也是国家发展深深受惠于双语教育的国家之一。新加坡的双语教育起源于19世纪初的殖民地时期，当西方国家即将进入垄断资本主义阶段时，新加坡这个小岛国却陷入了英国殖民统治之下。这对于历史上所有曾经被殖民地化的国家来说，无疑是巨大的灾难。然而，新加坡却以借篷使风的姿态迅速地把自己打造成为世界级的自由贸易港，并在此基础上仅仅用了半个世纪的时间就跃居于资本主义世界前列，成为亚洲"四小龙"之一。新加坡神奇崛起的速度让全世界为之瞩目。在人类发展的全部历史中，从来没有一个国家或民族能够像新加坡那样以冲龄之年大踏步地前进。新加坡快速发展的原因固然很多，但其中最重要的原因之一就是确定了双语教育政策，大力发展双语教育，培养了大批具有全球视野和跨文化理解与思维能力的人才，为助推经济腾飞提供了必要的人力资源。那么，新加坡的双语教育政策是如何发展的？又经历了怎样的过程？有哪些历史经验值得学习？这些对于其他实行双语教育的国家来说无疑具有重要的借鉴意义。

第三，新加坡是华人人口占76%的国家，海外华人与中华民族同根同种，较之欧美国家，在人口形态和文化传统等方面与中国都有着更多的相似之处。因此，新加坡双语教育政策的历史经验，对于中国双语教育的实施具有更大的借鉴价值。

本书共分六章。第一章阐述了选题缘起与研究意义，对国内外研究状况进行了简单介绍。第二章通过阐述新加坡独立建国前的经济模式、民族矛盾与语文教育状况，介绍了双语教育政策的发展背景。第三章研究双语教育政策的确立与实践（1965~1986年）。这一时期，新加坡实行双语立国与建国战略，通过推行双语教育政策，不仅成功实现了国内政治稳定、经济独立与文化和谐，树立了全新的国际和外交形象，还对双语教育模式进行了初步探索与实践，奠定了新加坡双语教育发展的基本框架。第四章研究双语教育政策的修正与完善（1987~2007年）。这一时期新加坡的双语教育政策经过不断的调整与改革，进入了全面深化提升与自我完善的阶段，完成了国民教育体系的基本建构，成为助推新加坡经济腾飞的动力之源。第五章研究双语教育政策的深入推进（2008年至今）。这一时期新加坡的双语教育政策又迎来了新的发展机遇，在全球化成为世界主题的形势下，双语教育政策的创新性进一步强化，继续为推动新加坡成为环球城市国家做出重大贡献。第六章研究双语教育政策的作用和历史经验。分别从四个方面挖掘新加坡双语教育政策发挥的历史作用和成功经验。

在本书写作过程中，笔者得到导师朱文富先生的悉心指导，其严谨的治学精神、严肃的科学态度、精益求精的科研作风，使笔者深受感动和鞭策。

尽管有导师的指导和帮助，但是在本书付梓之前，内心仍不免惴惴。唯愿这粗浅的研究能够起到抛砖引玉的作用，期盼专家学者和读者们提出宝贵意见。

最后感谢为本书面世而辛勤工作的社会科学文献出版社的领导和同志们！

是为序。

周　进
2015年2月26日于天津

摘 要

国土面积狭小、饱受殖民统治、1965年才独立建国的新加坡，在短短半个世纪的时间里跻身世界发达国家行列。新加坡快速发展的原因很多，但一个最重要的原因是成功实施了双语教育，培养了众多双语人才，很好地适应了东西文化精华兼收并蓄和转口贸易立国的发展模式。

新加坡双语教育政策的发展有着深刻的历史和现实根源。自世界大航海时代以来，持续了几个世纪的转口贸易经济模式，奠定了新加坡双语或多语教育的底色；长达一个半世纪的英国殖民统治为新加坡的语文教育打下了难以抹去的烙印；多元民族的复合社会需要搭建民族间沟通的桥梁和联系民族文化的纽带；外向型经济发展模式急需大量的双语或多语精英人才。

新加坡的双语教育政策具有独特的演变过程及特点，其双语教育政策发展的历程大致可以分为四个阶段。1965年以前是独立建国前双语教育的启蒙与探索阶段，由于特殊的地理位置，长期的多元民族、多元语文和外向型经济发展模式，新加坡较早进行了双语教育的尝试，在客观上为建国以后实行双语教育政策打下了基础。1965~1986年是生存与发展主题下双语教育政策的确立与实践阶段，在这21年里，围绕双语教育的一系列改革探索了双语教育模式，实现了教育源流的统一，新加坡在双语教育政策推动下不仅成功立足于世界，而且很快进入了快速发展时期。1987~2007年是经济腾飞主题下双语教育政策的修正与完善阶段，三次华文教学改革和新的双语教育分流制度使双语教育政策自身的调整与改革进一步深化。2008年至今是重造新加坡主题下双语教育政策的深入推进阶段，从中央课程到校本课程，双语教育政策的创新性进一步强化，双语教育全球化程度日益提高。

  虽然在不同的阶段里双语教育政策的功能和定位有所不同，但在建国以后，双语教育政策总体上都是围绕建国之初确立的"教育配合经济发展"的务实的总方针不断与时俱进地调整和演进着，为教育探索道路，为国家培养精英。短短半个多世纪，双语教育政策与新加坡彼此相长、共同发展、共创奇迹，不仅把双语教育打造成为世界教育领域中独树一帜的成功典范，而且使新加坡从一个资源匮乏、矛盾重重的小岛国华丽转身为世界发达国家。新加坡双语教育政策的历史经验值得我们深入研究和学习借鉴。

  关键词：新加坡　双语教育　教育政策

Abstract

Singapore had suffered from colonial rule and became independent in 1965 with small land area, but it ranks among the world's developed countries in just half a century. There are many reasons for Singapore's rapid development, but one of the most important reasons is the successful implementation of bilingual education, which has trained a large number of bilingual professionals. Also, the development of Singapore is inclusive for both eastern and western culture and well adapted to the carrying trade model.

The development of Singapore's bilingual education policy has its profound historical and practical roots. The carrying trade model continued for centuries since the Great Voyage Age laid the background for Singapore bilingual or multilingual education; the British colonial rule up to one and a half centuries laid the indelible imprint for language education in Singapore; multi – ethnic society needs has built the bridges and ties to communicate and contact with each other; export – oriented economic development models need large amounts of bilingual or multilingual talents.

The development of bilingual education in Singapore has its own unique characteristics and evolution process. Its history of development of bilingual education experienced roughly four stages. First stage is before 1965, which is the Bilingual education Enlightenment and early explores time before independent. Due to the special geographical position, long – term multi – ethnic, multi – linguistic and export – oriented economic development model, Singapore attempts to try the bilingual education and laid the foundation for the bilingual education policy after its founding; From 1965 to 1986 was called as the establishment and practice period under the theme of the survival and development of bilingual education, in this 21 years, there were a series of reforms around bilingual education to explore the bilingual education model, which achieved the unity of the origins of education. With the bilingual education policy, Singapore not only promoted the success on the world, but also entered a rapid development period soon; From 1987 to 2007 was the period to revise and adjust bilingual education under the theme of economic boom, three Chinese teaching reform and a new distributaries' system made the bilingual education policy's adjustment and reform to further deepen; From 2008 until now is the period to deepen forward the bilingual education in Singapore under the theme of Re – Creating Singapore, from the central curriculum to school – based curriculum, the innovation of bilingual education policy is further strengthened and the globalization of bilingual education degree is increasing.

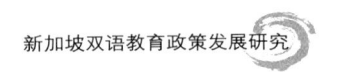

Although at different times the function and location of bilingual education in Singapore are different, after the founding of this nation, in general all the policies are around "education act in concert with economic development" and also to adjust the times and evolve itself in exploring the road for education and cultivating talents for the nation. Just a half a century, bilingual education and Singapore benefit each other to develop and make a magic together. Singapore not only becomes a successful unique model in the world in the field of education, but also turns itself as one of the world's developed countries from a formal resource – poor and contradicts small fishing village. There are many historical experiences from Singapore's bilingual education policy which are worthy of in – depth study and research.

Keywords: Singapore; Bilingual Education; Education Policy

目 录

第一章 绪论 ··· 001
  第一节 选题缘起与研究意义 ··· 002
  第二节 相关概念界定 ·· 007
  第三节 国内外研究现状 ·· 013
  第四节 研究内容与研究方法 ··· 026
  第五节 创新点与不足 ·· 031

第二章 独立建国前双语教育的启蒙与探索（1965年以前）··········· 033
  第一节 外向型经济模式与语文竞争 ·· 033
  第二节 多元民族矛盾与共同语政策的初探 ································· 043
  第三节 多元语文源流教育并存与双语教育的初步尝试··················· 052
  本章小结 ·· 078

第三章 生存与发展主题下双语教育政策的确立与实践
      （1965~1986年）··· 083
  第一节 双语立国和双语建国战略决定国家的生存与发展 ················ 084
  第二节 生存导向下双语教育政策的确立与循序渐进
        （1965~1975年）··· 095
  第三节 发展导向下双语教育政策的调整与延续（1976~1986年）····· 109
  本章小结 ·· 140

第四章 经济腾飞主题下双语教育政策的修正与完善（1987~2007年） … 143
- 第一节 双语兴国战略促进经济腾飞 …………………………… 143
- 第二节 经济调整导向下双语教育政策的改革与转型
（1987~1989年） ……………………………………… 148
- 第三节 效率导向下双语教育政策的分流与兼顾（1990~1997年）…… 153
- 第四节 能力导向下双语教育政策的互补与平衡（1998~2003年）…… 170
- 第五节 价值导向下双语教育政策的修正与完善（2004~2007年）…… 181
- 本章小结 …………………………………………………………… 191

第五章 重造新加坡主题下双语教育政策的深入推进（2008年至今）…… 194
- 第一节 双语强国战略保证重造新加坡目标的实现 …………… 195
- 第二节 全球化导向下双语教育政策的深入推进 ……………… 198
- 本章小结 …………………………………………………………… 208

第六章 新加坡双语教育政策的作用及历史经验 ………………………… 211
- 第一节 新加坡双语教育政策的作用 …………………………… 212
- 第二节 新加坡双语教育政策的历史经验 ……………………… 220

参考文献 ……………………………………………………………………… 231

后　记 ………………………………………………………………………… 245

第一章 绪论

新加坡,位于赤道以北 136.8 千米外,东经 103°5′,北纬 1°17′,在马来西亚半岛的最南边,处于马来西亚和印度尼西亚两国之间。北部经 1.2 千米长横跨柔佛海峡的新大桥和一条公路、铁路两用的人造长堤与马来西亚最南端相连,南隔马六甲海峡与印度尼西亚的苏门答腊相望,扼太平洋与印度洋之间的马六甲海峡出入口,在"欧洲、远东和大洋洲之间主要的海空、通信及贸易线路方面占据了战略位置。"① 在国际经济活动中具有非常重要的地位。全部领土由 54 个小岛组成,主体部分是一个面积为 500 平方千米的菱形的新加坡岛,该岛长约 41.8 千米,宽 22.5 千米,国家陆地总面积为 699.4 平方千米。除少数海拔 100 多米的小山以外,陆地地形平坦,河流较多,有实里达河(Seletar)和克兰芝河(Kranji)等多条大河,属于常年高温的热带气候,全年雨量丰沛,无四季之分,气温一般为 24℃~34℃。根据最新的数据统计,总人口约 425 万人,民族成分为华人约 76%、马来人约 14%、印度人约 8.4%,其余为其他少数民族。是一个国土面积小、自然资源极度匮乏的弹丸小国,不仅国民生活饮用水、粮食、蔬菜等需要进口,就连填海造田的土石都是从外国购买的。新加坡于 1959 年摆脱英国殖民地统治,实行自治,1963 年加入马来亚联邦,1965 年从马来亚联邦中分离出来被迫独立建国。这样一个国家要想寻求发展,人才成为唯一可以开发和利用的资源,而教育则是培养人才最直接与必要的途径。新加坡自建国之初,即确立了双语教育政策并被作为国家的基本国策之一,这一政策的确立与实施,有效地解决了困扰新加坡生存与发展的民族矛盾与国内外政治纷争,为塑造一个包容、开放的新加坡奠定了重要

---

① 〔新加坡〕苏瑞福:《新加坡人口研究》,厦门大学出版社,2009,第 1 页。

基础，成为推进新加坡腾飞的重要因素。从教育史的角度分析新加坡双语教育政策的确立与动因，梳理双语教育政策的发展历程，有助于全面并准确地把握新加坡成功的内在原因。学习和借鉴其成功的历史经验，对于当前同样实行双语教育的世界其他国家具有十分重要的借鉴意义和现实意义。正如英国伦敦大学教育学院教授安迪·格林所说的，新加坡之所以是"一个坚固的国家和有很强凝聚力的社会"，正是因为教育在新加坡国家形成与发展中发挥了重要的作用。"甚至在一个与全球市场完全结合在一起的世界化国家里，一个显然是'国民'教育的制度继续存在的范例。"① 短短半个世纪的新加坡建国史里写满了辉煌，它是著名的"花园城市"国家，是世界第四大国际金融中心、第三大炼油国、第二大电子工业中心和第一大货柜码头。新加坡的成功绝不是偶然的，探寻其成功的真正秘诀正是本研究的目的所在。

第一节 选题缘起与研究意义

一 选题缘起

新加坡位于东南亚，是一个多元民族与多元语文交融，殖民地历史长达140多年的城市岛国，自古以来就是东西方海上交通贸易要塞和世界文明的中转站。与国家自然资源的极度匮乏相反，新加坡的种族、民族和语文资源却相当丰富，是一个典型的复合社会。然而，就是这样一个地小物薄人稠、矛盾交织复杂的蕞尔小国，自独立建国以来不断创造奇迹。在独立建国短短30年后，新加坡已经跻身于发达国家之列。这种异乎寻常的崛起与发展的速度既非侵略所得，亦非他国援助所获，完全是依靠人民的聪明才智和艰苦奋斗的结果。新加坡由一个"弹丸"小岛迅速转变为世界发达国家的过程通常被人们称为"新加坡之谜"。多年来，学者们试图从不同的视角和领域揭开这个谜底。2011年，总理李显龙亲自说出了谜底，他说："我们要提高经济素质，改善人民生活，并使每个家庭过得更好、更理想、

---

① 〔英〕安迪·格林：《教育、全球化与民族国家》，朱旭东、徐卫红等译，教育科学出版社，2004，第9页。

更舒适，使每一个孩子都有光明灿烂的前途。这依靠的是什么？不是政府的津贴，不是钱，而是教育和知识，因此要我们自己努力。"① 这个谜底充分说明教育才是构筑新加坡大厦的基础。

这个被"绿色"（伊斯兰教）包围的小小岛国，在迅速崛起的进程中，一方面要在政治上保持独立、安全和稳定，还不得不考虑周边国家和国际政治经济等多方面因素，并高度紧张东南亚局势，特别是马来西亚的政治气候，巧妙处理国内民族事务，避免成为所谓的"第三中国"和"第五纵队"，更要在经济上保持持续发展，并在东盟组织中发挥重要引领作用；另一方面要在东西方国际关系与文化沟通中扮演着重要的桥梁角色，并从中汲取有利于自身发展的积极因素。作为一个有着独特历史命运与发展道路的蕞尔小国，新加坡创造的奇迹完全是依靠教育，特别是双语教育而实现的，而指导双语教育正确推进的政策就是创造新加坡传奇的动力和秘密武器，是双语教育成功的重要前提和基础。正是在这一政策的推动下，新加坡从一个矛盾重重的英国殖民统治下的转口贸易中心，发展成为国际金融、航运中心；从一个多元种族文化相互隔膜的移民社会转变为融汇共生、拥有共同价值观的现代和谐社会；从被迫独立建国、社会动荡不安转变成为亚洲首个廉洁国家。2007年，瑞士洛桑国际管理学院公布《世界竞争力年鉴》，新加坡的整体竞争力排名全球第二，仅次于美国；2009年，世界银行公布的人均国内生产总值（GDP）排行榜中新加坡排名世界第四，亚洲第一；2010年，瑞士洛桑国际管理学院再次公布《世界竞争力年鉴》，在58个国家中新加坡名列第一。一连串亮眼的成绩再次激起了学者的研究热情，本文从教育史的角度研究新加坡双语教育政策主要是出于以下三个方面的考虑。

首先，新加坡双语教育政策具有重要的国家意义。世界上再也找不出另一个像新加坡这样语文教育与国家前途命运联系得如此紧密的国家了。在它独立之初，几乎全世界都在等着看它覆灭的结果的时候，新加坡双语教育政策成为拯救它的唯一一根救命稻草，成为促进国家形成与发展的重要基石。新加坡双语教育政策的影响远远超出了教育的范畴，其双语立国与建国的国家意义和成功实施更是全世界绝无仅有的。恰如英国伦敦大学

---

① 〔新加坡〕周殊钦：《面对竞争 总理要我国教育更上一层楼》，《联合早报》2011年1月3日。

教育学院教授安迪·格林在《教育与国家形成：英、法、美教育体系起源之比较》一书的序言中所说的："教育作为国家形成过程的一个部分似乎主要在国家建立过程的初期或者在危机之后的政治重建时期发挥作用。比如第二次世界大战后的德国和日本。我们不应当指望本书所描述的历史过程同样适用于今天那些成熟的民主国家。然而在某些国家，比如韩国和新加坡，这样的历史过程还是相当明了的。"[①] 在语文等同于政治的新加坡，在推行双语教育政策的进程中，政府一方面随着国际局势和国内发展需求，不断调整双语教育的导向，改进双语课程教学内容和社会教育环境；另一方面在进行教学改革和营造社会教育环境时，特别是在母语教育上力图摆脱母语国家的政治经济、文化模式的影响，并在新加坡国家意识下汲取母语文化精华，以构筑具有共同价值观特色的母语新文化，并且在解决历史矛盾、促进各民族和谐共处、构建共同价值观、融汇多元文化、搭建沟通桥梁等政治文化领域发挥了不可替代的重要作用。当前，新加坡政府在积极调整双语教育发展战略，力图使英文教育与华文教育能够平行发展，在科技教育与文化教育上相互融合、优势互补。李显龙总理于1995年9月在华侨中学为华中和初级学院的学生作的题为《为迎接21世纪作好准备》的演讲中说道："尽管莱佛士书院和莱佛士女中的学术表现比特选中学好，可是他们并不能取代特选中学。因为，它们的教育经验截然不同，栽培出来的学生也不同。"[②] 这段话或许诠释了新加坡双语教育政策在新时期追求双语并重、共同发展的策略与方向。本研究重点展现1965年独立建国至今新加坡双语教育政策的发展演进过程。

其次，新加坡双语教育政策促进了教育体系的形成和完善，培养了国家发展急需的精英人才。虽然新加坡各项教育发展都很成功，精英教育与国民教育紧密结合，但是双语教育作为新加坡教育的基石，始终是新加坡教育体系里最具特色的部分。尽管新加坡的高等教育已达世界一流水平，人文素质与道德教育也堪称世界典范，但这些都离不开双语教育政策的发展与推动，都是在双语教育政策的土壤里结出的硕果。新加坡基础教育的多次改革都是以双语教育为基础而进行的，并依赖双语教育形成了富有特色的双轨制的教育模式。在双语教育政策下，新加坡不仅巧妙地规避了政

---

① 〔英〕安迪·格林：《教育与国家形成：英、法、美教育体系起源之比较》，王春华等译，教育科学出版社，2004，第4页。
② 〔新加坡〕李显龙：《为迎接21世纪作好准备》，《联合早报》1995年9月23日。

治上诸多敏感问题的冲击，成功地立足世界并实现了经济腾飞，还培养了一大批在全世界享有盛誉的具有沟通东西方能力的双语双文化精英人才。2006年新加坡人力部部长兼国防部部长黄永宏说："我和不少CEO（首席执行官）谈话时，他们都一再告诉我，无论是在海外或本地，他们选择CFO（财务总监）或COO（运营总监）的第一人选会是新加坡人。"① 充分吸收和运用东西方文化已经成为新加坡教育特有的优势。依靠英文教育所带来的西方科技教育，推动新加坡高等教育跃然于世界一流水平；依靠华文教育所带来的优秀传统文化，新加坡塑造出了"有教养的新加坡人"。前总理李光耀对新加坡双语教育政策的评价是："推行双语政策是前进的最佳策略——尽管有人批评这种政策导致新加坡人民两种语言都不到岸。以英语为工作语言使新加坡的不同种族避免了因语言问题引起的冲突。掌握英语也使我们具备一定的竞争优势，因为英语已经成为国际商业、外交和科技的语言。没有它，新加坡今天不会有全球多家大型跨国公司和200多家数一数二的国际银行在这里营业，国人也不会那么轻而易举地接受电脑和互联网。"②

再次，新加坡双语教育政策探索了一条东西融合的国家文化发展道路。新加坡所在的东南亚是世界上文明结构最为复杂的区域之一，相比于同样是小国林立的西欧，这里文明发育的过程则要复杂得多。西欧的民族成分不过是日耳曼族和拉丁民族，宗教也只有天主教、基督教和新教，基本上还算是一个统一的文明圈。而东南亚的民族与宗教种类则异常繁杂，根本难以被看作一个统一的文明圈。而作为东西方文明中转站的新加坡，其民族、历史、经济、文化的复杂性、多样性更胜别国，这个弹丸之地深受中华文明、印度文明、西亚文明与欧洲文明的浸染和覆盖，被打上了世界文明的各种印记，成为人类文明的展示中心。新加坡政府本着尊重历史、尊重文明，面向现实、面向未来的原则，从国家生存与发展的需求出发，对纷繁复杂的文明结构进行了科学务实的重构，确定了自身在世界历史文化中既非东方又非西方的文化坐标，构建了二分的国家文化模式，使复杂的语文问题简单化，有效避免了文明的冲突。这似乎也印证了安迪·格林所说的"当所有的欧洲国家似乎要形成欧美文化模式的多样化和世界主义的

---

① 〔新加坡〕黄永宏：《各国CEO评本地大学生弱点》，《我报》2012年9月1日。
② 〔新加坡〕李光耀：《经济腾飞路——李光耀回忆录（1965~2000）》，外文出版社，2001，第152页。

混合物以同化其移民的文化制造物时,发达的亚洲国家似乎致力于二分的文化模式,一方面引进西方文化和产品,另一方面又努力保存其民族文化的完整性"。① 新加坡就是这样一个典型的二分文化模式的国家,这种二分的文化模式使新加坡人具备超强的平衡东西方文化的能力,就像是一条灵活地游走于大海中的小鱼,在东西方间轻松自如地转换着角色、文化和思维方式。东西兼容、变通灵活的素质和双文化思维方式不仅使新加坡人具备了迎接各种挑战的基本素质和力量,也具有了提前预见时代的下一个急转弯的前瞻能力。美国资深新闻人内森·加德尔斯于1996年发表在《华盛顿邮报》上的文章《美国可向新加坡学习什么》中对新加坡有过精准的评价,他说:"这个高科技城市国家由中产阶级组成,它容忍多元文化,秩序井然,却属于后自由主义时期。它为进入21世纪所做准备之充分,是举世无双的。"②

总之,以新加坡双语教育政策发展为切入点,跟随着双语教育政策行进的脚步开展研究,可以更加深切地体会到新加坡每一次精彩背后的动力之源,探索新加坡双语教育政策发展的各个不同阶段的特点和规律,为学习和借鉴新加坡双语教育成功的历史经验找到根本的源头和路径。

二 研究意义

(一) 学术意义

双语教育政策,作为新加坡国家层面重要的平衡器与调节器,不仅在配合本国的政治、经济、文化发展中发挥了重大作用,促进了国家周边环境与国内各种族间的和谐共处、共同发展,而且在世界教育体系中也被视为独树一帜的成功典范。研究其发生发展的历史过程,对于我国和世界其他国家双语教育的开展具有一定的借鉴意义。

第一,将新加坡的双语教育政策纳入教育史研究的学术视野中,关注双语教育政策发展的阶段性变化、特点和规律,具有十分重要的现实指导意义。目前,国内外学者对新加坡双语教育政策的关注点大多是在华文教

---

① 〔英〕安迪·格林:《教育、全球化与民族国家》,朱旭东、徐卫红等译,教育科学出版社,2004,第178页。
② 〔新加坡〕王永炳:《挑战与应对——全球化与新加坡社会伦理》,新加坡友联书局,2005,第17页。

育上，国内外还没有比较系统地研究新加坡双语教育政策发展的专门著作。本研究的目的是：①全面梳理和系统研究新加坡自独立建国以来双语教育政策的发展历程，并在此基础上对新加坡的双语教育政策有一个更加全面、深入、系统的认识和评价，更为理性地审视和呈现新加坡双语教育政策的发展状态。②总结新加坡双语教育政策的历史经验和发展规律，为当前及今后我国和世界双语教育的发展提供必要的学术参考。这也是本研究的初始与最终的期盼和愿望，更是教育政策研究最主要的作用所在。

第二，以教育史为突破口和基础的研究，是一种共通的学术思路。本研究是以一个国家的双语教育政策发展历程为研究对象的个案研究，是教育研究领域的基础性和前导性工作。只有在比较翔实的个案研究的前提下，才能有进一步深入研究的坚实基础。

（二）实践意义

在当前文化多元的教育实践中，双语教育一直是我国及世界许多国家教育改革的热点问题，新加坡是世界上除中国以外，唯一的华人占绝大多数的国家，也是受儒家文化影响比较深刻的国家，海外华人与中国内地、香港、澳门、台湾人民同根同种，在文化心理上是相通的，与世界上其他国家相比，新加坡双语教育政策的成功经验更值得我们学习和借鉴，也是最能够和最容易学习与借鉴的。1978年11月，李光耀曾对访问新加坡的邓小平说过："新加坡华人大多数是中国广东、福建等地南方人的后裔，祖先都是目不识丁、没有田地的农民；而达官显宦、文人学士，则全留守中原开枝散叶。因此，没有什么事情是新加坡能够做到而中国做不到的，或没法子做得更好！"[①] 李光耀的这段话很好地诠释了中国学习新加坡双语教育政策的重要实践意义。

第二节 相关概念界定

一 双语教育

双语教育，是由英语专门术语"Bilingual Education"翻译而来，国内

---

① 吕元礼：《新加坡为什么能（上卷）》，江西人民出版社，2010，第1页。

外对双语教育的界定有几十种。《朗文语言教学及应用语言学辞典》(*Longman Dictionary of Language Teaching & Applied Linguistics*)指出,双语教育指在学校里运用第二语言或外语教学知识性科目。《国际教育百科全书》(*The International Encyclopedia of Education*)认为,双语教育定义的最低必要标准,应该是一种在教学的某些过程中至少使用两种教学用语的教育法。《教育词典》(*A Dictionary of Education*)指出,双语教育是培养学生能同等熟练地使用两门语言的教育,每门语言的课业几乎各占一半。《双语制度与双语教育百科全书》(*Encyclopedia of Bilingualism and Bilingual Education*)指出,双语教育指学校中使用两种语言的情景,即学校中使用两种语言传授科学、数学、社会学科或人文学科的内容。[①] 中国双语教育专家王斌华把双语教育分为广义和狭义两种。"广义的双语教育指的是,学校中使用两种语言的教育。狭义的双语教育指的是,学校中使用第二语言或外语教授数学、物理、化学、历史、地理等学科内容的教育。"[②] 他还对"教育"与"教学"的概念进行了区分,认为"教育是指按照一定的目的要求,对受教育者的德育、智育、体育诸方面施以影响的一种有计划的活动,包括学校教育、社会教育、家庭教育等一切具有教育作用的活动。教学是指由教师传授和学生学习组成的教学活动,主要指课堂内的教学活动。"[③]

国际著名的双语与双语教育研究专家,英国 Bangor 大学教授科林·贝克(Colin Baker)博士认为双语教育首先应该是一个历史概念。"双语教育的最初形式早在本世纪(20 世纪)之前就已存在了。……Lewis 曾描述了双语与双语教育从古代开始,经过文艺复兴时期,再至当代的历史。"[④]

应该说上述双语教育专家分别从某一角度对双语教育概念的界定是科学的。然而,笔者认为,按照上述双语教育的定义来界定新加坡的双语教育又都是不全面和不准确的。这是由新加坡双语教育所具有的独特性和所发挥的历史作用所决定的。首先,不仅新加坡的双语教育本身是一个历史概念,而且其发展过程还有着很长的历史;其次,新加坡的双语教育所施行的范围和层面不仅包括学校,而且包括学校、家庭甚至整个社会的全方

[①] 王斌华:《双语教育与双语教学》,上海教育出版社,2005,第 3~4 页。
[②] 王斌华:《双语教育与双语教学》,上海教育出版社,2005,第 4 页。
[③] 王斌华:《双语教育与双语教学》,上海教育出版社,2005,第 5 页。
[④] 〔英〕科林·贝克:《双语与双语教育概论》,翁燕珩等译,中央民族大学出版社,2008,第 190 页。

位多层次的教育;再次,新加坡的双语教育是国家政治、经济、文化发展的基础,其作用力和影响力远远超出教育的领域和范畴;最后,新加坡的双语教育更促进了现代新加坡国家的形成与发展。因此,双语教育之于新加坡绝不是一个简单意义的教育领域的问题,而是整个国家发展制胜的法宝,是新加坡和新加坡人受益无穷的源泉所在。

笔者认为,双语教育是实施两种语言和语言所附带的文化教育的全过程,包括学校教育、家庭教育和社会教育的全方位多层次教育的全部内容。新加坡的双语教育就是这样一个全方位的概念。而新加坡双语教育政策,顾名思义,就是新加坡为实现双语教育在某一时期的目标、任务而制定的具有指导性的准则。

二 华人、华侨、华族

所谓"华人",2009年由上海辞书出版社出版的《辞海》,对"华人"的解释是:"华人既是指对中国人的简称,亦指已加入或取得了所在国国籍并具有中国血统的外国公民。"

所谓"华侨",1991年1月1日施行的《中华人民共和国归侨侨眷权益保护法》,对"华侨"的解释是,"华侨是指定居在国外的中国公民"。

所谓"华族",强海燕在《东南亚教育改革与发展》一书中,对"华族"的解释是,"华人与华侨的统称"①。

笔者认为,所谓"华人""华族",都是基于种族的视角来进行判断的,是具有中国血统的人。而"华侨"则是站在中国的立场,从侨居的意思引申出来的,就是指侨居在国外的中国公民。

三 母语

吴元华在《母语:打开文化宝库的钥匙》一书中,对新加坡政府所谓的"母语"的解释是"不一定是学生童年时在家庭里所学得的第一语言,而是指代表他的种族的语言(Ethnic language)。不论一个儿童是否会说代表他的种族的语言,只要他属于某一个种族,那么,代表那种族的语言就

---

① 强海燕:《东南亚教育改革与发展》,广东高等教育出版社,2010,第129页。

是他的母语。"①

汤云航、吴丽君在《新加坡/中国推广普通话比较研究》一书中对语言学意义上的"母语"与新加坡政府所定义的"母语"做了区别说明，他认为"语言学上所说的母语，是指一个人自幼最先习得的语言，是 Mother tongue，而政府当局所说的'母语'是指所属种族的语言，如华人的'母语'就是华语，印度族的母语就是泰米尔语，这可以说是他们的'后母语言'，即 Stepmother tongue。"②

黄明在《新加坡双语教育与英汉语用环境变迁》一书中，对新加坡"母语"的解释是"不一定是学生童年在家庭里所学得的第一语言，而是政府指定的、代表学生种族的'民族语言'（Ethnic language），同时也是官方语言。新加坡的母语有三种：华族的华语、马来族的马来语和印度族的泰米尔语，而华、巫、印族以外的民族必须从上述三种母语中选择一种作为自己的母语。"③ 这里，黄明特别强调了"政府指定"这个词，表明了新加坡的"母语"除了其自然属性以外，还带有强制性的政治色彩。

在本研究中，笔者从新加坡国情出发，综合吴元华、汤云航和黄明对"母语"的阐释，认为所谓新加坡的母语，就是政府所指定的代表其种族属性的语言。

四 "国语"和"华语"

郭振羽在《新加坡的语言与社会》一书中，对新加坡的"方言"到"国语"的演变过程进行了描述。他说："新加坡的华文教育，早期多以方言教学，自1919年受到中国本土'国语运动'的影响，逐渐转向以华语（国语）教学，也形成了各个华校'大一统'的形态。"④ 这里的"国语"是指中国国内官方统一规范的华语，是相对于方言而言的。

汤云航等在《新加坡/中国推广普通话比较研究》一书中，也对新加坡

---

① 〔新加坡〕吴元华：《母语：打开文化宝库的钥匙》，新加坡莱佛士书社，1999，第5页。
② 汤云航、吴丽君：《新加坡/中国推广普通话比较研究》，辽宁民族出版社，2006，第43页。
③ 黄明：《新加坡双语教育与英汉语用环境变迁》，厦门大学出版社，2012，第65页。
④ 〔新加坡〕郭振羽：《新加坡的语言与社会》，正中书局，1985，第70页。

从"国语"到"华语"的演变过程进行了描述。他说:"新加坡华校所使用的教育语言已经从19世纪末20世纪初海峡华人掀起的推广华语运动时期的'官话'发展为'国语',从自治后宣布马来语为国语后,又改称华语。"①

黄明在《新加坡双语教育与英汉语用环境变迁》一书中,对"国语"的定义是,"1959年新加坡自治以前,新加坡华人以及相关的研究文献把中国的标准汉语(即普通话)称为'国语',为了区别,本书称之为'中国国语'。"② 而"华语",是"在新加坡自治以后把中国的标准汉语(即普通话)称为华语。"③

笔者认为,从"国语"到"华语",一方面反映了语言界定的不同标准,"华语"是从种族角度来界定语言归属的,"国语"是从语言在国家中地位的角度来界定的;另一方面反映了新加坡华人国家认同意识的转变,以及新加坡国家意识的提高。独立建国以前的新加坡华人和华文教育一向认同中国为祖国,故而称华文为"国语",直到1959年新加坡自治后宣布马来语为国语后,才从民族的角度改称为"华语"的。

五 "华校"、"华校生"和"华文学校"

卢绍昌在《关于两种语文教育的实施问题》一文中,对"华校"和"华文学校"的解释是:"我们认为'华校'或是'华文学校'这个名词应该属于统括性的名词。它们的教育对象虽然主要是华籍子弟,但是,教学的内容绝非只限于华文一种而已。它们原本是两种语文的学校,现在是新加坡两种语文学校的其中一种类型。我们不能够按照字面望文生义地逻辑一番。"④

黄明在《新加坡双语教育与英汉语用环境变迁》一书中,对"华校生"的解释是:"泛指1987年新加坡统一教育源流以前,接受华文为主要教学媒介语的学生。"⑤

---

① 汤云航、吴丽君:《新加坡/中国推广普通话比较研究》,辽宁民族出版社,2006,第29页。
② 黄明:《新加坡双语教育与英汉语用环境变迁》,厦门大学出版社,2012,第64页。
③ 黄明:《新加坡双语教育与英汉语用环境变迁》,厦门大学出版社,2012,第65页。
④ 〔新加坡〕卢绍昌:《华语论集》,新加坡国立大学华语研究中心,1984,第93~94页。
⑤ 黄明:《新加坡双语教育与英汉语用环境变迁》,厦门大学出版社,2012,第67页。

笔者认为，所谓"华校"，要分两个阶段来认识。以1987年完成教育源流统一任务为分水岭，之前的"华校"虽然经历了从私塾到现代学校的转变，但是在教育文化、教育理念与教育培养目标上还是因袭中国传统教育模式，甚至很长一段时间使用与中国相同的教材；而之后的"华校"，特别是实行双语教育之后的华校才像卢绍昌所解释的那样。从字面上来理解，"华校"和"华文学校"不仅是指语言上以华语为教学媒介语，而且是更偏重于中国传统文化教育的学校。"华校"这一称谓，在1987年之后已经不存在了，代之以"特选学校"。所谓"华校生"，则特指1987年新加坡统一教育源流以前，在华校学习的学生。

从字面上来理解"华校"和"华文学校"不仅是指语言上以华语为教学媒介语，而且是更偏重于中国传统文化教育和教育模式中国化的学校。

六　"英校"、"英校生"和"英文学校"

黄明在《新加坡双语教育与英汉语用环境变迁》一书中，对"英校生"的解释是："泛指1987年新加坡统一教育源流以前，接受英文为主要教学媒介语的学生（包括新加坡各个民族的学生）。"[①]

笔者认为，所谓"英校"和"英文学校"都是相对于"华校"和"华文学校"而言的。不仅语言上以英语为教学媒介语，而且教育模式上更偏重于英国传统文化的教育。

七　"受英文教育者"和"讲英语人士"

李光耀于1959年8月16日在记者联合会的午餐会上，谈到受英文教育者的观念与特点时说，"我所说的受英文教育者，并非只是指那些能读、能讲和能写英语的人。我的意思是指那些曾经在马来亚政府英文学校或教会英文学校受教育的人。他们不仅能说英语，而且因为受过本邦英校教育而具有某种特性。"[②] 顾名思义，李光耀理解的所谓"讲英语人士"，就是

---

① 黄明：《新加坡双语教育与英汉语用环境变迁》，厦门大学出版社，2012，第67页。
② 〔新加坡〕《联合早报》编《李光耀40年政论选》，联邦出版社，1993，第365页。

指那些能读、能讲和能写英语，而且受西方文化影响颇深的人。笔者认为，李光耀对"受英文教育者"和"讲英语人士"的解释是准确的。

八 "马来亚"和"马来西亚"

马来亚，是马来西亚国名的前称，以1963年9月新加坡成为马来亚联邦的一个成员州为界，之前称为"马来亚"，之后称为"马来西亚"。直到1965年8月新加坡脱离马来西亚成为一个独立自主的共和国后，马来西亚仍沿用"马来西亚"作为国名。

第三节 国内外研究现状

自20世纪80年代起伴随着新加坡教育源流的统一，对于新加坡双语教育政策的研究已经开始起步了。国内外众多专家学者从不同的视角和领域对新加坡双语教育政策展开了研究，归纳起来主要有以下内容。

一 国内研究现状

（一）对新加坡双语教育政策制定的理念以及形成与发展的研究探索

冯增俊、卢晓中主编的《战后东盟教育研究》一书，独辟"战后新加坡教育"一章，对战后新加坡教育改革与发展历程、新加坡现行学制与管理体制、双语教育的理念、意义和目的进行了介绍，认为新加坡双语教育政策的制定理念主要是打造具有全面素质的新加坡人，对双语功能的定位主要是"掌握英语，旨在了解现代社会的知识、科学技术和专业技能；掌握自己的母语，旨在了解什么是自己的根"。[①]

暨南大学东南亚研究所和广州华侨研究会联合编著的《战后东南亚国家的华侨华人政策》一书，从国家民族政策的层面揭示了实施双语

[①] 冯增俊、卢晓中：《战后东盟教育研究》，江西教育出版社，1996，第216页。

教育政策的人文背景，探讨了多元混合文化下国家语文政策的发展阶段和特点。书中还提出了混合文化的概念，指出"战前的华侨社会已演变发展为华人社会，华侨经济逐渐成为当地民族经济的组成部分，华侨教育已变为象征性的华文教育并处于衰微或消亡状态；而在观念形态方面，华人社会虽从战前的华侨社会继承和保持着中华文化传统及价值观，但已吸收了东南亚的及西方的文化和价值观，形成以中华文化传统、价值观为核心的混合文化。因此，战后的东南亚华人，虽祖籍源于中国，与中国人民虽同为炎黄子孙，但是，历史老人已使他们成为中华民族在海外发展的另一个独立支族，与中国人民只有亲戚的名分了。"① 笔者认为，这一观点所展现的新加坡华人的基本状况也是新加坡实行双语教育政策的重要前提和必然结果。书中还提出了新加坡把双语教育政策作为促进和谐统一社会、国家稳定的可靠保证的观点。提出"坚持双语教育政策，在使英语成为各民族共同语的同时，让各族人保留中等的母语水准（母语作为第二语文学到初中，掌握2500字，能读懂一般报章），使能借此继承各民族优良的文化传统，保持东方价值观念，免致失掉民族文化根源，以增强新加坡在东方世界的生存条件。"② 其实，这也是新加坡实施双语教育的目的所在。

余强所著《国外双语教育的理论和实践》一书，除了对双语教育的实证研究和理论进行探讨外，还单辟一章对新加坡的语文政策、双语教育政策的形成和发展进行了分析研究。他说："1956年，议会各党派建议政府采取整合的方式来处理不同种族、不同语言源流的教育问题，包括为各民族的学校提供以不同语言编写共同科目的教科书。于是，新加坡政府以'各党派教育报告书'为基础，在同一年发表了《教育政策白皮书》……因此可以说，《教育政策白皮书》的发表标志着新加坡双语教育政策的正式形成。"③ 此外，他还对独立建国后新加坡双语教育政策所承担的任务进行了深入研究，他说："1965年新加坡独立时，其教育担负了两项职责：一

---

① 暨南大学东南亚研究所和广州华侨研究会：《战后东南亚国家的华侨华人政策》，暨南大学出版社，1989，第1页。
② 暨南大学东南亚研究所和广州华侨研究会：《战后东南亚国家的华侨华人政策》，暨南大学出版社，1989，第169页。
③ 余强：《国外双语教育的理论和实践》，陕西人民教育出版社，2006，第145页。

是协助国家经济转型；二是协助建立一个综合的、有秩序的新加坡社会。"① 关于新加坡双语教育政策的形成，王学风也阐述了相同的观点。

吕元礼在《鱼尾狮智慧：新加坡政治与治理》一书中，重点研究新加坡历任行政首脑政治治理的理念与实践以及治理之道。剖析了精英主义、民本与民生主义在新加坡政治思想与战略实践中的演进与调整，揭示了新加坡政治治理的强悍与巧妙的特点。虽然书中没有直接对教育理念进行分析，但李光耀把精英人才作为国家发展的重要资源，体现了培养双语精英人才的教育理念。笔者认为，透过这些政治上的规律和特点，可以探寻双语教育在不同时期的政治性、时代性要求以及双语教育政策的来源与互动关系。

孙景峰著有《新加坡人民行动党执政形态研究》一书，研究人民行动党执政50多年来的执政环境、意识形态、执政机制、执政理念以及经验教训。书中对新加坡语文政策进行了深入剖析，认为语文与新加坡政治的互动及影响至关重要。他说："华文也是对人民行动党执政产生重大影响的语种，甚至被称为'政治语言'。"② 当然，人民行动党对语言决策也发挥了重大作用，书中对人民行动党在制定语言政策过程中的理性决策进行了分析："在新加坡选定英语还是汉语作为主要语言的决策时，如果把此议案交付表决，由于华人占了绝大多数，大多数居民会以汉语与中国的文化遗产自豪，一定会坚持把汉语作为主要语言，但对人民行动党决策层来讲，他们认为，若从国家必须在日益着重科技与英语的世界经济中求生存的角度考虑，选定英语作为主要语言显然更符合国家利益，有利于国家的生存与发展，所以在此事上，人民行动党决策层逆民意而动，而实践证明这一决策是正确的。"③

上述研究通过分析双语教育与政治、文化的关系，反映了新加坡制定双语教育政策的理念及其形成与发展的政治文化背景，将双语教育政策放置于政治、经济、文化等综合语境中加以考量，使新加坡双语教育政策的研究更加深入。

（二）对新加坡双语教育政策内容的研究

王学风在所著《新加坡基础教育》一书中指出，"1955年是新加坡双

---

① 余强：《国外双语教育的理论和实践》，陕西人民教育出版社，2006，第146页。
② 孙景峰：《新加坡人民行动党执政形态研究》，人民出版社，2005，第71页。
③ 孙景峰：《新加坡人民行动党执政形态研究》，人民出版社，2005，第172页。

语教育政策的关键性的一年。这一年教育委员会发表了'各党派教育报告书'。报告中所提建议虽然基本上是以华校和华文教育为对象,但事实上涉及整个教育制度和教育政策的若干基本原则,成为后来的执政党——人民行动党的基本教育方针,其中涉及语言教育政策的有:第一,政府应平等对待各语言源流的学校……第二,家长有权为其子女选择进入四种源流之一的学校……"①

汤云航、吴丽君所著的《新加坡/中国推广普通话比较研究》一书,以两国推广普通话的方式为切入点,重点研究新加坡、中国两国推广普通话政策出台和推行的过程。其中有一定篇幅对新加坡政府自1979年开展的每年一个月的"讲华语运动"所提出的口号和不同的推广对象进行了详细的阐述。文中也对新加坡现代学校的勃兴与华文教育的发展进行阐述。该书把"新加坡迄今为止的华文教育的发展史定性为从华文教育到华文教学,虽然它们只有一字之差,却有质的不同"②。还把新加坡华文教育政策的发展分为三个时期,即1819~1958年自由竞争中由弱而强的华文教育发展时期、1959~1984年平等依附中盛极而衰的华文教育衰落时期、1984年至今调整再生中重塑华彩的华文教学发展时期。③ 书中认为"新加坡的华文教育从早期的私塾、义学艰难起步,历经20世纪50年代的辉煌,到80年代的陨落,再到其后单科华文教学的挣扎再生,走过了一条由艰难而辉煌而陨落而调整再生,也是由综合的华文教育而单科的华文教学的悲壮的发展衰落再生史。"④ 笔者认为,这样对新加坡华文教育到华文教学的定性过于草率,考虑的因素也不够全面。

陈之权在《大题小做——新加坡华文课程与教学论文集》一书中,对新加坡华文教育与华文课程的发展历程进行了简要介绍,尤其是对从中央到校本的新加坡华文课程的建构与考量进行了研究,提出了新加坡华文课程建构的两大原则,即"中央课程与校本课程相容、必修单元与选修单元兼具"。他还提出,"一个国家的课程可以在国家、地方和学校这三个层面

---

① 王学风:《新加坡基础教育》,广东教育出版社,2003,第53页。
② 汤云航、吴丽君:《新加坡/中国推广普通话比较研究》,辽宁民族出版社,2006,第68~69页。
③ 汤云航、吴丽君:《新加坡/中国推广普通话比较研究》,辽宁民族出版社,2006,第69页。
④ 汤云航、吴丽君:《新加坡/中国推广普通话比较研究》,辽宁民族出版社,2006,第69页。

上运作。就新加坡的情况而言,由于地小人稠,地方的界限不明显,故在课程的发展上可以采用中央课程和校本课程相互配合的双层运作方式。"①此外,他还以阅读为例对新加坡"少教多学"教育理念的目的、内容与实践进行了深入研究。

上述对新加坡双语教育政策内容的研究分别从某一个方面勾勒了新加坡双语教育的景象。遵循语文教育的视野和思路,透视语文发展演变的张力和路向,这样的研究立场和切入点使人们能够对不同时期新加坡双语教育政策的内容有一个比较清晰和形象的认知。

(三) 对新加坡双语教育政策的效果与评价的研究

王学风所著的《新加坡基础教育》一书,对新加坡双语教育政策的实施效果进行了研究。她认为新加坡的双语教育政策不仅提高了国民的国家意识和各民族融合程度,而且提高了教育水平和文化水平。她说:"英语水平的提高,使新加坡人民能毫无语言障碍地直接吸收西方丰富的信息,学习和掌握先进的科技知识和管理经验,从而大大地促进了新加坡人科技水平和管理水平的提高。"②此外,她还具体介绍了一些小学英语科和中学华文科的课程纲要,对本研究有一定的帮助。

吴云霞所著的《新加坡小学教育考察》一书,从出国考察和学习体验的视角,对新加坡现代小学的教育理念、管理制度、教学观、道德教育等分别予以介绍。书中对双语教育制度下培养出来的有教养的新加坡人有一段具体描述:"新加坡男士的彬彬有礼让人很容易联想到英国的绅士风度,而'礼义廉耻'的校训又是对中华传统文化精华的最好的继承;餐桌上刀叉与筷子并排放置,西餐与中餐各具魅力;即使是在服饰上也明显让人感受到古今交融、中西合璧的韵味。"③此外,她还对新加坡小学中汉语拼音的教学情况进行了简单的介绍。

强海燕主编的《东南亚教育改革与发展(2000~2010)》一书中,用一章的篇幅阐述新加坡初等、中等和高等教育的改革与发展。文中提出了新加坡大学走"西方化"捷径跻身世界一流大学的观点。文中说:"作为

---

① 陈之权:《大题小做——新加坡华文课程与教学论文集》,南京大学出版社,2011,第42页。
② 王学风:《新加坡基础教育》,广东教育出版社,2003,第59页。
③ 吴云霞:《新加坡小学教育考察》,南京师范大学出版社,2001,第75页。

财力雄厚的发达国家,新加坡凭借沿用西方大学教育与办学模式,以及大量引进和聘用西方学术精英来校任教和从事科学研究之途径,可以说是通过'西方化'的'捷径'进入了世界一流大学的行列。"① 这一观点间接地肯定了双语教育政策的积极作用,与笔者的观点不谋而合。

朱默君主编的《体验新加坡——27位留学生眼中的中新教育差异》一书,是由27位留学新加坡的中国高中生共同完成的。他们以外国留学生的视角透视新加坡教育图景。他们亲身的感受更具有真实性和可信性。书中对新加坡的华文教学法进行了简单介绍,他们说:"新加坡的华文教学方法与英文相似。在华文课上,老师会尽量调动学生们的积极性,并把授课内容安排得生动有趣。有时同学们可以听相声、看电影;有时老师会给大家唱汉语歌。由于学生们的华文基础不够扎实,华文老师会在教授全国统一教材的基础上,有意识地加强词汇、写作等内容的教学。"②

董霄云在《文化视野下的双语教育——实践、争鸣与探索》一书中,有一章专门就新加坡的历史、人文情况解读新加坡双语教育。她认为新加坡双语教育的成功经验主要来自三个方面,即政府积极倡导、教育经费保障和重视文化目标。她认为:"在维系和传承母族语言和文化的基础上注重文化的东西合璧。这种多元文化目标反映在新加坡双语教育政策的各个层面。""新加坡人所说的'东',不仅包括中国文化,还包括印度文化和马来文化。新加坡重视培养各族群、各阶层的人对国家的强烈的归属感,同时重视自己'中间'的位置,愿意在中国、印度、马来西亚和欧洲各国间作沟通的桥梁。"③

上述研究分别从学者、教师、学生等视角对双语教育政策实施的效果与评价进行了探讨,既有动态下的冷静思索,更有对双语教育的全面考察与研究,进一步丰富了双语教育的理论与实践。特别是从文化视角对新加坡双语教育经验教训的研究,提出了文化目标对双语教育政策的影响力问题。

---

① 强海燕主编《东南亚教育改革与发展(2000~2010)》,广东高等教育出版社,2010,第90页。
② 朱默君主编《体验新加坡——27位留学生眼中的中新教育差异》,华东师范大学出版社,2006,第58页。
③ 董霄云:《文化视野下的双语教育——实践、争鸣与探索》,上海教育出版社,2008,第104页。

（四）对新加坡双语教育政策的变迁与问题的研究

赵慧在《双语教学纵横谈》一书中，对新加坡语言政策的变迁进行了简要介绍，他把新加坡语言政策的变迁过程划分为四个阶段，即英国殖民统治与"独尊英语"政策、1956年的"各党派报告书"、1959年颁布"国语"政策、新马分离后语言政策的再次调整。他认为："在众多亚洲国家中，新加坡为少数以英语作为主要沟通语言，又保全母语的国家。这样的结果并非一蹴而就，而是殖民地历史和种族协调利益的需要。"① 笔者认可他对四个阶段的划分，但不同意他关于新加坡语言政策"是殖民历史和种族协调利益的需要"的观点。殖民地历史固然不容抹杀，但如果说是一种"需要"，则实为不妥。以英语为共同语并不是因为殖民地的历史，而是出于母语的政治问题、国家安全和经济发展等诸多因素的全面而综合考虑的结果。

余强所著的《国外双语教育的理论和实践》一书，对新加坡双语教育政策存在的一些问题进行了探讨，并提出要加强华文教学与传统文化联系。他认为："在新加坡的学校里，其教学大纲和教学方法也需不断改进，以确保双语政策在不断变化的社会环境中的有效性。"②

黄明所著《新加坡双语教育与英汉语用环境变迁》一书，重点从语言教育方面入手，结合新加坡双语教育实践，浓墨重彩地介绍了国际上主要的双语教育理论与模式，并在此基础上梳理了新加坡双语教育发展的历史脉络。他还对新加坡的双语教育进行了历史分期，对不同时期的教育模式、教育进程进行了历史归纳和总结，他认为殖民地政府实施的双语教育属于弱式双语教育模式，其主要目的是促进学生快速习得目标语——英语，不断提高英语水平，并且逐渐以英语替代学生的母语，最终目的是以英语与西方文化逐渐同化新加坡的民族语言与文化；在双语教育发展期，双语教育模式有外语教学主流式、主流双语教育模式和过渡式双语教育；在双语教育成熟期，双语教育模式主要有浸入式和过渡式双语教育模式；在双语教育定型期，双语教育模式兼有过渡式与保留式双语教育的主要特征，最终发展成为具有新加坡特色的"过渡—保持式双语教育"模式。③ 对双语教育如何推进英汉语用环境的变迁进行了历史分析。

---

① 赵慧：《双语教学纵横谈》，天津教育出版社，2006，第98页。
② 余强：《国外双语教育的理论和实践》，陕西人民教育出版社，2006，第168页。
③ 黄明：《新加坡双语教育与英汉语用环境变迁》，厦门大学出版社，2012，第52~59页。

上述研究分别对新加坡双语教育政策的变迁进行了介绍，尤其是对双语教育中存在的一些问题的深入探讨，使双语教育政策研究进一步深入。

关于华文教育在1987年教育源流完全统一，强制性实行双语教育政策之后，是否还继续存在的问题，黄明在《新加坡双语教育与英汉语用环境变迁》一书中指出："在新加坡实施双语教育的半个多世纪以来，变化最大的要数华文教育。华文教育从小学到大学的一整套教育体系都融入英文教育之中，教学媒介语的改变也使华文教育（以华文为主要教学媒介语）转向华文教学（华文变为一门语言学科）。"[1] 汤云航、吴丽君在《新加坡/中国推广普通话比较研究》一书中也阐述了相同的观点。新加坡的谢泽文、周清海也在一些论文中阐述过相同的认识。他们共同认为华文教育在1987年教育源流统一后已经在新加坡消失了。如今，华文只是作为一门学科而存在着。笔者认为，从教育体系上来看新加坡的华文教育依然存在。理由有三：首先，新加坡政府保留和延续华文教育的态度始终非常明确。前总理李光耀于1966年11月13日在茶阳会馆四机构联庆暨扩建馆校全部落成典礼上的致辞中说道："如果政府要消灭华文教育，尽可以袖手旁观，让它自生自灭。"[2] 现任总理李显龙于1995年9月22日在华侨中学向华中和华初学生发表演讲时，提起过政府对挽救华文教育传统的努力，并就此进行了说明："若不是政府插手干预，华校和华校传统，已经在新加坡彻底消失了。"[3] 可以说，新加坡政府的态度始终都是在极力挽救和延续华文教育。其次，特选学校作为英文和华文均为第一教学媒介语的学校，对双语的态度始终是并重发展的。特别是在治校理念、价值观培养、人文素质教育和校园文化建设上更突出传统华校的文化特质，可以说，特选学校是新加坡传统华校在新时期的延续、发展与嬗变。最后，在特选学校以外的各类学校中，华文虽然作为一门语言科目，但在课程设置与教学内容中也承担着传播中华传统文化和"以文化人""以文育人"的重任。

---

[1] 黄明：《新加坡双语教育与英汉语用环境变迁》，厦门大学出版社，2012，第233~234页。
[2] 〔新加坡〕李光耀：《茶阳会馆四机构联庆暨扩建馆校全部落成典礼上的致辞》，《南洋商报》1966年11月14日。
[3] 〔新加坡〕李显龙：《在华侨中学向华中和华初学生发表演讲》，《联合早报》1995年9月23日。

二 国外研究现状

（一）对新加坡双语教育政策制定的理念及形成与发展的研究探索

李光耀在《我一生的挑战——新加坡双语之路》一书中，阐述了新加坡语文教育理念与双语教育政策的出发点和落脚点。李光耀不仅充分认识到语言的工具性作用，还高度重视语文的政治性，他认为语言和政治息息相关，他说："一个新兴国家百废待兴，最需要的就是统一人民的语言。"[①] 书中对新加坡双语教育政策的出台进行了历史回顾并阐述了双语教育政策制定的理念，尤其对以英语为共同语进行了说明。他说："以英语为工作语言是独立后数周、我们最早订定的几项建国基本决策之一。我们是务实的，需要最实用的语言。从前，为了能与联合邦合并，我们用马来语做共同语，但今后，需要跟外国接触，我们选择了英语为共同语。……对于英语的应用，如果还有人把它称为'殖民地语言'来抗拒，是很愚蠢和狭隘的。"[②]

吴元华的专著《务实的决策——新加坡政府华语文政策研究》，其主要研究对象是从1954年人民行动党创立至1965年新加坡共和国独立这段时期内人民行动党的华语文政策。他认为："侧重探讨行动党从1954年建党到1959年开始执政至1965年新加坡独立时，新加坡的社会、政治、教育与语言环境如何影响它对华文地位的立场，以及它对华文与华文教育所采取的一些重大措施，看现代新加坡的华文由殖民地过渡到独立时的发展过程。"[③] 该书还搜集了大量翔实的历史资料，是研究新加坡华文教育政策的一部力著。

亚历克斯·朱熹（Alex Josey）在《新加坡第一》一书中，对新加坡双语教育政策制定的理念进行了阐述，他说："生于锡兰的新加坡外交部部长拉加拉南，他解释政府对新加坡多种族社会实施语言策略的理论是：我们

[①] 〔新加坡〕李光耀：《我一生的挑战：新加坡双语之路》，联合早报出版社，2011，第8页。
[②] 〔新加坡〕李光耀：《我一生的挑战：新加坡双语之路》，联合早报出版社，2011，第52页。
[③] 〔新加坡〕吴元华：《务实的决策——新加坡政府华语文政策研究》，当代世界出版社，2011，第9页。

希望每个团体保存并发展自身的语言——不论是中文、泰米尔语、马来语或孟加拉语。在这些语言的背后都有数千年的伟大历史和文化成就,这必定会使新加坡的文化历史丰富。但是我们也需要拥有一种公共的语言,借助公共的语言可以使所有的新加坡人都了解在这些语言背后暗藏的智慧。因此我们将英文定为共同的语言。"①

上述研究以新加坡具体的双语教育政策制定的理念为研究对象,深入揭示新加坡双语教育政策实施的背景和过程,语言本身只是其中一个方面,牵涉政治、经济、文化和民族情感等更重要的因素,对于同样实行双语教育的国家深具启发性。

(二) 对新加坡双语教育政策内容的研究

李光耀曾经对双语教育政策实施的具体做法和内容做出了解释,他在1966年8月8日,新加坡刚刚独立建国一周年国庆群众大会上演讲时说:"融合是可能做到的——不是违反大家的意愿、违反大家的感情或违反大家的倾向变成一个民族,而是以共同的价值观、共同的态度、共同的人生观、一种共同的语言以至最终共同的文化融合共处。"②演讲中提出的这四个"共同"或许就是新加坡双语教育政策施行之初的目标及所包含的主要内容。

李光耀在1972年的一个演讲中也说过:"请大家注意,当我说双语政策时,我并非只指会说两种语言而已。我指的是更根本的:首先,我们知道自己、我们的根源、生活的意义以及我们的方向。"③寥寥数语已经高度概括了新加坡双语教育政策所要调整的更加广泛的领域和层面的内容。

(三) 对新加坡双语教育政策的落实效果与评价的研究

李光耀曾有一段话,"东方和西方的精华,必须有力地融汇在新加坡人身上。儒家的伦理观念、马来人的传统、兴都人的精神气质,必须同西方

---

① 〔英〕亚历克斯·朱熹:《新加坡第一》,金陵图书有限公司,1983,第408~409页。
② 〔新加坡〕Wong, H. K. Ruth, *Educational Innovation in Singapore*, *Experiments and Innovations in Education – Asian Series 9*, the UNESCO Press, 1974.
③ 〔新加坡〕Lee Kuan Yew, *Traditional Values and National Identity*, Ministry of Culture, 1972, p. 47.

追根究底的科学调查方法、客观寻求真理的推理方法结合在一起"。① 这或许就是李光耀最理想的新加坡双语教育政策实施的效果。

亚历克斯·朱熹（Alex Josey）在《新加坡第一》一书中，对新加坡独特的教育政策，特别是双语教育政策进行了研究和评价。他说："政府此举的目的，乃是让儿童吸收经过考验的亚洲文化和道德价值。在小学生学习科学知识和西方科技的时候，将会被教导不要接受与新加坡格格不入，而且有害的西方生活方式与价值观。此种文化的标准和道德规范，乃是发源于世界上最古老，同时也是最伟大的文明。数个世纪以来，亚洲的社会一再地强调婚姻、家庭单位、孝道和有秩序社会等的重要性。这些价值不容许被西方的工业社会文化所侵蚀。政府处心积虑地想使年轻一代的新加坡人能以'我们就是我们，我们拥有自己的生活方式而与西方社会不同'为荣。"②

南洋理工大学国立教育学院中文系教授周清海在为吴元华的《务实的决策——新加坡政府华语文政策研究》一书作的序中对新加坡的双语教育政策有一个比较客观的评价，他说："我国的双语教育政策，不只解决了母语的政治问题，解决了我国成长时代就业不平等的社会问题，也将不同的、两极化的华英校学生，拉近了距离，而且在建国过程中，为母语提供了一个平台，让母语保留了下来，更加普及化，并对我国的发展做出了贡献。虽然，我们母语的程度稍微降低了，但这样的牺牲也是无可奈何的事。"③

新加坡资深教育记者潘星华撰写的《新加坡校长访谈录》《新加坡教育点评》《新加坡教育特写》等新加坡"教育三部曲"，分别从不同的角度对新加坡自独立建国以来的教育总体状况进行了描绘。她在《新加坡教育特写》中这样说道："新加坡教育走过的50年，一步一脚印，每段都有着血汗的印记，都带着艰辛的努力，都烙印着配合时代前进的痕迹。"④ 作为资深教育记者，她对新加坡教育的熟悉使得她"在新加坡教育精益求精的道路上，我有我的位置，我有我该做的事"。她甚至经常会接受一些特殊的

---

① 〔新加坡〕《联合早报》编《李光耀40年政论选》，联邦出版社，1993，第399页。
② 〔英〕亚历克斯·朱熹：《新加坡第一》，金陵图书有限公司，1983，第404～405页。
③ 〔新加坡〕吴元华：《务实的决策——新加坡政府华语文政策研究》，当代世界出版社，2011，第1页。
④ 〔新加坡〕潘星华：《新加坡教育特写》，诺文文化事业私人有限公司，2008，第13页。

任务,"当一位校长终身为教育鞠躬尽瘁,退休前还不忘寻找最恰当的接班人时,我会接到一个任务说:'替我去看看这几个人,看哪个最好'"。① 她认为:"在对新加坡教育进行审视的过程中,新加坡校长的表现是重要的。……踏入21世纪知识型经济时代,新加坡教育部逐渐放权,明文给予校长更多自主权,鼓励他们因应各自学校的情况,有所创新、发挥。于是,成为一校灵魂的校长,他(她)的灵魂究竟是高大伟岸、高瞻远瞩,还只是萧规曹随,依样画葫芦,更直接影响到一校的成败。"② 潘星华的"教育三部曲"以新闻报道与访谈的形式,翔实地记录了新加坡双语教育实践的发展奋斗历程。对本研究帮助很大。

卢绍昌著有《华语论集》一书,书中收录了他本人撰写于不同时期的关于"华语与方言""谈汉语拼音方案""华语声调的体现"等新加坡华语教育方面的专题论文,成为体现新加坡双语教育政策发展与实践的重要历史资料。

新加坡华文教研中心副院长陈志锐所著《新加坡华文及文学教学》一书,共收录了8篇论文,探讨在新加坡复杂的第二语文的语境中,华文教学的新策略与华文文学的教学法。书中对以华文为第二语文教学的课程框架、教学材料、教学法与评估方式提出了自己的见解。他提出,华文教材的编写要满足华人的文化传承及经济价值的目的需要。在教学法上要多元,"甚至结合'用中学'、'学以致用'、'乐学善用'的教学理念,让华文课充满新鲜感"。③ 还对华文作为第二语文的评估标准,提出了效度、信度、公平性三大原则。

李光耀在《我一生的挑战——新加坡双语之路》一书中,对双语教育政策实施几十年的心得予以总结。他认为,新加坡的语文政策可以成为政治经济成功的动力、是服务国家利益和政府管理的实用工具。他说:"新加坡从复杂的多语方言环境,转变为英语与母语并重的更制度化的双语教育,这一政策将持续下去,母语作为与本族文化交融的脐带、英语处于运用管理的主导地位的格局也不会改变。"④

---

① 〔新加坡〕潘星华:《新加坡教育点评》,创意圈出版社,2006,第12页。
② 〔新加坡〕潘星华:《新加坡校长访谈录》,创意圈出版社,2006,第13页。
③ 〔新加坡〕陈志锐:《新加坡华文及文学教学》,浙江大学出版社,2011,第39页。
④ 〔新加坡〕李光耀:《我一生的挑战:新加坡双语之路》,联合早报出版社,2011,第260页。

崔东红的《新加坡的社会语言研究》一书，从宏观社会语言学的角度对新加坡现有的社会语言状态进行研究分析。该书通过抽样调查、个案调查等方法，对新加坡各个层面、各个领域的语言状况进行了分析研究，她对新加坡双语教育政策的评价是："新加坡逆境求存，未雨绸缪的特殊国情背景，促使这个亚洲国家以英语为首要行政语言，政府为了强化人力资源的优势而实施双语教育制度。双语教育不但是国家稳定和发展的基石，也是传承价值观念的载体，因此，新加坡从过去、现在，到未来，都将是一个多种语言并存的国家。"[1]

上述研究从实践的角度分别再现了新加坡双语教育政策的某个侧面，对这一目前全世界最有效、最经典、最务实的双语教育体系及政策进行了不同层次的分析和梳理，对双语教学内容、课程课时、师资培训等予以具体介绍。使得新加坡这个"最大、最复杂的语言实验室"为全世界的语文教育提供更丰富、更具体、更鲜活的经验。

（四）对新加坡双语教育政策的变迁与问题的研究

由英国Bangor大学副校长、欧盟观察员科林·贝克（Colin Baker）教授著，翁燕珩等译的《双语与双语教育概论》一书，对双语教育的个体属性与社会属性、原则与教学实践进行了阐述。在理论论述上，介绍了当今世界有影响力的双语和双语教育理论，从跨学科的角度剖析双语和双语教育的问题，既有宏观探讨，又有微观研究。比如，"幼儿、儿童以及成年人获得双语的途径，双语人的思维能力，双语会不会影响智力，双语人与单语人思维运作的差异，双语人和半语人的区别等。对双语应用中的一些实际问题也做了一些分析。"[2] 该研究从语言学的角度出发对双语教育理论进行了系统深入地归纳，并联系实践加以分析。

新加坡华文研究会委员谢泽文曾针对中学华文测试中存在的对文化内容和能力考察的欠缺等问题说："中学华文（第二语文）的教学目标是训练学生听说读写的能力，并通过华文的学习使学生认识母族文化和传统价值观，但目前我们的华文试卷主要考查学生运用语文的能力，并没有直接

---

[1] 〔新加坡〕崔东红：《新加坡的社会语言研究》，北京出版社，2011，第3页。
[2] 〔英〕科林·贝克：《双语与双语教育概论》，翁燕珩等译，中央民族大学出版社，2008，第2页。

考察他们对母族文化和传统价值观的认识。"①

新加坡华文研究会编辑的《新加坡华文教学论文集》，至今共编辑了6本，是把有关新加坡华文教学实践的研究论文汇集起来，其中所引用的数据和课程要求成为双语教育政策变迁的有力论据，对本研究具有借鉴意义。

王秀南在《星马教育泛论》和《东南亚教育史大纲》两部著作中，对新加坡的双语教育都有专门论述，前者从教育史的角度，把新加坡150年的教育史分为五个阶段，即早期的民间文化垦荒时期、战前的政府接管教育时期、战时的日军占领教育时期、战后的教育复员重建时期、今日的国家教育创制时期。作者还在书中提出了新加坡教育建国的观点。他说："教育，既可建国，也可误国，成败之差，仅在教育之能否加以善用耳！就新加坡而言，确是教育建国的实例。"② 书中还研究探讨了华文教育政策的发展过程，揭示了双语教育政策发展变迁的历程，史料丰富、研究深入。而后者是对东南亚各国教育发展史的研究，其中新加坡占了比较大的比重。

上述研究不仅介绍了新加坡实施双语教育政策的宏观背景和发展历程，也总结了经验教训，为本研究开阔了思路，提供了丰富的历史资料。

总之，国内外研究成果的研究角度、关注的重点虽然是有所不同的，甚至有的研究系统性不够，缺乏深入的分析论证，然而，学者们从不同的视角和维度，尽可能全面而真实地介绍了新加坡双语教育政策的发展过程。但是从双语教育全局来系统、全面、综合地梳理和展现新加坡双语教育政策发展的历史脉络与演进过程的研究还是很少。

第四节 研究内容与研究方法

本研究题为"新加坡双语教育政策发展研究"，新加坡双语教育政策的产生与发展演进的过程是本研究的核心问题。

一 研究内容

新加坡政府双语教育政策的施行虽然只是近半个多世纪以来的事情，

---

① 〔新加坡〕谢泽文：《教学与测试》，新加坡华文教师总会，2003，第211~212页。
② 〔新加坡〕王秀南：《星马教育泛论》，东南亚研究所，1970，第225页。

但是双语教育政策的萌芽期却相当长,要追溯到19世纪初期。在之前的诸多研究成果中,学者分别从不同的研究角度对新加坡的双语教育和双语教育政策进行了分析。

谢泽文在他的《新加坡的双语教育与华文教育》一文中把新加坡的双语教育分为三个时期,即"在最早的阶段,所采取的是'自由选择式',家长可以为孩子选择英文或华文作为第一语文,各科目的教学以第一语文进行。第二阶段,从1987年开始,各学校都以英语作为第一语文,母语为第二语文;不过成绩优秀的学生可同时修读均为第一语文的华文和英文。第三阶段,从1999年开始,英语作为第一语文的政策没有改变,母语教学方面则提供了更多的课程让家长选择。"[①] 反映了新加坡不同时期双语教育政策的不同内容。

黄燊辉则主要从华文文学发展历程的视角,把新加坡双语教育政策的发展分为六个时期,以每10年为一个年代来划分,即双语教育启蒙期(20世纪50年代)、双语教育发展期(20世纪60年代)、双语教育全盛期(20世纪70年代)、双语教育定型期(20世纪80年代)、华文教育挣扎期(20世纪90年代)和21世纪的展望。[②]

新加坡国立教育学院副教授丽塔·伊莱恩·西尔维(Rita Elaine Silver)主要从新加坡经济发展的视角,把新加坡双语教育政策发展分为两个时期,即20世纪50年代末至60年代中期,新加坡政府实施双语教育的目的是出于政治稳定、经济发展、民族和谐的需要;20世纪60年代末至80年代末,政府的重点是发展经济,如出口贸易、加速工业化。[③]

黄明首先把新加坡的双语教育明确为"近半个多世纪以来的事"[④],从第二次世界大战以后,以语用环境变迁的角度,按照双语教育自身的时代特色和突出特征进行分期。共分为四个时期,即双语教育萌芽期(1946~1955年)、双语教育发展期(1956~1965年)、双语教育成熟期(1966~

---

① 〔新加坡〕新加坡华文研究会:《新加坡华文教学论文二集》,莱佛士书社,2001,第11页。
② 〔新加坡〕新加坡华文研究会:《新加坡华文教学论文四集》,EPB Pan Pacific,2006,第402~409页。
③ Rita Elaine Silver, The Discourse of Linguistic:Language and Economic Policy Planning in Singapore, *Language Policy*, No. 4, 2005, 第53~55页。
④ 黄明:《新加坡双语教育与英汉语用环境变迁》,厦门大学出版社,2012,第28页。

1986年)、双语教育定型期（1987年至今）。① 通过双语教育的发展演进来反映双语教育政策的变化。上面几位学者的分期法，分别从不同的角度给本研究以很大启示。

本研究认为，谢泽文的分期法，恰恰忽略了1987年之前双语教育政策发展最多变、最曲折的阶段。黄燊辉的分期法，刻意体现时代感，而并不是以双语教育政策本身发展转折的过程来划分时期。丽塔·伊莱恩·西尔维（Rita Elaine Silver）的分期法，即使是从经济发展的角度来分，也是过于简单了。黄明的分期法，是在已经把当前的新加坡双语教育定位为一个已经成熟和定型的模式的前提下做出的，在总结时期特点上显得不够客观和准确。

本研究从新加坡政治、经济、教育以及双语教育在配合国家全面发展中所起的作用来综合考虑。共分为四个时期，即独立建国前双语教育的启蒙与探索（1965年以前）、生存与发展主题下双语教育政策的确立与实践（1965～1986年）、经济腾飞主题下双语教育政策的修正与完善（1987～2007年）、重造新加坡主题下双语教育政策的深入推进（2008年至今）。

关于几个历史转折的时间，本研究的主要观点如下。

1965年以前，新加坡经历了自由发展、殖民统治、自治和新马合并四种存在形态，其间还经历了两次世界大战。特别是经历了第二次世界大战的毁灭性打击之后，人们渴望找到工作，更渴望为子女找到能接受教育的学校。除了自由发展阶段的教育政策是空白以外，殖民统治、自治和马来亚时期的教育政策分别与政治体制相配合。由于马来亚时期新加坡实行教育自治，1965年之前的新加坡双语教育政策主要分为殖民统治和自治两种形态的教育政策。分别以《十年教育发展计划》和《各党派报告书》为标志，对双语教育政策进行了初步的探索，是多元化背景下双语教育政策的启蒙与早期探索阶段。

从1965年开始，新加坡被迫走上了独立建国的道路。"这距离她充满希望地与马来亚的合并只过去了短短两年时间，沿公共线发生的暴力事件令这个新生的政府担心与忧虑，这个政府为给家庭提供住房，供养工人和学校的孩子们而不懈努力着。一大批年轻的毕业生，承担起了养育新国家公民的重任。"② 摆在人民行动党面前最大的难题就是该如何带领人民生存

---

① 黄明：《新加坡双语教育与英汉语用环境变迁》，厦门大学出版社，2012，第30页。
② Kum Chee Than. *Many Pathways*, *One Mission*: *Fifty Years of Singapore Education*. Singapore: Ministry of Education, Curriculum Planning & Development Division, 2007, p. 1.

下去。经过10年的艰苦努力,到1975年,新加坡终于很好地解决了国家生存的问题,这一年,世界银行把新加坡定位为一个中等发达国家,而不是发展中国家。从此以后,新加坡进入了快速发展的轨道。又经过10年发展,到1986年,新加坡遭受了严重的经济衰退。尽管新加坡经过了10年快跑,在经济上已经实现了转型,发展成为资本技术密集型产业结构。然而,1986年的经济衰退还是使一些人破产和失业,人们不断地提出一个严酷的问题,那就是,我们需要学生们毕业时拥有何种技能来保障他们的未来。学校的课程设置越来越被看重,"一种更多样的教育蓝图更能满足人们需要的思想正慢慢渗透进大众的意识中"①。新加坡被迫独立建国以后的短短20年里,一个内外交困的新生国家不仅成功解决了国家和人民的生存问题,而且还实现了经济转型,在双语教育政策上实行强制性教育和教育分流制度,实现了双语教育从自由选择式到强制性教育的转换。这20年也是新加坡双语教育发展进程中最艰难曲折的时期,是双语教育政策确立与实践的关键阶段。

1987~2007年,新加坡经过很短的一段时间的调整后,再次起飞,她连续十年经济强劲增长,于1997年赢得了"亚洲四小龙之一"的称号,国际上对其在公共住房和教育上所取得的成功予以赞誉。这段时期,学校的课程更加重视公民教育和价值的学习,并为学生在21世纪更好地生活设计了专门的技能和知识结构。在双语教育政策上,英语虽然还是第一语言,地位不变,但已不再是一枝独秀了,华文教育日益受到重视,并在提升人文素质中承担了重要任务,政府更提出了要培养双文化人才的目标。伴随着新加坡经济的起飞,教育源流实现了完全统一,开始了第三次基础教育改革与新的双语教育分流制度,双语教育的分工进一步明确,华文教育向着文化、素质与道德教育等领域延伸,双语双文化作用进一步深化。这20年既是双语教育的深化与提升阶段,也是双语教育政策的修正与完善阶段。

2008年,世界经济论坛(WEF)公布了《全球竞争力报告(2008—2009)》,新加坡在新兴工业化国家和地区中,教育、公民素质指标、研发国际合作程度以及未来研究与开发经费等方面均名列第一。由于世界全球化的影响日甚,新加坡政府在考虑如何留住当地人才的同时要吸引更多的

---

① Kum Chee Than. *Many Pathways, One Mission: Fifty Years of Singapore Education*. Singapore: Ministry of Education, Curriculum Planning & Development Division, 2007, p. 1.

外来人才。全球化形势要求教育为社会发挥更大的作用的同时，也能提供更多的选择和更大的灵活性，双语教育将面临更大的挑战和机遇，重造新加坡主题下的双语教育政策也将焕发出新的活力。政府确立了培养全球化人才的双语教育方针并进一步规划了双语教育政策的未来路径，新加坡进入了双语教育政策深入推进的阶段。

本研究以这四个发展阶段为主体脉络，以双语教育政策的发展变革为主线，从整体和全局上把握新加坡双语教育政策的发展历程，探求其发展的内在规律。在第一阶段，本研究将重点分析多元化背景下新加坡双语教育政策出台的历史渊源、社会基础和教育政策启蒙与早期探索的状况。重点分析第二次世界大战前后英国殖民统治时期双语教育政策的萌发、自治时期双语教育政策的确立以及混合学校双语教育模式的初步探索。在第二阶段，本研究重点分析新加坡独立建国后，在国家生存与发展的主题下，务实的双语教育方针政策的出台以及双语教育模式的确立与实践。在第三阶段，本研究重点分析双语教育政策在配合经济发展需要所做出的调整，特别是三个华文教学改革政策的出台与实施。在第四阶段，本研究重点分析双文化目标的培养方针以及华文教学第四次改革及其课程新标准。

由于华人占新加坡人口的绝大多数，本研究主要以英语和华语为研究主体，来探索新加坡双语教育政策的发展演进历程。

二　研究方法

第一，文献分析法。本文的研究对象为新加坡双语教育政策的发展历史，内容涉及政治、经济、文化、教育等诸多方面，必须广泛搜集大量的中文和英文资料。在研究过程中，尽力大量搜集涉及相关领域的书籍、期刊、论文和资料，并使用资料库、网络在线查询搜集国内外有关新加坡双语教育政策的文献资料，并深入研究和分析解读之，从中探求与本研究相关的重要史料，使本文的论述能够建立在比较翔实的资料基础上，为本文的框架构建、体例确定提供整体思路及理论铺垫，从而在理论观照下理清新加坡双语教育政策发生发展的历史脉络，为进一步研究和论证寻找基本的立足点和史实基础。

第二，历史比较法。新加坡双语教育政策的发展经历了不同的阶段和历程，在不同的时期有着不同的发展主题，对新加坡双语教育发展过程中相关的历史现象、性质及其特点进行纵向比较,有利于认清其本质与规律。而在相同时期,通过对中英、英马、英泰等不同语言的横向比较也有利于对新加坡双语教育政策的深入理解与把握。因此,本文按照历史发展的时间顺序,将新加坡双语教育政策融入特定的政治经济文化的时代背景中去考察其发生发展、变化和实施的过程。旨在揭示新加坡双语教育政策的发展趋势和未来变化,并通过对政策实施的有效性分析,总结其在新加坡双语教育发展历程中发挥的重要作用和历史经验。

第三,数据统计法。本文主要采用定性研究,但是定量研究有助于更加清晰、明确、直观地说明问题,而且能够为定性研究提供最直接的阐释依据,并使论据更加具有说服力。在本研究中,针对新加坡不同种族人口的组成及比例、华校和英校的学生数量及对比、入学新生人数及入学率、学生课程的设置情况等方面进行了统计,以期为论证新加坡双语教育政策的发展历史提供更为直观的论据。

第四,文本分析法。在新加坡双语教育的发展历程中,其教育政策的制定与执行对其发展起到了积极的重要作用。本研究对《十年教育发展计划》《五年教育补充计划》《方吴报告书》《双语教育白皮书》《理想的教育成果》等教育政策文本进行内容分析,不仅要清楚地解读教育政策的文字内容,而且还探求各项教育政策文字背后的历史背景和深层含义,从而更透彻地理解新加坡双语教育发展历程的政治社会背景及形成原因。

第五节 创新点与不足

一 创新点

就目前的研究状况和搜集资料的范围和能力而言,本研究尽力在以下方面进行了深入探索。

第一,比较客观、全面地展现新加坡双语教育政策发展的历史脉络,力求全面而清晰地展现新加坡双语教育政策发展的轨迹。关于新加坡双语教育的研究,过去主要侧重于第二次世界大战以后或者独立建国以后的研究,或是前人的教育通史,或是今人就某一课题的论述,鲜有对新加坡双语教育政策发展的系统研究。本研究是在探索一片新的领域,虽然离不开

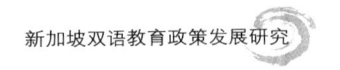

前人已有研究成果的支撑，但也希望在这一领域的系统研究中做一些奠基性的工作。

第二，重新划分新加坡双语教育政策发展的分期。能够比较清楚地反映新加坡双语教育政策在各个不同时期的主要背景、时代特征、教育方针和具体措施，阐述了划分的理由，并具有丰富的史实支撑。

二　不足之处

第一，目前国内尚未有从教育史的角度针对新加坡双语教育政策的深层次研究，新加坡国内也未对其进行全面而系统的梳理和研究，因此，本研究属于首次探索性研究。因为受笔者研究能力、搜集资料数量等因素所限，对于整个研究框架结构的搭建难免片面和肤浅。

第二，虽然笔者对本研究抱有科学严谨的态度和尊重史实、忠于史实、还原史实的研究精神，尽力平实地陈述历史，但是也难免在某些观点上会带有个人主观倾向而成为一家之言。

第二章　独立建国前双语教育的启蒙与探索
（1965 年以前）

1965 年独立建国之前，新加坡先后经历了英属殖民地时期（1819~1942 年）、日据时期（1942~1945 年）、英国再度殖民时期（1945~1963 年）及马来亚时期（1963~1965 年）四个阶段。得天独厚的地理区位优势为新加坡奠定了发展外向型经济的基础，多元的族群结构奠定了多元文化的底蕴，也使新加坡不得不面对复杂的政治、历史与语文矛盾。在一个多世纪的发展历程中，新加坡地区的统治者出于不同的政治目的，在教育问题上采取和推行了复杂多样的政策措施，新加坡的双语教育政策正是在这一背景和历史进程中得以启蒙并开始了初步探索。

第一节　外向型经济模式与语文竞争

1819 年，新加坡成为英国的殖民地。天然的地理优势，使得这一地区很快就成为世界经济贸易的重地，新加坡所在的东南亚区域特产橡胶、锡、石油、棕榈油等，都是国际市场上大宗需求的产品。转口贸易和特产港经济在独立建国之前一直是新加坡的主要经济支柱。英国学者 W. G. 赫夫曾指出："很少有几个地区能够像新加坡那样多地受惠于地理上的天赋，其至连（中国）香港也不例外。"[①] 他还认为，新加坡经济成功有两大因素，"一是新加坡的起点较高，二是新加坡利用了有利的国际经济力量。"[②] 20

[①]〔英〕W. G. 赫夫：《新加坡的经济增长——20 世纪里的贸易与发展》，牛磊等译，中国经济出版社，2001，第 1 页。

[②]〔英〕W. G. 赫夫：《新加坡的经济增长——20 世纪里的贸易与发展》，牛磊等译，中国经济出版社，2001，第 24~25 页。

世纪 30 年代，新加坡已经成为世界上石油、橡胶、锡三大产品的转口贸易中心，以及东南亚特产的分销中心。伴随着经济的快速发展，外来移民数量也迅速攀升，1947～1957 年这 10 年成为新加坡人口增长速度最快的时期。

新加坡独立建国以前的经济发展道路与西方发达国家的发展模式不同，地理位置上的优势始终是新加坡经济发展最根本的基础。正如英国经济学家艾尔弗雷德·马歇尔（Alfred Marshall）所强调的那样，"地理位置是评估一国财富的基本指标：泰晤士河尽管是大自然无偿赐予的，可它'对英格兰财富的贡献超过其所有的运河，甚至可能超过其所有的铁路'。"① 然而，对于新加坡来说，地理位置的天然优势还只是它经济成功的一个方面，当越来越多的商船取道马六甲海峡的时候，"新加坡因而成为本地区的主要停靠港及'东方的大门'。"② 新加坡也从此走上了外向型经济发展的道路，这是造就新加坡经济成功的另一个方面。毫无疑问，新加坡的经济发展模式是外向型的，"在第二次世界大战之前的每一步发展几乎都促使它从国际经济而不是民族国家中去寻找出路。第二次世界大战后的情况依然如此。"③ 回溯历史，我们可以从新加坡经济发展的律动中找到其双语教育发展的渊源。

一 独立建国前的经济发展状况

独立建国前的新加坡经济模式主要以转口贸易为主，其天然停靠港和货物集散地的双重功能在 19 世纪后期引发了爆炸性的商业繁荣。在第二次世界大战前，新加坡就已经取得了相当可观的经济发展成就。独立建国前，新加坡的经济发展主要经历了四个时期。

1870 年以前，初级产品转口贸易时期。新加坡把来自马来半岛和印度尼西亚等周边岛屿的特产，比如大米、糖、香料、咖啡、金沙等运往欧洲、

---

① 〔英〕W. G. 赫夫：《新加坡的经济增长——20 世纪里的贸易与发展》，牛磊等译，中国经济出版社，2001，第 3 页。
② 〔英〕W. G. 赫夫：《新加坡的经济增长——20 世纪里的贸易与发展》，牛磊等译，中国经济出版社，2001，第 5 页。
③ 〔英〕W. G. 赫夫：《新加坡的经济增长——20 世纪里的贸易与发展》，牛磊等译，中国经济出版社，2001，第 32～33 页。

中国和北美,再把这些地方的制成品,如玻璃器皿、啤酒、面粉等运回。新加坡还从中国和印度进口生丝、丝线、纸伞、鸦片和鞭炮等,再出口到苏门答腊、爪哇、马来各州、暹罗和柬埔寨。① 转口贸易的发展吸引了大量的移民,从1823年至1871年,新加坡人口从10000人发展到了97111人,增长了将近9倍。②

1870～1899年,出口贸易高增长时期。锡作为马来半岛的第一宗特产,因国际市场需求的激增而在19世纪末期强力拉动了新加坡出口贸易增长。"出口量的增长集中于1886年以后的10年间,那时锡的出口翻了两番,从8100吨上升至32900吨,热带产品的出口从142500吨增长到252300吨。在稍长些的1886年至1897年间,稻米出口从123900吨增长到332400吨。"③ 在这20年里,新加坡进出口贸易版图所涉及的国家也在迅速增加,贸易航线不断延长,包括东南亚的马来半岛、港间贸易、荷属印度、暹罗、印度支那、英属婆罗洲、缅甸、菲律宾群岛与苏禄群岛、欧洲、美国、加拿大、日本,还有中国、中国香港、英属印度、锡兰、澳大利亚以及其他地区。而此时,新加坡作为国际贸易中心,其城市外观也发生了很大程度的改观,到19世纪前,坐落在新加坡的欧洲商社已经迅速发展,为了贸易联系的方便,早在1871年新加坡就已经有了能够直接联系欧洲的电报设施,1882年就修建了有轨电车。从港口发展规模来看,新加坡最初只是一个小渔村,从19世纪70年代开始向着岛内发展,沿着新加坡河和梧槽河的走向向着岛内开始布局,逐渐呈现了商业城市的面貌。伴随着橡胶、锡、石油贸易的发展,大型银行、船运公司和欧洲代理社纷纷落脚此地,初步具备了港口贸易城市的风貌。

1900～1939年,贸易、金融、特产港等多领域发展时期。由于世界对马来半岛和印度的初级产品有了更高的要求以及需求量的增长,再加上东西航线上战略位置所带来的便利,贸易仍然是新加坡在20世纪初期的主要经济模式。从1910年起,因新的科技发明而使新加坡贸易产品结构出现了

---

① 〔英〕哈·弗·皮尔逊:《新加坡通俗史》,福建师范大学外语系翻译小组译,福建人民出版社,1974,第36页。
② Iain Buchanan B. A. , *Singapore in Southeast Asia*: *An Economic and Political Appraisal*, Britain: G. Bell and Sons Ltd. , 1972, p. 29.
③ 〔英〕W. G. 赫夫:《新加坡的经济增长——20世纪里的贸易与发展》,牛磊等译,中国经济出版社,2001,第37～38页。

转向。世界对石油和橡胶的巨大需求促使新加坡实现了特产港的转型。20世纪初刚刚开始的橡胶种植业迅速发展起来,新加坡也随之成为世界最大的橡胶出口港。石油贸易在两次世界大战之间增长尤其显著,新加坡独特的地理优势也吸引了众多石油公司的到来,如荷兰皇家壳牌公司、新泽西标准石油公司、纽约标准石油公司等。这期间新加坡的贸易结构主要是橡胶、石油、锡、食品等。贸易和特产港的繁荣也带来了金融业的发展,新加坡在贸易活动中所需的资金大多来自于欧洲银行,到19世纪末期,新加坡已经有了汇丰银行、印度商业银行和印澳华渣打银行。随着经济贸易的繁荣,港口规模也进一步发展和扩大,"1900~1930年这30年,50吨以上船只的数量翻了一番,其总吨位达到了原先的3倍多。"① 在第一次世界大战期间,新加坡的港口吨位已经列居世界第七位了。

第二次世界大战后至1965年,特产港的恢复与多元经济发展起步时期。随着20世纪50年代石油和橡胶贸易的逐渐扩大,出口量持续增长。50年代,新加坡已经成为东南亚最大的石油储备基地。1959年,自治政府成立以后,新加坡在经济发展上已经不再单纯依赖于特产贸易,逐渐扩充了制造业、商业和金融业等多元经济模式。在20世纪60年代里,新加坡的贸易结构实现了由传统的转口贸易向以国内加工产品为主的非传统的出口贸易模式的转变。60年代中期,新加坡GDP的高速增长已不是主要得益于出口贸易,而是制造业和建筑业,这不能不说是多元经济发展模式所带来的好处。

新加坡在独立建国之前的经济发展已经达到相当高的程度,根据统计,"人均收入'自1948年以来在非常稳定且快速地上升',大大高出亚洲几乎所有其他地方。人均收入大概要超过英国人均收入的1/3。繁荣的扩展,因而新加坡'几乎是亚洲唯一存在真正中产阶级的地方'。20世纪50年代中期,该岛每30人拥有一辆私家车,在英属马来西亚是70人一辆。其他亚洲国家的这一数字没有哪个低于120。"②

新加坡在独立建国之前的一个半世纪里,已经形成了自己独特的经济结构和发展模式,探索了一条非同寻常的经济发展路径,是全球化与外向

---

① 〔英〕W. G. 赫夫:《新加坡的经济增长——20世纪里的贸易与发展》,牛磊等译,中国经济出版社,2001,第115页。
② 〔英〕W. G. 赫夫:《新加坡的经济增长——20世纪里的贸易与发展》,牛磊等译,中国经济出版社,2001,第25页。

型经济发展战略最早的践行者,对于推动东南亚乃至整个世界的经济发展进程发挥了巨大作用,成为世界经济发展史上不容忽视的重要篇章。

二 移民社会的形成与语文竞争

经济的持续繁荣发展为新加坡吸引了大量的外来移民,由于建立贸易自由港消息的迅速传播,殖民地人口快速增长,并在之后不长的时期里迅速形成一个比较稳定的移民社会。新加坡移民的来源主要有三个地方,一是马来半岛西海岸的马六甲地区,大部分是马来人。二是马来半岛以外的商人和移民,商人中以中国人为主体,他们大部分曾经到马六甲等地做过生意,中国商人的第一艘帆船是1812年2月到达新加坡的,随后大批的商船陆续到达,这些帆船把中国商人和移民送到了新加坡。① 三是大约与中国商人同一时期,印度商人、劳工和罪犯也到达了新加坡。这样,新加坡境内三大主体民族在新加坡开埠之初就已经陆续聚齐了。从表1和表2中可知,新加坡的总人口迅速由1819年的210人,上升到1824年的10683人;华人总人口由30人,上升到3317人,占总人口的31%;马来人6431人,约占人口的60.2%;印度人756人,约占总人口的7.1%。三个主要民族共同构建的新加坡移民社会的雏形已经基本形成。这五年也成为新加坡史上盛况空前的移民时代,特别是华族移民人口逐年大幅攀升,并逐渐成为新加坡人口的绝大多数。

(一) 移民社会的形成

移民源源会聚的壮观景象从1819年7月11日,莱佛士写给萨默塞特公爵夫人的信中可见一斑,他说:"我的新殖民地蓬勃发展。从建立至今还不到四个月的时间里,人口已经突破了5000人,其中主要是华人,而且这个数字每天都还在增长。"② 独立建国前,构成新加坡人口主体的三大族群在经历了一个多世纪的生息繁衍、疾病战争之后,在人口结构上出现了极

---

① Victor Purcell, The Chinese in Malaya, Oxford University Press, 1948:70.
② Lady Sophia Raffles, Memoir of the Life and Public Services of Sir Thomas Stamford Raffles, FRC ect. Particularly in the Government of India, 1811 – 1816 and of Bencoolen and Its Dependencies, 1817 – 1824; with Details of Commerce and Resources of the Eastern Archipelago, and Selection from His Correspondence, John Murray, 1830:383.

大的差异，除了马来人的人口增长率比较平稳之外，华人和印度人都出现了较大波动，综合表 2-1 和表 2-2 的数据分析，可以全面了解三大民族今天在新加坡人口比例的形成过程。华人移民在 20 世纪 30 年代前出现了高潮，特别是在新加坡转型成为特产港后，橡胶种植业对华人劳动力需求的增长有力地推动了华人移民的大潮，移民对于新加坡经济发展变得越来越重要。1901 年的新加坡共有 19.3 万人，到 1936 年则猛增到 49 万人，第二次世界大战期间则已经突破了 50 万大关。20 世纪 30 年代，世界进入经济大萧条时代，伴随着新加坡特产出口价格的下跌，华人移民数量也出现了下降，为了限制华人移民，1930 年 8 月，英国殖民统治者实行移民配额政策，并列入了 1933 年出台的《海峡殖民地外国人法令》。

表 2-1 新加坡人口增长数据（1819~1957 年）

年份	总人口（人）	华人（人）	占比（%）	马来人（人）	占比（%）	印度人（人）	占比（%）
1819	210	30	14.3				
1821	4727	1159	24.5				
1824	10683	3317	31	6431	60.2	756	7.1
1825	11851	3828	32.3				
1829	18819	7575	40.25				
1830	16634	6555	39.4	7640	45.9	1913	11.5
1834	26329	10767	40.9				
1836	29984	13749	45.6	12538	41.7	2932	9.9
1849	59043	27988	52.9	17039	32.2	6284	11.9
1860	80792	50043	61.9				
1871	97111	54572	57.6	26141	27.6	10313	10.9
1891	184554	121908	67.1	35956	19.7	16009	8.8
1911	303321	219577	72.4	41806	13.8	27755	9.2
1931	550756	421821	75.1	65014	11.7	50811	9.1
1947	938079	927863	77.8	113803	12.1	71927	7.7
1957	1445929	1090595	75.4	197059	13.6	129510	9.0

资料来源：本表参照〔新加坡〕许甦吾：《新加坡华侨教育全貌》，南洋书局，1949，第 6 页；云惟利：《语言环境》；云惟利：《新加坡社会和语言》，南洋理工大学中华语言文化中心，1996，第 3 页；〔新加坡〕苏瑞福：《新加坡人口研究》，薛学了、王艳等译，厦门大学出版社，2009，第 35 页整理。

表2-2　新加坡三大族群人口年均增长率（1824~1947年）

单位:%

时　期	华　人	马来人	印度人
1824~1830年	12.0	2.9	16.7
1830~1840年	10.4	5.6	5.8
1840~1849年	5.0	2.9	7.2
1849~1860年	5.4	5.2	6.8
1860~1871年	0.4	4.4	-1.5
1871~1881年	4.8	2.4	0.2
1881~1891年	3.5	0.1	2.9
1891~1901年	3.0	0.0	0.6
1901~1911年	3.0	1.5	5.0
1911~1921年	3.7	2.5	1.5
1921~1931年	2.9	2.0	4.6
1931~1947年	3.5	3.6	1.9

资料来源:〔新加坡〕苏瑞福:《新加坡人口研究》,薛学了、王艳等译,厦门大学出版社,2009,第13页。

经济功能的扩展促进了移民人口的增长,而人口的快速增长奠定了新加坡多元族群的社会结构。"在两次世界大战之间华人社会开始向更加平衡和稳定的方向发展,在第二次世界大战之后这一趋向变得更为明显,而印度人社会则没有达到这种程度。"[1] 这主要表现在五个方面:一是人口数量逐渐稳定。从1921年到1936年,新加坡华人人口数量所占比例始终维持在78%和76.3%之间。二是华人妇女所占比例逐渐升高。"1901年新加坡市华人男女比例为3.574∶1,到1931年这一比例下降到1.703∶1。"[2] 三是新出生的华人人数逐年增加,到第二次世界大战爆发前十年里华人新生人数达到了21.7万人。四是华人因接受不同的语文教育源流而分化为受英文教育者和受华文教育者两个稳固的阶层。五是城市中华人色彩以及华人社会自我服务功能日益浓厚和完善。华人的汇款业务甚至带动了整个城市金融业的发展。

---

[1]〔英〕W.G.赫夫:《新加坡的经济增长——20世纪里的贸易与发展》,牛磊等译,中国经济出版社,2001,第153页。

[2]〔英〕W.G.赫夫:《新加坡的经济增长——20世纪里的贸易与发展》,牛磊等译,中国经济出版社,2001,第155页。

在英国殖民统治时期,殖民当局为了维护其统治秩序,便于管理,采取了聚族而居、分而治之的社会管理方式,让不同族群的人居住在不同的地方。从 1900 年起,所有在新加坡的人按照民族和种族的划分标准实行划地而居。马来人主要居住在北部,印度人主要居住在南部,华人虽然遍布各地,但华人内部又按照地缘关系而划分了不同的街区和居住地,到 19 世纪后期,新加坡的中心地区已经发展为两个繁华的华埠,分别位于新加坡河的两岸。这种划地管理的社会治理模式虽然便于殖民者的管理,但各族群之间接触和交流的机会则相对减少,各自处于相对封闭的状态。为了维护各自民族的政治经济利益,各民族内部开始出现一些早期的社团组织,以维护本族民众利益。

(二) 语文竞争

新加坡虽小,但地理位置非常特殊,是 19 世纪以来西方殖民统治者在东南亚的政治、经济和军事要地。作为世界上最早开放的世界级港口和东西方转口贸易的中心,新加坡随着经济的高速发展、扩张和转型,对人的素质特别是语文能力也提出了更高的要求,特别是由于语文问题所造成的困扰在民族矛盾、经济活动等领域的日益严重,语文问题更成为各族群走出自我封闭状态、扩大贸易发展的第一步。

新加坡的多元语文状况在政治、经济、文化、宗教、人口的共同作用下,必然导致语文之间的竞争。在新加坡的四大族群中,每个种族都拥有自己丰富的语言和文化,但由于它们分属于不同的语系,不仅彼此间很难沟通,还形成语言上的不同层级。英语因作为殖民当局的主要工作用语而成为新加坡的顶层语言。每个种族内部都有自己的通用语,这通常被称为高层语言。在每个民族语文内部又因祖籍国的地缘因素而分为不同的方言,这种方言通常被称为低层语言。多语种存在的状况,必然导致竞争。正如崔东红所说的:"在双语或多语并存的国家,各语种之间势必互相竞争,影响语种竞争力的主要包括政治、文化、经济、人口、文字和宗教六大因素。在新加坡,政治因素的影响力最为显著。"[①] 独立建国前的新加坡,语言的层级结构受政治因素影响最大。殖民地时期,英国、日本殖民政府以各种手段强力维护英语和日语的顶层语言地位。英国殖民地时期,议会议员的

---

① 〔新加坡〕崔东红:《新加坡的社会语言研究》,北京出版社,2011,第 42 页。

资格只能是英国公民。自治时期,人民行动党政府从国家生存与发展的角度来维护英语的重要地位,虽然结果同样是维护英语,但这与英国殖民者的统治思想有着天壤之别。马来亚时期,为了达到合并的政治目的,人民行动党又极力维护马来语的国语地位。而各民族内部高层语言的确立则更多的是出于民族凝聚力和便于沟通的考虑。

由于语言竞争问题而造成的矛盾在政治上的表现尤为突出。语言成为关系国家与民族前途命运的重要内容。1951年,中华总商会向英国殖民当局提交了《放宽公民权备忘录》,要求提高非英籍华人政治地位,要求获得公民权和政治平等权利,而殖民当局以种种托词予以阻挠。1955年1月,中华总商会再次发动新加坡社会各族群人民开展签名运动,向英国女王提出废除立法会议只使用英语的语文限制,并建议采用多语制。这次请愿运动取得了空前成功,在同年4月实行的林德宪制下的自治选举中,合格的选民由7.5万人增加到了30万人,新增加的选民大部分是华人移民。在1959年民选自治政府的选举中,人民行动党旗帜鲜明地把语文和种族问题作为竞选纲领中的重要内容,强调重视母语教育,得到了华人社区的大力支持。而在新马合并问题上,语文问题再次成为高度敏感的政治问题,马方规定,在新加坡出生的公民可以成为马来亚联邦公民,其余32.7万名来自中国、印度等地的移民,必须符合联邦居住条件,并通过马来语测试及格才能成为联邦公民。不能成为联邦公民的人将是"联邦国民",也就是如果马来语不过关,将会沦为"二等公民"[①]。这引起了社会的恐慌,此时,中华总商会又一次发挥了重要作用,他们搜集了414个华社的意见,要求李光耀等人民行动党予以回答,并最终认为新加坡在教育、劳工和转口贸易、语言制度等方面拥有自主权的合并方式对新加坡是有利的,在中华总商会的呼吁和支持下,1962年9月1日的新马合并公投中,新马合并获得通过。

语言的竞争问题在文化上的表现也十分显著。每一种语言的背后都是民族精神与文化的凝结,在殖民统治时期,英语作为长达一个多世纪的社会顶层语言,其权威的社会地位使得它在传播西方文化和价值观上占有绝对的优势。而且在整个社会因为英文能力而决定人的前途和社会地位的大环境下,人们对英语及其所附带的文化不可避免地具有一种崇尚心理。与此相对应的是其他民族的文化和价值观的传播就会受到一定程度的限制和

---

① 〔新加坡〕崔东红:《新加坡的社会语言研究》,北京出版社,2011,第42页。

削弱，甚至会出现"失根"的危险，这对于一个民族的未来是极其危险的。人民行动党上台伊始就注意到了这一点。1959年8月16日，李光耀在一次记者联合会的午餐会上对受英文教育者的特性进行了描述，他说，受英文教育者，"他们的弱点，就华人和印度人来说，是由于他们接受不同文化的结果，失去元气，几乎柔弱到极点。战前马来亚英校的课程标准，向他们灌输一种完全属于英人式的理想和价值观。他们丧失了自有的文化、理想和价值观。由于他们无法制定一种关于他们自有的文化方式，有如华人、印度人和西印度的黑人自己也拥有的一套，使他们丧失了一些自信心。受英文教育的人具有一种不安和犹豫不决的心态。他们终生所讲的、所思想的，都是依靠他们所学到的语文。可是，这种语文并不是他们自己的。"①

三　外向型经济模式与语文能力的凸显

新加坡经济的起步是以海上贸易枢纽为基础的。从它成为自由贸易港那天起，就已经注定了其外向型发展的经济模式和市场经济的理念。在漫长的殖民统治期间，作为英帝国在东南亚最重要的据点，新加坡充当了英国殖民经济的中转站。当然，事情总是有两面性的，新加坡在为英帝国所用的同时，也在与英国的互动关系中获得了西方先进的法律制度、教育理念和教育成果。特别是在英语成为新加坡顶层语言后，为新加坡外向型经济模式带来了更大的方便和利益。对新加坡来说，一个多世纪的英语普及为其外向型经济发展模式和人的素质的提高打下了坚实的基础。这种外向型经济发展模式成为新加坡自治后经济发展中始终延续和改进的基础。

19世纪晚期由于英国殖民地的扩张和殖民经济的快速拓展，来到新加坡的欧洲人越来越多，"在19世纪70年代前期，每家公司有一、两位欧洲人，在19世纪80年代，每家公司有四、五位，现在（1918年）有六位甚至十几位欧洲人助手并不是什么稀罕的事。"② 而此时，新加坡的经济结构也已经分化为两大类，一类是国际经济，主要包括国际贸易、金融和航运；另一类是本地经济，包括农业、运输和制造业。随着外向型经济的不断深

---

① 〔新加坡〕《联合早报》编《李光耀40年政论选》，联邦出版社，1993，第366页。
② 〔英〕W.G.赫夫：《新加坡的经济增长——20世纪里的贸易与发展》，牛磊等译，中国经济出版社，2001，第159页。

入发展,语文能力被突出地显现出来。英语作为国际政治经济的通用语言,自 19 世纪末以来,成为助力新加坡外向型经济发展的主要推动力量之一。特别是新加坡特产港的转型、贸易版图的扩展和贸易量的增长,需要更多懂英语的人才。在金融领域,由于银行账目一般都是用英文记录,刚刚兴起的华人银行需要一批能够运用英语开展业务和熟悉西方金融管理和法律知识的英语人才。这为接受过英文教育的少量华人大学生、中学生提供了获得高薪职位的机遇,高薪的吸引力对于促进华人接受英文教育,推动华人中受英文教育阶层的迅速崛起发挥了重要作用。这一时期,语文能力成为新加坡各族群中一种新的谋生手段和方式。

第二节 多元民族矛盾与共同语政策的初探

与世界上其他多民族国家不同,新加坡从一开埠就是一个多元民族和开放的社会。英国殖民统治者出于殖民经济拓展的需要,在贸易自由港和广招移民的优惠政策下,吸引了来自中国、印度、马来半岛和印度尼西亚群岛的大量移民,"到 1911 年,据称有 48 个族群,使用 54 种语言"[①]。在独立建国之前,新加坡已经基本形成了一个多元民族、多元语文、多元宗教结构的移民社会。

一 多元民族基本状况

上世纪初,那些背负着不同语言和文化来到新加坡的移民都拥有一个共同的目的,那就是"淘金",他们把新加坡当作一个能够淘金的金矿。在 19 世纪末和 20 世纪初的中国南方,"下南洋淘金"是在清末战争频仍、民不聊生的形势下,社会底层人民被逼无奈的一种谋生方式。而在马来人和印度人中也活跃着"想挣钱、要置衣就去新加坡"的流行语。在来到新加坡的中国和印度商人的思想观念中普遍存在着"叶落归根"和回归故里的观念,他们绝大部分是只身来新加坡闯荡,把家小都留在国内,期盼着有一天能够衣锦

---

① 〔英〕哈·弗·皮尔逊:《新加坡通俗史》,福建师范大学外语系翻译小组译,(香港)商务印书馆,1979,第 65 页。

还乡。而马来人则认为新加坡本身就是马来半岛的一部分，他们一直是在自己的家门口做生意，自己根本就是这里的主人。这三大族群在新加坡这个贸易自由港里开始了以挣钱为唯一目的的生活。以挣钱为目的而形成的新加坡移民社会显然还不能被看作是一个统一的整体，虽然各个族群内部有着较强的凝聚力，但各种族、民族之间则严重缺乏凝聚力和认同感，这样一个大松散小凝聚的社会是新加坡独立建国之前的基本社会状况。正如 W. G. 赫夫所说的："新加坡与其他特产港不同，它与后方腹地间存在着极其显著的人口与政治差异。"① 这个差异主要指的就是多元民族、宗教与语文。

（一）多元民族与种族

新加坡的族群构成十分复杂，我们今天所知道的四大民族是独立建国后的新加坡政府为了增强民族同质性，便于管理而从政策上把属于同一祖籍国的族群划分为同一类，共分为四类，即华人、马来人、印度人及其他。这种划分方法加强了民族的同质性，也增强了同一种族中各个分支之间的认同感。② 但事实上，新加坡的民族关系远比我们知道的要复杂得多。在华人、马来人、印度人这三大族群内部因地缘和方言的差异，又分为不同的族群，华人主要按照祖籍地分为广东、潮州、福建、海南、客家、三江六大帮；马来人包括马来人、邦加人、武吉斯人、爪哇人、米南加保人等；印度人包括泰米尔人、旁遮普人、锡兰人、锡克人、孟加拉人、僧加罗人、帕坦人等。在种族上，新加坡因包含白种人、黄种人、黑人、灰色人等众多人种而被称为"世界人种博物馆"，在这个小岛国里，"有欧洲人、亚美尼亚人、犹太人、阿拉伯人、马来人、印度人、爪哇人、巴厘人、班图人、帕西人、暹罗人、波安人、吉布斯人、交趾支那人，以及为数众多的介于上述族群之间的混血人"③。在这些种族和民族的背后是语言、宗教与文化的多样性。新加坡以华人为主体的多元种族和民族的移民社会在新加坡开埠后的半个世纪里已经基本形成，并在之后长期的社会政治、经济、文化

---

① 〔英〕W. G. 赫夫：《新加坡的经济增长——20 世纪里的贸易与发展》，牛磊等译，中国经济出版社，2001，第 19 页。
② Benjamin, G., The Cultural Logic of Singapore's Multiracialism. Singapore Society in Transition. R. Hassan. Kuala Lumpur, Oxford University Press, 1976：115 – 133.
③ 〔英〕哈·弗·皮尔逊：《新加坡通俗史》，福建师范大学外语系翻译小组译，（香港）商务印书馆，1979，第 65 页。

发展中得到进一步巩固。在独立建国之前,新加坡常因华族人口众多而被称为"华人城市",并带来许多负面影响。

(二) 多元宗教信仰

多元种族与民族在精神层面的表现也必然呈现出多样性的特点。在宗教信仰上,佛教、基督教、伊斯兰教、道教、印度教成为支撑移民精神世界的主体宗教。此外,在每个民族内部还存在着众多小的宗教,特别是在宗教即生活的印度人中,宗教更是他们生活中最主要的部分。如果说新加坡是人种博物馆还不够全面的话,那么,它还应该是宗教和语文的博物馆。在印度人中教派众多,最主要的宗教有印度教、伊斯兰教、锡克教、佛教、耆那教、祆教等。马来人主要信奉伊斯兰教,华人则主要信仰佛教、道教和基督教。这些宗教之间相互排斥,并常常发生因为宗教之间的隔阂而引发的民族或族群之间的暴力冲突。

(三) 多元语文与语文教育

在新加坡这个小岛的历史上曾经被马来文化、印度文化、中国文化、欧洲文化一层层一次次地覆盖和渗透过,在不同的民族和族群语言和文化的基础上,逐渐形成了多元民族文化融会共生的独特的文明结构。多元文明的特点在语文问题上的反映尤其突出,华人中存在着11种方言,马来人有7种,印度人有9种,①语文和教育状况非常复杂。在漫长的殖民统治时期,除了英语作为统治者的语文,凌驾于社会语文的顶层之外,其余各种语文都处于被压制的状态。殖民当局对各民族的语文教育基本采取自生自灭的态度。

二 多元民族矛盾与共同语的调整

宗教、文化和语言是体现民族特征最主要的标志,也是造成民族或族群矛盾的主要因素,而这在新加坡则表现得更为复杂。既有种族与民族之间的矛盾,也有民族内部的族群分野;既有东西方文化之间的冲突,也有

---

① Chiew Seen - Kong, Bilingualism and National Identity: A Singapore Case Study, in Evangelos A. Afendras and Eddie C. Y. Kuo, *Language and Society in Singapore*, Singapore University Press, 1980: 234.

宗教和语言的隔膜。这些矛盾错综复杂地交织在一起，并缤纷斑斓地呈现在社会政治、经济与文化的各个层面之中，共同构建了一个多元民族且矛盾重重的复合社会。

（一）各种族、民族的主要矛盾

新加坡社会各种族、民族之间的矛盾主要体现在三个方面，一是英国殖民统治者与各被统治民族之间的矛盾，二是各被统治民族之间的矛盾，三是种族或民族内部各族群之间的矛盾。

1. 英国殖民统治者与各被统治民族之间的矛盾

在新加坡成功的贸易发展史的背后是一部劳工血泪史。伴随着殖民统治者贸易总值的迅速飙升，需要越来越多的劳工为其开疆破土、效力沙场，而华工则是唯一让英国殖民者不必增加开支和特别努力就能增加收入的劳力。在这种形势下，罪恶的"猪仔"贸易也成为殖民统治者经济贸易的一部分。莱佛士于1823年5月颁布了一项使契约华工合法化的法令，规定每名华工价格不超过20元（货币单位：海峡殖民地元），服役不超过2年。但"绝大多数在新加坡劳动了二十年，终于死在海峡殖民地"。[1] 对于英国殖民政府罪恶的苦力贸易，当时的香港大法官司马里和怀特奥尔曾经尖锐地讽刺过，他们说："如果不是由于英国和法国使用武力在中国夺得立足据点，苦力贸易便无从发生，并且也是可以由中国政府一举扫除的。因此，我们作为英国人，觉得英国应对于这种不断为人类文明造成玷污的苦力贸易负有一定的责任。"[2] 华工的这种苦难经历在其他民族中也同样存在。

2. 各被统治种族、民族之间的矛盾

存在于各个被统治种族、民族之间的矛盾主要分为两个阶段。第一阶段，在殖民统治期间，主要表现在经济竞争和社会组织竞争方面。第二阶段，在自治和马来亚期间，矛盾在政治方面的表现则最为明显。

关于经济上的竞争，由于英国殖民统治者实行划地而居的政策，特别是从1913年开始实行马来人保留地政策以来，马来人虽然拥有了自己的土地，但居住的区域靠近内地，这一政策实施的结果是把马来人封闭在一块土地上，使其失去了在港口经商的优势，而华人却在政府"偏心"马来人

---

[1] Song Ong Sing, *One Hundred Years' History of the Chinese in Singapore*, Singapore：University of Malaya Press, 1967：7.
[2] 陈翰笙主编《华工出国史料汇编第二辑》，中华书局，1980，第375页。

的政策下因祸得福，具有从事经济贸易的客观条件。1939年，在马来人出版物的一篇评论中间接反映了马来人对这一状况的不满，评论中说："英国政府费了很大力气来维护新加坡自由港，可事实上它既不是英国人的，也不是马来人的。这个城市最发财的是谁呢？是那些华人、阿拉伯人和犹太人中的地主和房东。"① 而印度移民因印度与新加坡地域相邻的缘故，由于往返更方便，多带有临时的性质，他们的家人一般都留在印度，他们常常每工作一段时间就要回印度休息一段时间。

关于社会组织方面的竞争，华人移民具有实用性与融通性并存的特点。一方面，华人认同中国，在意识形态上和行动上与中国保持一致性，随时听从祖国召唤。中国辛亥革命期间，许多新加坡华人回国参加反帝反封建革命运动。在广州起义牺牲的烈士中就有十名是新加坡移民；另一方面，华人到新加坡的目的非常明确，就是实现挣钱后再回国置业的理想。大部分华人移民认同祖国和中国传统文化，政治问题在生活中并不占重要位置，为了争取到更加宽松的经商环境和政策，他们努力在中、英两国间寻求一种平衡的生存状态。面对英国殖民统治者的种种猜忌以及西方文明对东方文明古国的挑战，华人移民团结起来，为争取东西文明的同等地位进行了坚决地斗争，但在一些具体的行动中也表现出了调和的倾向。比如，为了经商和与西方人交往的方便，华人设计了方便携带的中西合历的日历，既满足了华人使用阴历的传统，也方便了西方人的使用习惯。此外，在日常生活中婚丧嫁娶之类的民俗活动中也经常可以看到东西合璧的景象。关于社会组织上的竞争，华人移民依然占有绝对优势。尽管华人内部也存在着因方言和地域形成的帮派，但在面对共同的统治者压迫的前提下仍然保持了相当程度的团结。1900年成立的海峡华英协会和1906年成立的新加坡华商会这两大华人社团有组织地影响殖民统治者的决策，维护华商利益。而马来民族和印度民族人际关系则比较松散，缺乏华人这种有组织的内部合作能力。他们被语言、宗教分割成了若干互无交集的小圈子。

关于自治与马来亚期间在政治经济方面矛盾的表现，则更多地体现在马来人和华人身上。第二次世界大战后，在民族民主运动的鼓舞下，新加

---

① 〔英〕W. G. 赫夫：《新加坡的经济增长——20世纪里的贸易与发展》，牛磊等译，中国经济出版社，2001，第158页。

坡也进入了要求建立民主政权的倒计时时期。1958年11月，英国殖民当局颁布了《新加坡自治法案》，允许新加坡实行民选自治。1959年6月5日，新加坡自治政府正式成立。自治政府宣布实行民族平等政策，以马来语为国语，大力发展教育。为了尽快在政治上赢得新加坡真正的独立，在经济上巩固和继续发展与马来亚密切的经济联系，李光耀对马来亚联邦总理东姑·拉赫曼于1961年5月提出的成立马来西亚联邦的主张表示欢迎并予以积极推进。1963年9月16日，新加坡正式成为马来西亚联邦的一员，但是，随之而来的并不是一个团结的马来西亚。在政治上，新加坡州政府与马来西亚联邦政府在国家发展方向上存在着诸多矛盾。新加坡华人反对联邦政府实行的族群政治和马来人特权政策，新加坡州政府也拒绝给予定居在新加坡的马来人以与联邦政府的马来人同等的特权，从而加剧了民族之间的敌视。在经济上，联邦政府迟迟不取消各地关税，并积极致力于削弱华人经济实力，更引起了华人的强烈不满。再加上长期以来宗教、文化的冲突以及来自各民族"母语国"的影响和干预，种种因素导致新加坡发生了华人与马来人的严重冲突和流血事件。两次大的流血事件直接把新马合并逼到了崩溃的边缘。

3. 种族或民族内部各族群之间的矛盾

民族内部各族群的区分主要依靠地域、语言和宗教。大多数情况下，语言成为最主要的划分族群的标准。影响新加坡民族内部各族群矛盾的因素主要有两个。一是职业。伴随着新加坡经济繁荣而发展起来的移民社会里，由于族群的力量，职业领域出现了按照族群来划分的现象。一些移民往往是因为所属族群的关系而被划分到某一职业中去。新加坡1931年人口普查中有关就业的统计资料显示，欧洲人主要集中于政府、商业和专业领域；马来人主要从事专业化的职业，1/5从事农业，2/5从事交通运输，2/5在政府部门或电工、机械等领域；印度人则大部分是苦力和码头工，少量在政府部门和商业、金融业。因就业问题而导致族群矛盾最深的民族就是华人，闽南人控制了包括橡胶贸易和银行业在内的商业，潮州人垄断了食品、稻米、布匹和热带产品等，广东人多数成为机械方面的工匠，而福州人和福清人往往是人力车夫，海南人多从事帮佣，客家人多开当铺和中药店。W.G.赫夫对华人的就业情况做了一个形象的分工，他说："新加坡油轮上船员的工作显示出华工中的族群划分：'习惯做法是，新加坡船员中的搬运工是福州人,消防员、加油工、船匠是广东人,服务员是海南人。'"① 这种按照地缘关系划分的职业,经常会引起某种行业的垄断,造成民族内部的矛盾冲突,甚至发生族群之间的械斗。二是因接受不同的语文教育而产生的不同文化阶层。受英文教育者与受华文教育者,这两个稳固而又差异显著的群体,自然而然地形成了社会上的两个阶层。他们之间因为文化的碰撞以及社会地位的不同经常发生矛盾和冲突。

(二) 共同语政策对民族矛盾的调整

新加坡各种族、民族及族群中存在的各种矛盾是殖民统治者长期"分而治之"统治策略下的必然结果,如何把文明结构差异巨大的各个民族凝聚在一起,建立一个全新的国家,是新加坡试行自治以来各党派都极力解决的核心问题。在语文即政治的新加坡,语文问题成为解决一切问题的根本。1956年出台的《各党派报告书》初步探讨了用共同媒介语来解决民族矛盾的基本方法。在《各党派报告书》的第一节"官方语文与必修语文之问题"里指出,如果新加坡必须选择一个"最广泛运用之语文"作为共同语言,则非英语莫属。并对英语作为共同语的好处做了进一步阐述,报告说"吾人与印度、锡兰、巴基斯坦等英联邦之关系,便使英语成为吾人在各方面共同致力于共同利益上的宝贵沟通媒介,诸如技术合作计划"②。为贯彻落实《各党派报告书》精神,劳工阵线政府把英语定位为共同语。华、巫、印源流的学生要把英语作为第二语言,英校学生则把华文、马来文和泰米尔文作为第二语言。从 1957 年起,第二语言成为各源流学校的必修课程。

通常情况下,一个国家的共同语、国语或官方语言都应该是多数民族的母语,而新加坡则以英语作为共同语。看似难以理解,却包含着大智慧。这一时期把英语确定为"共同语",主要来自三个方面的考量:一是政治的考量。正是因为把英语作为"共同语",使新加坡在国际上表明了自己的国家立场,确保了国家的安全,摆脱了地理位置上处于东西方两大集团冲突最前沿的不利政治因素的影响,化解了"第三中国"或"第五纵队"的国际政治危机。在国内,因为英语在新加坡是唯一不带种族倾向而又能平等

---

① 〔英〕W. G. 赫夫:《新加坡的经济增长——20世纪里的贸易与发展》,牛磊等译,中国经济出版社,2001,第 167~169 页。
② 〔新加坡〕吴元华:《务实的决策——人民行动党与政府的华文政策研究》,联邦出版社,1999,第 271 页。

沟通的语言，所以可以有效地解决民族矛盾问题。二是经济的考量。新加坡当时的经济主要是依赖于国际转口贸易，而英语则是国际贸易的主要用语和获取西方科学技术的重要媒介与工具。三是历史的考量。在成为英国殖民地以前，新加坡在历史上始终是一个多语种的社会，从来没有过一种统一的共同语言，在一百多年的殖民史中，英语始终充当着新加坡的官方语文角色，继续使用英语可以保持政治上的稳定性和制度上的延续性。

《各党派报告书》颁布后，振奋了新加坡社会各界，在劳工阵线组阁的政府执政期间，为实现全面自治和独立做好了准备。李光耀于1960年3月29日在南洋大学政治学会发表演讲时曾经说过："世界上新近独立的国家，大致可以分为两类，一类是语言并不成为政治问题的国家，一类是语言成为政治问题的国家。语言统一，一开始就解决的国家是幸运的。"① 新加坡的情况无疑是属于幸运的第二种。共同语的确立不仅化解了国际形势对新加坡的诸多不利影响，而且在各民族间架起了沟通的桥梁。

三　混合学校实验与多元语文平等教育模式的探索

民选政府自治前新加坡的四大源流教育分别有着自己的教育体系和政治文化认同系统。由于新加坡有一百多年的英国殖民地历史，英国文化影响深重，所以在每个民族内部因为接受教育源流的不同又可以分为崇尚英国教育和崇尚本民族教育两部分。崇尚英文教育者认同英国文化，课程和教材采用英国的，崇尚华文教育者认同中国或中国台湾，课程和教材采用中国或中国台湾的，而崇尚马来文和印度文教育者也都采用本民族国家的课程和教材标准。一百多年来，四大源流之间互无交集，各成体系，不相往来。彼此之间在教育思想、教育文化和教育模式上存在着很大差距与隔阂。人民行动党上台后，提出了新的教育政策，实行统一的学制和课程考试标准，在教育模式上大胆创新，首先在英文和华文教育源流中打破了之前相对封闭的状态，于1960年1月11日在武吉班让和石龙岗花园这两所政府中学试行混合制度。混合制学校的创办被时任教育部部长杨玉麟喻为"果敢与创新的一页"。

混合学校具有独特的运作模式。首先，在教育行政管理方面以懂得两

---

① 〔新加坡〕《联合早报》编《李光耀40年政论选》，联邦出版社，1993，第370页。

种以上语文的校长来主持学校工作。"于每一语文源流,设一高级教师,以协助校长执行各源流的训教工作;各级级任教师,则分担各级的级务;各种课外活动,如体育竞赛与学术活动等,则归隶于分队编制和社团组织。"[1] 其次,共同使用学校设备。"混合学校的各种源流教育,在同一的校舍、场地和设备之下执行。"[2] 最后,采用共同的课程、教科书、时间表和考试标准。除了课堂上使用的教学媒介语不同以外,课程、教科书、时间表和考试标准一律相同。政府创办混合制学校的目的就是要配合政治上统一新加坡意识,建立统一国家的需要,其本身就是一项政治任务。通过双语教育培养不同民族学生的语言沟通能力,增进相互之间的了解,以带动整个社会的交融凝聚。事实上,混合学校的设想在1956年《各党派报告书》中已经初见雏形,报告书提出了小学双语、中学三语的教育构想,甚至还建议对华校与英校的优秀教师进行交流使用,以取长补短,开阔教育思维的设想。混合制学校一般都把英语作为共同语,在这样的学校中,英语所承载的不仅仅是共同语的功能,还承担着混合各种语言文化,孕育新的共同文化的任务。

1960年12月31日,教育部部长杨玉麟在《统一教育政策的成就》一文中对混合学校试行一年的效果进行了总结。他认为总体上还是小有成就的,"但是要把四种一向各自奔流的教育制度,经过和平、公正和建设性的途径而汇流为一道源流,是一种艰巨的工作。我们敢大胆作这一种尝试,而且一年来已有成功的迹象,使我们的信心为之坚定,使我们的勇气为之鼓舞。"[3] 在政府的积极支持和推动下,混合学校由1960年初的2所迅速发展到1961年的7所,1962年的12所,1963年的24所,1966年的65所,1967年的84所,1968年的105所,1971年的100多所。其间,混合学校的模式也由最初的英文与华文的两种语言源流的混合发展到英文、华文、巫文三种语言源流的混合。混合学校的类型也从普通中小学发展到职业技术中学,并且在各级各类学校中所占的比例日渐提高。混合学校的试行取得了比较理想的效果,打破了各源流学校间的壁垒,使之有了相互了解的机会,为第二和第三语言的学习与提高创造了条件,统一的课程内容和考试标准提升了教学质量和教师的学术水准。从历史发展的视角来看,混合学校实际上就是双语教育的前奏,虽然教育效果和学术程度无法达到单一

---

[1] 〔新加坡〕王秀南:《星马教育泛论》,东南亚研究所,1970,第295页。
[2] 〔新加坡〕王秀南:《星马教育泛论》,东南亚研究所,1970,第295页。
[3] 〔新加坡〕杨玉麟:《统一教育政策的成就》,《民报》1960年12月31日。

源流学校的水准，甚至还出现了一些偏差，比如，校园中一些共同的活动很难开展、语文地位不平等所造成的不同源流教师与学生之间的心理隔膜等。但是，在多元语文教育的大环境下，混合学校毕竟为未来的双语教育开辟了一种新的教育模式，是具有划时代意义的教育革新，为双语教育的确立与起步探索了道路。

第三节 多元语文源流教育并存与双语教育的初步尝试

贸易的繁荣为新加坡带来了更多的移民，也使得多元种族和语文逐渐成为新加坡最突出的特点。在新式教育即将起步之时，新加坡语文及语文教育的复杂状况已经形成，并一步步向着双语教育靠近。

一 多元语文源流教育并存

在近代以前的几个世纪里，生活在新加坡的各种族人民不仅在文化传统、宗教信仰上差异很大，难以融合，而且在语文教育上也各自按照本民族教育传统开展，并呈现出各语文源流教育并存的特点。自近代以来，各源流语文教育在英国殖民政府的调整下，一方面在各自的教育理念下继续延续和发展着；另一方面又不得不与英文源流教育发生一定的联系，并相互影响。

（一）华文教育状况

从历史上看，三大民族到达新加坡的先后顺序中华人应该是最晚的。华人移民新加坡的第一次高潮是在明末的大航海时代，第二次高潮应该是在鸦片战争之后，在清朝国势衰败、门户被迫开放和人民为生活所迫的情况下，清王朝出现了向外移民的浪潮，这使得新加坡华人人口迅速增长，1849 年华人就超过了当时新加坡总人口的一半，1860 年超过了 60%，到 1911 年更超过了 70%，直至今天仍保持在占总人口 76% 左右的水平。华人的主要来源地是中国南方的上海、福建、广东、海南、浙江、广西等地。地域文化及背景的不同，使得新加坡华人方言多达十几种，再加上族群内部又分为若干个帮派，华语文教育内部也很难实现教学媒介语的统一。此外，由于移居新加坡的华族一般都抱有客居思想，在国家认同上都是认同中国的，因此在语文教育上基本保持与中国大陆同步发展的特点。在实施双语教育之前，新加坡的旧式华文教育主要经历了两个阶段。

一是1881年以前的自由发展与殖民统治者放任阶段。新加坡开埠之际，除了已经存在的华人私塾，牧师弥尔敦（Samuel Milton）在勿拉巴沙律（Bras Basah Road）也创办了一间学堂。1829年，德国传教士汤生（Rev. G. H. Thomson）认为当时有三所华文私塾，一所是以闽方言教学，位于北京街，学生有22名；另外两所是以粤语教学，分别坐落在甘榜格南（Kampong Glam）和北京街，前者有12名学生，后者有6名学生。1834年，牧师戴拉（Danah）接手新加坡学院，创办方言学堂，包括华人的闽、粤、潮三种方言。① 1849年陈金声创办了坐落于直落亚逸街天福宫西侧的崇文阁，而且至今幸存。这是一所神庙与学堂兼具的、有着双重功能的建筑，教育在当时应该尚属于附属功能。5年后他又创办了坐落于厦门街的萃英书院，是一所正式的私立学堂。毫无疑问，萃英书院在办学形式上是一个独立的教育部门，而非依附于神堂的附属功能。萃英书院的碑文是这样写的："盖萃者聚之，英者英才也；谓乐得英才而教育之，每岁延师，设绛帐于左右中堂讲授，植桃李于门墙……他日斯文蔚起，人人知周孔之道，使荒陬遐域，化为礼仪之邦，是皆巨川君与十二君以及都人士之所贻也……"② 这两所私塾所采用的教材都是中国儒家传统典籍，以中国传统教育模式为主，教学科目有《三字经》《幼学琼林》以及四书五经之类的古书。在《兴建崇文阁碑记》中还记载着当时的教育状况，即"今圣天子崇儒重道，稽古右文……"；这两所学校都属于义学，实行免费教育。新加坡的旧式华文教育进入鼎盛发展阶段是在19世纪70年代，当时萃英书院的学生人数达百人，80年代书院有学童70名，教师3名，90年代时已经是"师徒增席，诸费浩繁"③的盛况了。根据海峡殖民地当局海峡教育年报的记载，1884年在新加坡已有华文私塾51间之多。

---

① 〔新加坡〕宋旺相：《新加坡华人百年史》，Oxford University Press，1984，第26页。
② 陈育崧：《椰阴馆文存第二卷》，陈荆、陈育崧编《新加坡华文碑铭集录》，香港大学出版部，第307~308页。
③ 陈荆、陈育崧编《萃英书院募捐芳名碑记》，陈荆、陈育崧编《新加坡华文碑铭集录》，香港大学出版部，第294页。

二是1881年之后多方共同干预阶段。中国清末设立的第一个领事馆就设在新加坡,首任领事左秉隆于1881年到任之时,即按照清朝政府的要求提出了"振兴文教,乃保侨要道"的教育指导方针。以此为标志,中国官方从此开始正式干预新加坡的华文教育,形成了新加坡华文教育多方共同干预的局势。多方干预直接导致了华文教育模式和教学媒介语的多样性,1885年开办的颜永成义学就是一所中英文兼授的私塾。1898年,清政府又颁布了"国是下诏",要求海外华侨办学堂。清政府的办学号召得到了新加坡华人的热情响应,这一时期出现了毓兰书室、培兰书室、暨南学堂、乐英书室、进修义学、华英义塾、养正书院等,特别是暨南学堂的创办,成为海外华文教育发展史上重要的里程碑。这时期所设学堂的师资构成主要是来自中国的秀才、举人,甚至还有落第腐儒、风水算命、代写书信之人。所教授科目主要是《三字经》《千字文》《大学》《中庸》《论语》《孟子》等儒家典籍。学生构成主要是华族子弟和少数他族学生。教学方式主要是背诵,"儿童温课,竞相挺喉朗读,噪括之声,直使邻右街左,为之震耳欲聋!"① 在教学语言上旧式华文教育以各帮之方言教授其子弟,各帮之间不相联络。当时义学或私塾所占之地一般是家或祠堂,也有租的房屋,基本没有独立的、单一功能的学堂。华人移民一般都"深信教育能够使人成器……当时的中国科举制度,由秀才而举人,而进士而状元,深为海外华人所憧憬!往往一场考试,参加者一万三千多人,只有三百三十人获中(1879年的记录),被认为天大殊荣。"② 除此之外,殖民当局、教会也对华文教育提出了具体要求,主要目的是控制和监管华校,压缩华校生存空间。但是在华侨社会的扶持下,新加坡的华文教育仍然顽强生存。新加坡的旧式华文教育延续了华族共同的民族文化情感,成为联系海外华人与祖国的桥梁和纽带,为新加坡华文教育的发展打下了坚实的基础。

自19世纪末开始,新加坡的华文教育在中国清末变法和新文化运动的影响和鼓舞下,逐渐摆脱传统教育模式,开始兴办新式学堂。新加坡第一任教育局提学司菲力斯比氏曾说:"华侨教育在1911年以前,马来亚各地华校系由华侨社会所主办扶持者,一面多类似中国之私塾,中华民国成立后,现代式之华校,始纷纷设立。"③ 促使新加坡新式华文教育起步的原因

---

① 〔新加坡〕王秀南:《星马教育泛论》,东南亚研究所,1970,第150页。
② 〔新加坡〕王秀南:《星马教育泛论》,东南亚研究所,1970,第150页。
③ 〔新加坡〕许甦吾:《新加坡华侨教育全貌》,南洋书局,1949,第8页。

主要有三个。一是新加坡的经济发展环境促使教育必须与经济相衔接。1869年，苏伊士运河开始启用，越来越多的轮船取道马六甲海峡，新加坡也因此成为"东方的大门"。"马来亚地区货物集散地及停靠港的双重作用引发了爆炸性的商业繁荣……新加坡的进出口贸易从1871-1873年间的6700万元增至1900~1902年间的4.31亿元，增长了6倍多。1910年后出现了第二个增长期，至1925~1927年间贸易额又增长了4倍，达到了第二次世界大战之前18.32亿元的顶点（货币单位：海峡殖民地元）。"① 转口贸易成为支撑新加坡经济增长的重要支柱。二是新加坡文化的世界性与开放性。这是一个英国人管理下的以华人为主的小岛，三大民族显著的民族差异以及英国殖民统治者的西方管理文化，使得新加坡成为19世纪里最具世界性和开放性的地方，而经济的繁荣发展对文化和教育层面的影响巨大。三是与中国的政治局势息息相关。清末以来，中国本土政治局势的频繁变化，特别是变法维新以来中国思想界、文化界发生的重大变化及其新思想、新文化、新道德在新加坡华人中的广泛传播，促进了新加坡新式华文教育的孕育、萌芽和发展。如果说清末变法是新式华文教育的孕育，那么民主革命、新文化运动以及"中华民国"的建立则直接催生了新加坡新式华文教育。尤其是"中华民国"的成立，标志着封建社会在中国的彻底结束和中国历史掀开了崭新的一页。

伴随着新式华文教育诞生而来的是英国殖民当局管制的加强和"英化"政策的出台。1920年殖民政府颁行了《学校、董事、教员注册法令》，规定学校必须就学校校名、校址、学生、课程、教师、学费、经费来源等向教育部门进行注册，未注册的学校将被视为非法。紧接着华校副提学司和华校视学官相继设立，其功能主要就是监督华校。1932年3月11日，殖民当局召开会议，决定不为华校提供任何资金，也不鼓励增建华校，尽快促使华文教育转向英文教育。② 这道法令成为限制新式华文教育快速发展的一道"紧箍咒"。

（二）马来文教育状况

马来民族是文化与宗教教育合而为一的民族。可兰经塾既是宗教场所

---

① 〔英〕W. G. 赫夫：《新加坡的经济增长——20世纪里的贸易与发展》，牛磊等译，中国经济出版社，2001，第6~7页。
② Philip Loh Fook Seng, *Seeds of Separatism Educational Policy in Malaya 1874-1940*, Oxford University Press, 1975: 131.

也是学校。王秀南在《星马教育泛论》中说:"巫人的可兰经塾,英人谓之'Koram Class',华人则所谓马来私塾,这些私塾,通常是寄宿的。父母交给了儿子席、枕、锅、米等,到塾师的家中住宿。除了终日诵读阿拉伯文《可兰经》和书写之外,学生们还要帮忙塾师炊事,看管稻田和果园。"① 教育内容主要是读阿拉伯语的《可兰经》,兼学一点马来文,完全是服务于宗教的教育模式,教师全部是宗教人员,整个马来文教育过程几乎等同于宗教学习的过程。与对华文教育态度相反,殖民当局对马来人教育的态度则是多加扶持。马来教育的改革因得到东印度公司的巨额津贴而始肇其端,殖民当局的视学官史根纳(A. M. Skinner)建立了以可兰经文为基础的马来学校,教授内容主要是上午马来文班,下午可兰经文班。"更以提学司温士德(Winsatt)的提倡技术及职业教育,将工艺及职业科目列入课程,使这一富有生活内容的改革,更大大获得马来人的支持!"② 马来女校于1884年创办于直落勿兰加,但由于女教师缺乏、马来族群的保守观念与民智闭塞,入学人数很少,于1887年被迫停办。

关于马来学校教师的培养,殖民当局最初是以"小先生"制送到义学里去培训,后来送到位于直落勿兰加的马来学院进行训练。再后来马来亚丹绒马林师范学院、马六甲女子师范学院则成为马来学校师资队伍的培养基地,从此,马来学校的师资队伍也达到相对稳定的状态。

(三)印度文教育状况

新加坡的印度人一半以上是来自印度南部以及斯里兰卡的泰米尔人,此外,还有古遮拉人和来自印度北部的旁遮普人、马来亚里人。因此,学校以泰米尔文为主要教学语。印度人的语文教育与马来人的语文教育有相近之处,因为印度人信仰印度教、佛教以及其他诸多宗教,在一定程度上语言教育与宗教教育也是合为一体的,教师与学生首先都是虔诚的教徒,在教学内容中宗教占了很高的比例。然而,由于印度人在新加坡所占人口比例很小,许多印度学童都选择进入英校读书。特别是印度学校体系不健全,没有中学,读完小学之后就只能转入英校了。与马来文学校相同,早期的印度文学校也是附设于义学,为了满足贸易往来的需要,殖民当局在

---

① 〔新加坡〕王秀南:《星马教育泛论》,东南亚研究所,1970,第121页。
② 〔新加坡〕王秀南:《星马教育泛论》,东南亚研究所,1970,第121页。

19世纪70年代建立了两所英泰学校，一个天主教团体于1885年创办了一所英泰男校（Our Lady of Lourdeo Anglo - Tamils School），美以美教会于1887年创设了一所英泰女校（Anglo - Tanil Girls School）。1893年合并为美以美女校。美以美教会还于1913年为胶园的印度劳工子女设立了园坵教会学校（Mission Estate School）。相比于华校和马来校的发展，印度学校发展缓慢。王秀南认为："其原因有三：①城市的印人子女，肆业英校的多，进入印校的少。②印度劳工多贫苦，富有的家长，热心办学的也不多。③合格的教师，乃来自印度。很多园坵印校教师，根本就不合格。"① 为了推动印度学校的发展，殖民当局颁布了一个《劳工法令》，规定"劳工统制官有权命令雇主，当其居住于工作场所的所有雇员，他们有十位或以上的学龄儿童时，雇主便要设立学校、聘请教师，免费来教育这些儿童。"② 这项法令在客观上促进了印度学校的发展。

（四）英文教育的肇始

1824年，新加坡正式成为英国殖民地，莱佛士把它定位为自由港，从此成为英国在远东的转口贸易中心和主要军事基地。自1824年英荷签订伦敦条约后，新加坡正式成为英国殖民地，并驻有总督一人，设行政会议及立法会议，实行民主政治。1834年，英国东印度公司下达了政府迁往新加坡的指示，新加坡成为海峡殖民地的首府，总督住在新加坡。1858年4月1日，英国维多利亚女王宣布，新加坡以及槟榔屿、马六甲都由英国政府管辖，新加坡成为直辖殖民地。特别是1869年苏伊士运河的开通，使得驶往东方的船只不再取道好望角，而是重涉几百年前的海上"香料之路"直达新加坡，这给新加坡带来了更大的发展潜力。对于语文教育，英国殖民当局经历了从漠然到调整的过程。初期把主要精力都放在了开发资源和维护社会治安上面。早期的教育主要由教会或社团承担，英国传教士创办了几所教会学校，以培养英语人才。但随着移民人数的大幅度上升，教育问题越来越急迫地摆在了殖民统治者面前。出于维护殖民统治的需要，英国殖民者开始重视教育问题，并提出殖民教育政策，主张独尊英文，压制华文教育，培养一批能够为殖民当局和商业机构服务的英语人才。这样，英文教育得以扎根新加坡，成为

---

① 〔新加坡〕王秀南：《星马教育泛论》，东南亚研究所，1970，第123页。
② 〔新加坡〕王秀南：《星马教育泛论》，东南亚研究所，1970，第123页。

四大教育源流之一。1823年,殖民统治者建立了一所以英语为主要教学媒介语的"新加坡自由学校"(Singapore Free School),也就是莱佛士书院(Raffles College)的前身。这所英校的成立,带动了一批接受教会资助的英校的产生,加速了英文教育的传播和扩展。1854年东印度公司董事会给印度总督的文件中提到了发展教育是英国政府的"神圣职责",同时也提出了具体的海峡殖民地教育政策和措施。自此,殖民当局开始直接干预和指导岛上的教育,1870年发布了《殖民地教育状况报告》,1872年设立了教育局,1887年实行教育津贴制,英文教育由小学延伸到了中学,在校学生不断增加,英文教育在殖民当局的扶持下得到了极大发展,1920年设立视学官,颁布学校管理法令,对各民族学生加强监督和管理。

经过殖民当局的一系列调整,20世纪初期,岛上的教育主要分为两类。一类是殖民当局直接管理的学校,包括受政府资助的英校和马来文学校;另一类是由社团和教会建立并管理的学校,包括英校、华校和泰米尔学校。出于殖民统治的需要,殖民当局对各语言源流采取了不平等的管理态度。对于英校,殖民当局给予大力资助,而华语和泰米尔语学校则只能依靠社团或个人的捐赠来维持。岛上占人口绝大多数的华人的民族情感以及强烈的中国认同意识,对殖民当局的统治造成威胁,也引起了殖民当局强烈的警惕。而印度人与华人不同的是,印度此时也同样是英国殖民地。在这种形势下,英国殖民当局对华校的态度是削弱,并直接插手教育,削弱中国对华人及华文教育的影响。由于19世纪末至20世纪上半叶的中国思想激荡、政局变化频仍,而此时新加坡的新式华文教育在中国"五四运动"和第一次世界大战后,逐步振兴,依靠华人自己的力量创办的华校也进入了全面大发展、大繁荣时期,发展规模和数量远远超过接受殖民统治者资助的英校。教育的成果、祖国的命运,特别是中国成为第一次世界大战四大战胜国之一的鼓舞,使得新加坡华人爱国热情高涨,不仅岛上爱国侨胞纷纷出钱出力支援祖国,而且华文教育内容也积极呼应中国形势,不仅课堂上介绍祖国的政治状况,社会文化上也积极创办侨报,弘扬中华文化,营造了以能为祖国做贡献为荣的社会环境。为了稳定岛上局势、控制华文教育局面,殖民当局一方面于1920年颁布了注册法令,设置华文副提学司署,以监督、控制和指导华文教育;另一方面则努力推广英文教育,积极培养对殖民当局的认同感与效忠精神。殖民当局直接管理教育是从整顿英校开始的,首先对英校教育状况进行了调研,1870年物利(Woolley)

做了《殖民地教育状况调查报告书》,"指陈英校专为培养政府书记及洋行雇员而成绩又低劣的不当,迫使政府不得不自1872年起,设立视学官,颁发津贴金,把所有英校都置在政府的监督之下。"① 而此时莱佛士书院也要求殖民当局接管,为了统筹管理,殖民当局又委托屈麦士礼(Kymersley)重新调查研究,于1902年提交并发表了《殖民地英文教育制度调查报告书》,该报告再次指责英校的培养目标,"强调职业及技术教育的重要,建议直接训练优良师资,改善女皇奖学金的办法。"② 在调研的基础上,为进一步推广英文教育,当局开设了多所英校,1886年创办英华学校(Anglo Chinese School),1888年设立华菲女校(Fairfield Methodist Girl's School),1895年设立美以美女校(Methodist Girl's School),1890年创立维多利亚英校(Victoria School),1906年设立师范班,以取代"小先生制"和"教生制",1928年设立莱佛士学院,1929年政府商业学校成立。特别是师范班的设立,为英文教育培养了稳定的师资队伍,为培养更多的英文人才储备了力量。此外,殖民当局的一项基本统治策略就是对各族群分而治之。各族群因文化传统、风俗习惯、宗教信仰和语言的不同聚族而居,莱佛士登陆之初就确定了各族群聚居的原则。这种聚居也恰好符合英殖民者便于治理和维护社会稳定的统治需要,但是也造成民族间的隔阂与猜疑。在民族矛盾的处理过程中,英语无疑成为各民族间有效沟通的语言。

二 双语教育的初步尝试

在新加坡这样一个多语种的社会里,双语教育的启蒙与实施,既促使各民族对自己的语文有自豪感和安全感,又赋予其开放与沟通的途径,而双语教育政策的作用就像是给双语教育制定了规范动作,将双语教育的成长置于一定的合理范围内。

(一) 莱佛士书院对双语教育的探索

作为英国殖民侵略的一个副产品,双语教育的思想和理念也伴随着殖民统治的深化而逐渐萌生。在新加坡正式成为英国殖民地之前,莱佛士对

---

① 〔新加坡〕王秀南:《星马教育泛论》,东南亚研究所,1970,第120页。
② 〔英〕哈·弗·皮尔逊:《新加坡史》,福建人民出版社,1972,第89页。

于新加坡的教育问题就有了比较全面的设想,他认为"教育须与商业齐头并进,借以兴利除弊",①并计划建立"新加坡书院"(Singapore Institution)。他设想的书院应该由三个部门构成:"一、为华人而设的文学及伦理学部,二、为巫、暹等土著而设的文学及伦理学部,三、为以上各部共设的科学部;其目的,在培养当地的各族领袖及公务员,成为马来群岛与东方文化的研究中心。"②起初,莱佛士的教育设想并没有得到英国殖民当局的支持。但是他说服岛上的传教士、王公贵族和商人们出钱出力,于1823年创建了新加坡书院。然而,同年6月9日,莱佛士被迫离开了新加坡,刚刚建立起来的书院也随着他的离去而渐渐荒废。在随后不久的日子里,殖民统治者逐渐认识到莱佛士的教育设想对于殖民统治所带来的好处,为了纪念他对英国殖民统治所做出的巨大贡献,殖民当局在新加坡书院的原址上重建了莱佛士书院,也就是今天的新加坡国立大学的前身。

为了实践莱佛士的教育设想,1834年圣公会牧师戴拉(Darrah)同意接收新加坡书院,他主张先从义学办起。创办了包括华语、马来语和印度语在内的初级方言班,华语又分为闽、粤、潮三种方言,师资主要来源于岛上已有的教师。1844年又开设了女校,附属于新加坡义学。1857年,为纪念莱佛士对殖民教育做出的开创性努力,新加坡义学改名为莱佛士书院,女校则改名为莱佛士女校。之后随着民族方言班的先后停办,莱佛士书院和莱佛士女校逐渐发展成了纯粹的英校。而"母语+英语"的双语教育模式因与第二次世界大战前殖民当局独尊英语的语文政策相契合,而得到了殖民当局的默许。19世纪末至20世纪初新加坡开办的"Cheng Hong Lim School""颜永成义学""新加坡华人女子学堂"等均教授母语和英语,成为新加坡双语教育的首批践行者。

莱佛士虽然没有机会亲自主持新加坡和书院的教育,但是他对新加坡教育的设计为百年以后的新加坡教育打下了英化教育的根基。虽然莱佛士双语教育的理想具有浓重的殖民教育色彩和明确目的,但是从教育的角度来看,他毕竟是最早提出双语教育概念的人。在教学语言上,他主张"母语+英语"的双语教育模式,认为教育不仅要传授语言和文化本身的价值,还必须跟上商业的发展以发挥教育的经济价值。③对新加坡独立建国后实行

---

① 〔新加坡〕王秀南:《星马教育泛论》,东南亚研究所,1970,第116页。
② 〔新加坡〕王秀南:《星马教育泛论》,东南亚研究所,1970,第16页。
③ S. Gopinathan, Language Policy in Education: A Singapore Perspective, in Evangelos A. Afendras and Eddie C. Y. Kuo, *Language and Society in Singapore*, Singapore University Press, 1980: 175.

双语教育政策提供了重要启示，开阔了国家政治、经济发展的思路，新加坡后来的双语教育实践也有力地证明了双语教育是解决新加坡多元语文问题、促进经济发展、创建和谐社会的最好的教育模式。

新加坡殖民统治时期的双语教育主要具有四个特点，一是具有殖民统治性质的双语教育政策独尊英语，允许多语文源流的学校共存，是"为了把不同民族和不同籍贯的人民分隔开来"，[①] 殖民当局的行政工作莫不体现英语的绝对强势地位。二是华文教育没有统一的标准。新加坡华人的方言多达十几种，历史上的华文教育都是以闽、粤、潮方言来教授，这样培养出来的学生基本上还是"各说各话"，不具备与其他华人族群沟通的能力。虽然岛上在19世纪末和20世纪初曾掀起轰轰烈烈的推广官话（华语）运动，但华文教育以统一标准教授的学校毕竟还是凤毛麟角。三是教育效果和师资力量有限。培养双语人才最重要的是解决师资问题，但是早期的双语教育学校多是私人和教会创办的，师资来源主要是由牧师、旧式私塾教师组成，缺乏专业的师资队伍，课程和教授内容没有统一标准，教育成果也不尽如人意。四是英校与华校的界限清晰。英校重点教授英语，华校重点教授华语，语言的相互敌视使得两类学校互无交集，不能实现教师和资源的互享。

（二）第二次世界大战后的双语教育尝试

在莱佛士双语教育思想的启蒙下，新加坡各源流教育进行了广泛的实践，长期的教育实践活动为双语教育政策的出台奠定了基础。第二次世界大战后，新加坡对双语教育政策的探索主要分为两个阶段，以1956年《各党派报告书》为界，之前是在英国殖民统治者主导下进行的"英化"政策，之后是在人民行动党参与和主导下进行的"新加坡化政策"。

1945年日本投降后，英国殖民者卷土重来，1946年4月1日，新加坡又重新成为英国直辖殖民地。然而，第二次世界大战后新加坡的社会政治、经济、文化和教育形势相比于第二次世界大战前都发生了很大变化。接受了战争洗礼的新加坡各族人民渴望工作、食物和住所，失学已久的人们更是"思学若渴"，社会各界热心教育的人士纷纷设法帮助原有的学校复课或创办新的学校。"一时蓬蓬勃勃有如雨后春笋，不出数月而华校已恢复过

---

① 〔新加坡〕吴元华：《华语文在新加坡的现状与前景》，创意出版社，2004，第47页。

半。"① 此时，新加坡的教育状况主要有三种形式，一是由殖民当局直接管理的存在于农村的马来人教育和受政府资助的英校；二是由社团建立的华文、泰米尔文和英文学校；三是由教会创设和管理，殖民当局给予部分资助的学校。教育管理普遍缺乏统一性。第二次世界大战后，英国殖民者重新回到新加坡并恢复殖民统治，在教育行政管理上，新加坡又被马来亚"分而治之"的政策分割出来后，面对新的社会形势，殖民当局在教育政策上也做出了相应的调整，分别委任提学司以主持两地教育，同时还明确了以英文统一国民教育的目标，即"一、教育应针对拓充自治政府的能力，培养公民的效忠与责任感；二、教育不只是寻求传播与发扬本国文化的遗产，更重要的是要明了这些积累的知识，同时是改良社会的工具；三、教育应提供学生一些基本知能，使其将来能善于择业，而利于适应家庭、社团和种族中的一切活动；四、学校不能存有无知与偏见，为了世界和平，就得培养同情与了解，正如联合国宪章所悬拟的理想，今日教育该作世界合作的桥梁。"② 在此基础上，新加坡的双语教育在殖民统治者的强制规范下进入了英化阶段。为了尽快实现"英化"目标，殖民当局还出台了一系列教育法令，以压制和缩减其他语文源流的教育生存空间。从第二次世界大战后到民选政府自治以前，双语教育成为殖民地"英化"政策和英文教育一枝独秀的幌子。第二次世界大战后出台的一系列双语教育政策，为独立建国后新加坡双语教育的发展探索了道路。

1. 《十年教育发展计划》与母语教学媒介的延续

本来英国殖民当局在1946年就宣布要施行"星洲十年教育计划"，但因时任提学司尼尔逊（Meilson）提出了一些重要建议而于1947年交立法议会修正。尼尔逊的主要建议是"①免费的小学教育，以母语为教学媒介；②所有学校，将教授英文；③男女教育机会均等；④后期小学，将包括英语媒介而兼授母语，或母语媒介而兼授英语；⑤中等职业教育及高等教育，将根据本地的需要而加以发展。"③ 尼尔逊进一步阐述了这个计划，他说："站在教育的立场说，母语是小学最有效的媒介。也许有人还以为我们的方言学校是次等学校，假如公众人士有此想法，那可能是我们过去政策的错误！不过在这计划下，将不会有次等的方言学校与优等的英文学校之别。

---

① 〔新加坡〕许甦吾:《新加坡华侨教育全貌》，南洋书局，1949，第21页。
② 〔新加坡〕王秀南:《星马教育泛论》，东南亚研究所，1970，第129页。
③ 〔新加坡〕王秀南:《星马教育泛论》，东南亚研究所，1970，第163页。

这些学校，将有同等的师资、设备与教学。基此教育原则，我们吁请没有英语家庭背景的公众人士，把子女送进方言小学。……我相信在此计划下，儿童不但会得到方言的基础，而且还会更迅速地学到英文，因为他的思想已经通过他所熟悉的母语而得到发展了！"① 1948 年殖民当局正式颁布了《十年教育计划》，民族语学校里增加了英语课程，英校也增加了民族语课程，同一所学校用多种语言教学的现象在此后逐渐普遍。这项计划虽然使英文以强势的姿态进入了新加坡的语文教育源流，但由于允许学生自由选择教学媒介语，也相对体现了双语教育的平等精神。此外，这项计划所提出的以母语为教学媒介的免费小学教育、方言学校继续存在等建议，迎合了当时各民族语文教育发展的需求，得到了社会各界的普遍拥护，推动了各源流学校改革的蓬勃进行，推动了母语教育的延续和发展。但殖民当局中也有一部分官员反对这项计划，提出应取消方言教育的主张。认为"英文教育发展到最高峰，便是各民族团结一致所从来。"② 由于他们千方百计地阻挠，使得这项计划由初期的各源流平等教育的保障，而演变成为后期英校大发展的后盾。

2.《五年补充教育计划》与英校大发展

由于 1947 年殖民政府立法议会讨论尼尔逊对《十年教育计划》所提建议时，有一位华人议员陈才清也反对尼尔逊的建议，并质问"英校为何要限制华人修读？"这给了殖民当局一个错误的信号，那就是华人需要英文，并以此为借口于 1950 年又颁布了一个《五年补充教育计划》。这个计划的主要内容就是进一步发展英校以适应社会需要。而接替尼尔逊担任提学司的菲士美（Frisby）则更是一个"英化"狂，他对于尼尔逊的主张反其道而行之，凡是有华校的地方，他一定跟着建立一所英校，并以低廉的学费吸引学生入学。他说："设现时及未来年度中，每英校都收足了学生，对于私立学校，特别是以方言为教学媒介的学校，其学生数将大大地减少。"③《五年补充教育计划》使英校进入了快速大发展的阶段，英校生数量大增，华校生锐减。仅仅 9 年的时间，英校生就超过了在校学生总数的半数。

《十年教育计划》与《五年补充教育计划》，其本质就是殖民统治者打着平等的双语教育的幌子而行消灭各民族语文学校之实的殖民教育政策。

---

① 〔新加坡〕王秀南：《星马教育泛论》，东南亚研究所，1970，第 164 页。
② 〔新加坡〕王秀南：《星马教育泛论》，东南亚研究所，1970，第 164 页。
③ 〔新加坡〕王秀南：《星马教育泛论》，东南亚研究所，1970，第 165 页。

1951年5月15日的《星洲日报》尖锐地指出英国殖民当局就是要"建立统一的英校教育系统,代替所有的方言学校。"① 第二天,《南洋商报》也撰文指出:"本邦《十年教育计划》的实施,也就是华侨教育危机由隐伏而趋于爆发的开端。"② 以此为分水岭,新加坡的华校与英校出现了完全相反的发展趋势。客观地看,虽然殖民政府要建立统一的英文教育系统的设想是肯定的,但在实行自治之前毕竟为民族语文教育留有一定的发展空间,使多种语文教育实现了初步的普遍化。

表 2-3 新加坡《五年补充教育计划》实施后学生统计情况

单位:人,%

年 份	英校生人数	所占比例	华校生人数	所占比例
1950	49521	33.09	76200	53.28
1951	52024	36.56	77314	51.35
1952	63086	40.08	75365	49.14
1953	70823	41.34	79934	46.66
1954	84063	45.09	82035	44.05
1955	96658	45.68	94667	44.61
1956	111920	45.29	108654	44.36
1957	126633	46.45	117374	43.34
1958	143733	47.51	129155	42.69
1959	163486	50.93	140231	43.70
1960	180275	51.05	147448	42.14

资料来源:〔新加坡〕王秀南:《星马教育泛论》,香港东南亚研究所,1970,第166~167页。

从表2-3中可知《五年补充教育计划》实施后华校与英校各自发展的趋势,仅仅十年时间,华校与英校发展规模和学生人数就发生了彻底的逆转,英文教育迅速占据了新加坡教育的半壁江山。

3.《方吴报告书》与《双语教育白皮书》

继《十年教育计划》和《五年补充教育计划》实施之后,英国殖民当局又针对双语教育的一些具体问题于1951年出台了牛津大学社会科主任巴

---

① 汤云航、吴丽君:《新加坡/中国推广普通话比较研究》,辽宁民族出版社,2006,第77页。
② 汤云航、吴丽君:《新加坡/中国推广普通话比较研究》,辽宁民族出版社,2006,第76页。

恩担任主席，由13人组成的委员会拟定的《马来文教育委员会报告书》（巴恩报告书），提出了建立英文与马来文双语教育体制的问题，其中也涉及了华校的存在问题。同年，马来亚联邦政府邀请教育家方威廉博士和联合国官员吴德耀博士组成一个调查委员会，就华族教育问题进行调研，并发表了《方吴报告书》。该报告书建议马来人和印度人学习双语，华人学习三语（华语、英语和马来语）。《方吴报告书》为1956年出台的《各党派报告书》勾画了基本的图景。

1953年，华校教师总会将由一千多名教师签名的要求与英校同等津贴的公开函递交殖民当局提学司，其中包括中学教师提出的要求增加3%津贴的要求。经过多次会谈后，殖民政府出台了《两种语文教育政策白皮书》，无非还是把英文教育作为要挟华校继续生存的条件。白皮书指出："在本地方言学校中，华校的经费大部分由华人自己负担。因此，为了要节省开支，校舍设备和教师的待遇，都受到不良的影响。政府对华人领袖所提出的要求，将加以接受，只要：①华校供给其儿童，以英华两种语文的教育。②培养使其成为本邦良好的公民。"① 在该白皮书的附一中还提出了两条建议，即"英文及英语媒介的科目，小学应占全部时间的1/3，初中应占2/1，高中应占2/3；低年级的课程与课本，要有本地的背景。"② 殖民当局的条件就是要不断增加英文教育的课程和课时，达到实现英文教育体制的目的。对此，华校教师总会提出，如果要求华校加强英文教育，英校也应加强华文教育。然而得到的结果却是使华文教育不断式微。至此，双语教育体制得到了政府的强制推动和支持，英文教育因殖民当局做后盾而日趋强势并出现了立竿见影的效果，1954年英校学生总数首次超过了华校学生总数。

1954年，在发生华校中学生参与"五一三事件"之后，殖民当局以华校董事部无能为由，强迫华校董事部交出行政权，遭到了华校董事部的强烈抵制。之后，殖民政府再次修正《学校注册法令》，出台了《学校注册（修正）法案》，赋予教育注册官以民族学校的生杀大权。该法案规定，政府可以在不通知学校的情况下随时宣布其非法，教师不得继续执教，学生失学，也不得举行集会。鼓励各语文源流的学生转入英校，进一步管制华

---

① 〔新加坡〕王秀南：《星马教育泛论》，东南亚研究所，1970，第167页。
② 〔新加坡〕王秀南：《星马教育泛论》，东南亚研究所，1970，第167页。

校，为进一步扩充英校服务。这样不公平的教育法案彻底暴露了殖民当局"英化"教育的嘴脸以及要消灭民族文化与教育的野心。

从《十年教育计划》到《五年补充教育计划》，再到《两种语文教育政策白皮书》，殖民当局以实现英文教育体制为目标，在各民族语文教育中不断寻找突围的方式和路径，在方法手段上由欲擒故纵转而公然行动。英文教育在殖民政府的强势推动和大力支持下，取得了空前的发展成就，在殖民当局所设计的英国式双语教育的舞台上唱起了独角戏。虽然殖民当局出台的一系列双语教育政策的目的是实现英化教育，但却在客观上探索了双语教育政策发展的道路，为新加坡独立建国后双语教育政策的制定提供了参考。

（三）《各党派报告书》与人民行动党早期双语教育政策的特点

《各党派报告书》是人民行动党早期参与制定的双语教育政策，该报告体现了人民行动党的语文教育态度和立场，为人民行动党在政治上崭露头角，赢得各民族支持奠定了重要基础。

1. 《各党派报告书》

英国殖民当局对母语教育所采取的政策，引起了各民族的强烈不满，尤其是华人，"他们深恐政府欲使华文变成华校中次要的语言"[①]。民族民主运动的日渐高涨，华校中学生反对帝国主义、反对殖民主义运动的此起彼伏与民族语文教育的要求相互呼应，自治政府已经呼之欲出，在这样危急的形势下，殖民当局不得不做出让步，为新的语文教育政策的出台埋下了伏笔。

1954年11月，新加坡人民行动党正式成立，它的诞生不仅开辟了新加坡政党政治的新纪元，也开创了语文教育的新气象。"李光耀把建立政党作为争取新加坡独立的第一步。"[②] 把解决语文教育问题作为人民行动党争取支持和继续生存下去的基础。在人民行动党的《建党宣言》中，明确提出了该党对语文教育问题的主张，主要内容是："在考虑了马来亚的民族结构后，我们认为除了现有的官方语言——英语、巫语之外，还必须承认华语、淡（泰）米尔语（印语）为官方语言。我们认为：在马来亚推行通用语是

---

① 〔新加坡〕吴元华：《务实的决策——新加坡政府华语文政策研究》，当代世界出版社，2008，第26页。
② 孙景峰：《新加坡人民行动党执政形态研究》，人民出版社，2005，第25页。

有必要的,我们主张采用马来语为马来亚人民的通用语。对于所谓马来语是不足以成为马来亚的通用语这一宣传,我们是不以为然的。"① 人民行动党语文教育政策的提出,得到了各民族的普遍接受和响应,奠定了该党生存的基础。应该说是语文教育先成就了人民行动党,人民行动党执政之后又成就了语文教育。它们从一开始就是捆绑在一起的关系。

1955年首次大选的结果是劳工阵线以多数党受命组阁,与巫统及马华公会联盟组成联合政府,英国女王于1958年11月正式颁布了新加坡自治宪法,明确规定新加坡是英联邦内实行自治的国家。1955年5月6日,由各党派组成的九人调查委员会接受了立法议院的授权,"调查本邦华校情况,及提供建议、改良及巩固华文教育,俾有利于中华文化及有秩序的达到自治及独立。"② 李光耀作为唯一的人民行动党领袖参与了华文教育问题的调查和研究。1955年6月10日,行动党发表了《向新加坡立法议院各党派教育调查委员会提呈的有关华文教育备忘录》,主张重新制定教育政策,内容包括根据《联合国宪章》,承认每一民族有权利发展其本身之语言与文化;以平等待遇资助各民族学校来保障这个权利;承认马来语作为通用语,加强与发展马来文教育以及承认马来语的不容争辩的地位,以作为所有学校内强迫学习的第二种语言。③

1956年2月,劳工阵线组阁的政府发表了《新加坡立法议会各党派华文教育委员会报告书》,主要内容是:"政府应绝对保证各民族学校平等待遇;消除对华校管制的疑虑;经教育部审定的'马来亚化课本',应在各民族学校使用;课外活动也应加以注意,使各民族学校学生得以相互联络;华、英、巫、印四种语文中最少两种应为各民族学校的教学媒介,提高语文教学水准,造就精通两种语文的学生,语文教师可从不同媒介学校相互调动;由各民族专家代表组织——泛马教科书委员会——负责修订学校课程;保留董事部制度,但内部应加以强化;学生不应参加政党政治活动,亦不应积极参加职工与劳资纠纷;政府应创办华文中小学及工艺学校;小

---

① 〔新加坡〕吴元华:《务实的决策——新加坡政府华语文政策研究》,当代世界出版社,2008,第70~71页。
② 〔新加坡〕吴元华:《务实的决策——新加坡政府华语文政策研究》,当代世界出版社,2008,第25页。
③ 〔新加坡〕吴元华:《务实的决策——新加坡政府华语文政策研究》,当代世界出版社,2008,第32页。

学教育应以家庭用语为始,然后继以英语。如以英语为开始的学生,其第二语文可从其他三种语文中选择之。在小学以上教育阶段中应力攻第三种语文,为期至少两年。"① 本来只是对华文教育的一个调研,结果却是对整个教育制度的规划,《各党派报告书》成为新加坡人自己制定的第一个教育政策,并成为奠定新加坡双语教育的最基础的政策。《新加坡立法议会各党派华文教育委员会报告书》的发表,标志着统一的教育制度和双语教育的正式确立,1956年也成为新加坡双语教育的重要里程碑。

2. 人民行动党早期双语教育政策的特点

人民行动党自成立之日起就提出了该党关于语文教育问题的主张、民族教育立场和奋斗目标。在正式组阁实行全面自治之前,人民行动党由主张多语教育到实行双语教育,标志着人民行动党对新加坡语文教育政策的认识已经逐渐深入。人民行动党早期双语教育政策体现了以下特点。

首先,尊重并正确处理好语文教育与民族文化问题。语言与文化是你中有我、我中有你的密不可分的关系。由于对语言和文化的足够认知,人民行动党确定了求同存异的文化政策,即在保留各种族、民族优秀传统文化特点的同时,努力建立具有新加坡地域特色的、统一的、有利于各民族团结的教育文化政策。尤其是人民行动党诞生于热火朝天的反殖民地运动的高潮期,在它诞生之前刚刚发生了在新加坡历史上轰动一时的"五一三事件",使得人民行动党深刻地体会了民族文化对于维系社会稳定的重要性,也深刻地感受到了民族文化的伟大力量。由于对文化的深刻认知,文化成为人民行动党谈论最多的话题和竞选中最有利的筹码,也促使人民行动党在教育政策的制定中充分考虑文化的因素,把教育与文化有机地结合起来。在这一指导思想下,1955年1月30日,人民行动党在维多利亚纪念堂举行的群众大会上通过了五条议决案,其中一条就是关于语文制度的,提出"本会议认为本坡为民族杂居之地方,其语言各有不同,所以本坡议会应采用多种语言制度"②。前文化部政务次长、外交部政务部长欧进福在20世纪80年代劝请青少年关注政治、经济、社会等问题时曾以20世纪50年代新加坡动荡的社会状况为例来说明教育与文化之间的紧密关系。他说:"语文和文化,就像宗教一样,都是敏感性的问题。我们必须小心处理,否

---

① 〔新加坡〕王秀南:《星马教育泛论》,东南亚研究所,1970,第170页。
② 〔新加坡〕吴元华:《务实的决策——新加坡政府华语文政策研究》,当代世界出版社,2008,第71页。

第二章　独立建国前双语教育的启蒙与探索（1965年以前）

则的话，将会再次引起重大的波涛，超出我们的控制。"①

其次，维护民族权利，争取母语地位。人民行动党从一亮相就是以亲民的形象出现的。由于华族占新加坡人口的大多数，人民行动党诞生伊始就准确地掌握了各族群的民意。在人民行动党诞生前夜，殖民当局刚刚颁布了《民众服务法令》，规定18~20岁的男性一律入伍当兵，并且必须于1954年5月12日前报到，否则，将被判处监禁6个月或罚款两千元，或者监禁兼罚款。这项法令引起各民族的强烈反抗，数千华校学生于5月13日向总督府和平请愿，因学生与警察发生冲突而遭到了当局的暴力镇压，这就是著名的"五一三事件"。当时作为律师的李光耀为华族学生聘请了英国女王律师普烈，并由普烈向伦敦枢密院提出上诉，李光耀本人也为学生进行了辩护。这一事件的圆满解决使得人民行动党在20世纪50年代党派林立的新加坡不仅赢得了良好的口碑，而且与广大华族民众建立了深厚的友情，巩固了基本的支持队伍。1955年10月6日，李光耀经过了近一年的艰苦努力，终于为华校中学生联合会成功进行了注册。这是人民行动党与华族民众建立良好的相互依赖关系的又一座丰碑。人民行动党对学潮、工潮的指导和帮助，使得受华文教育者和华族民众成为人民行动党忠诚的支持者和坚强的后盾。对此，前高级政务部长李炯才在1994年8月20日接受记者采访时说："假如没有受华文教育者的支持，人民行动党怎么能够获得胜利？如果人民行动党单单依靠受英文教育者的支持，老早就被打垮了。"②

除了为华族民众争取合法权益，人民行动党还主张平等地看待各种族母语，维护母语权利，争取母语地位。在1954年1月31日《星洲日报》的一篇社论中说道："新组织的人民行动党发言人李光耀律师，对候选人语言限制也表示反对。他说得好：政治不应只限于识英语的人士独享。殖民地政府所实施的人为语言限制，只制造一些与群众隔膜的'领袖'。"③1955年4月，举世瞩目的亚非会议在印度尼西亚的万隆市召开，人民行动党在会议上发表声明，公开对英政府的教育政策予以批评："政府的教育政

---

① 〔新加坡〕欧进福：《促青少年关注政经社会问题》，《联合早报》1984年7月22日。
② 〔新加坡〕吴元华：《务实的决策——人民行动党与政府的华文政策研究》，联邦出版社，1999，第52页。
③ 〔新加坡〕吴元华：《务实的决策——新加坡政府华语文政策研究》，当代世界出版社，2008，第36页。

策，予英语以绝对的优先权，虽则马来文、华文和印度文乃绝大多数人民所说的语言，方言教育被漠视，华文及印度文被认为不重要；马来文只被允许留在较高的一点上。英政府正实施的'国民学校'计划，不仅对马来文教育是一严重威胁，对华文和印度文也是。"[1] 为了进一步维护多语文教育政策，时任人民行动党主席杜进才于1958年12月19日在立法议院辩论教育问题时发表声明说道："人民行动党是1955年各党派新加坡教育政策报告书签字者之一。在这份报告书里，曾计划任何一个学生进入英校、华校、巫校或印校，当他结束学业之时，不但懂得母语，同时也懂得马来语和英语。换句话说，将来所有的学生都懂得多种语言。"[2] 这是人民行动党在20世纪50年代不同场合阐释多语文教育原则的共同的基调，为人民行动党赢得了各民族群众的广泛支持和信任。人民行动党在执政前对母语教育的态度和地位的维护，使得各语文源流教育得以保持，也为双语教育的实施奠定了基础，营造了良好环境。

最后，提出了建立富有新加坡地域特色的统一的双语教育设想。事实上，1954年人民行动党在《建党宣言》中就提出了"现有的教育政策强调要建立一个独立的马来亚，其基础必须是使各民族语言趋向统一的工作上。"[3] 1957年2月27日，在"独立后新加坡的适当教育制度"座谈会上，李光耀阐述了他的教育哲学，他说："教育和社会有密切关系，……其中一种作用是打破目前各民族彼此隔膜的状态。"[4] 1958年，教育问题又被提升到了国家层面，即"这个国家将给予单一的马来亚国家意识和共同的效忠精神，这是我们的基本政治目标。因此，我们对待教育政策的问题，必然也是以国家为出发点……"[5] 1959年4月12日，在新加坡汤申路的一个群众大会上，人民行动党发表了该党的第一份正式的教育政策——《我国青春的泉

---

[1] 〔新加坡〕吴元华：《务实的决策——新加坡政府华语文政策研究》，当代世界出版社，2008，第261页。

[2] 〔新加坡〕人民行动党惹兰加由支部（张合德）编《人民行动党建党宣言（1954年11月）／惹兰加由支部庆祝成立八周年纪念特刊——我党政治斗争发展史料集1954～1967》，第99页。

[3] 〔新加坡〕人民行动党惹兰加由支部（张合德）编《人民行动党建党宣言（1954年11月）／惹兰加由支部庆祝成立八周年纪念特刊——我党政治斗争发展史料集1954～1967》，第19页。

[4] 〔新加坡〕李光耀：《"独立后新加坡的适当教育制度"座谈会上的讲话》，《星洲日报》1957年2月28日。

[5] 〔新加坡〕行动报编委会：《人民行动党四周年纪念特刊》，1958，第13页。

源》宣言。不仅重申了教育目标,还提出了教育要适应于经济的方针,分析了教育与经济发展的相互关系问题,这成为独立建国后务实的教育方针的基本雏形。宣言还重申了建立统一的教育制度的必要性,认为:"如果我们大多数的学生是属于同一类型的学校,那么在我们制定一个单一的教育政策时,所面对的种种复杂问题和困难都可以迎刃而解。如果这四股(华、英、巫、印)教育源流能够汇合为一,而非分道扬镳,那么,在我们建国的过程中所面对的疑虑和摩擦就会很容易地消除。"[1] 从语文统一到与社会发展的密切关系,再到语文教育的国家意义,以及建国后实行的务实的教育方针的雏形,人民行动党对建立统一的双语教育制度进行了越来越深入、越来越成熟的思考。

三 教育制度的统一与华文中学改制

任何一个独立国家的教育政策都是将各语文源流汇聚在一个统一的教育制度之下。新加坡建立统一的教育制度既是配合人民行动党建立一个统一的马来亚国家的必然要求,也是各语文源流社会发展的必然趋势。在1959年建国施政纲领中,政府正式确立了"发展实用教育以配合工业化和经济发展需要"的教育方针。这一务实的教育方针至今仍然被人民行动党政府贯穿于教育实践的整个过程和方方面面的工作之中。首任教育部部长杨玉麟在纪念人民行动党建党六周年时发表了《教育为了什么》一文,再次强调了务实的教育政策的重要性,他说:"我们的教育是为了一个明确的目标,即在我们的多民族社会中建立一个强盛和统一的国家,使离校的学生都具有生产技能,以便促进我邦的普遍繁荣,并使失望与失业不再存在。"[2] 为了统一新加坡共同意识,人民行动党在执政伊始就着手进行统一教育制度的改革,并提出了新的教育理论,即"殖民地教育必须由一种民族型的教育制度来代替,即在我们的国家里,灌输一种民族自尊的意识,表现容忍他人见解的品德,忠于国家,并且随时准备为了国家的利益而忍受牺牲;最后,还要有一个生活的目的。"[3] 1959年12月8日,李光耀在

---

[1] 〔新加坡〕吴元华:《务实的决策——新加坡政府华语文政策研究》,联邦出版社,2008,第77页。
[2] 〔新加坡〕杨玉麟:《教育为了什么》,《星洲日报》1959年6月5日。
[3] 〔新加坡〕杨玉麟:《教育部长杨玉麟于8月4日晚上在每周部长广播中发表新政府的教育政策》,《南洋商报》1959年8月5日。

讲话中再次向新加坡的教师强调教育的重要作用,他说:"这与我们社会的基石、根基存亡攸关。如果我们要避免在由于互相隔绝的文化与语言的对抗与偏见所造成的混乱中灭亡,那么你们必须在学校里教导年轻人正确的思想意识。"① 在新的教育理论的指导下,新加坡的教育制度进入了全面改革阶段。

(一) 学制的统一与华文中学改制

自治前的新加坡在学制上并不统一,英文源流采取英国式的六四二三制,即小学六年,初中四年,高中二年,大学三年。华文源流采取美国式的六三三四制,即小学六年,初中三年,高中三年,大学四年。巫文及印文源流的学制也各不相同,因为学制不统一造成了很多教育问题。为了平等对待各语文源流,政府统一学制为六四二二四制,即小学六年,初中四年,高中二年,大学先修班二年,大学四年。需要说明的是,初中四年毕业后的分流,使初中四年成绩优秀的学生可以直接升入大学先修班,成绩及格的可以升入高中。这样,各种源流的小学六年毕业生均可升入为期四年的初中阶段,四年后再通过考试决定升学方向。改制后的华文中四毕业生相当于英校剑桥九号资格,两年高中等同于英校大学先修班。

在这次学制改革的初期,引起了华文教育界的普遍不满,主要针对的是华文教育的中学阶段由六年改为四年,使得中学生少受了两年华文教育,中四毕业也面临着失业的困境,整个华文教育系统都受到了严重的影响。由于从1960年起小学升初中实行了政府统一考试,成绩及格才能升入初中,1962年又实行改制,中四毕业生也必须参加政府统一考试,及格才能升入高中。这样就造成了面临毕业的六千多名高二和中四学生以及已经读到高三的近九千名学生受到这次改制的影响。为此,华校中学还发生了罢考风波。这是人民行动党建党以来与华文教育界发生的首次冲突,受到了华校教师总会的严厉批评与责难,甚至直接影响了人民行动党与华族民众、华文教育界多年来形成的相互依赖与信任的良好关系。改制在华文教育界呈现出不同的反响,1961年9月12日,《南洋商报》发表了题为《华文中学改制问题》的社论,提出了争论的焦点就在于四二制与三三制孰优孰劣的问题,社论指出:"焦点

---

① 〔新加坡〕吴元华:《务实的决策——人民行动党与政府的华文政策研究》,联邦出版社,1999,第265页。

既在这里,对症下药的方式,就是政府早日公布后期中学的全盘计划,让社会人士作个比较,究竟四二制会不会优于三三制。在未采取这个步骤以前,任何结论都不免空洞,缺乏事实的根据。"[①] 1962年1月2日,在华侨中学大操场上召开了约4000人参加的全新同学大会,并通过了六项决议。在所有反对改制的理由中,"改制缩短华文中学教育"这一点引起了最大的争论,其间,反对党也利用这件事在社会上兴风作浪。对于这个最大的争论点,教育部助理提学司卢曜在中四罢考调查庭上的供证最具说服力。他认为:"在四二制下,中学四年课程虽然达到中学六年课程的程度,但并不是整个中学的教育。四年之后还有两年高级中学课程,让学生获得水准更高的学术教育,以便直接升入大学,这是三三制下高中生所无法做到的。"[②] 华文中学改制过程中虽然备受责难,但是中四毕业生能够获得与英校中学生同等待遇,这相比于自治之前的华校毕业生待遇不能不说是一大进步,虽然此时的自治政府仍以英语为行政用语,英校九号毕业生的出路仍然比华校毕业生的前景宽阔,但华文中学的学制改革毕竟迈出了第一步,在制度上为英、华双语合流以及双语教育的实施铺平了道路。

(二)课程与考试改革的统一

从1959年到1963年,新加坡又进行了多次统一课程与考试的改革。特别是1959年,"在新加坡的教育史上可算是最富于变更的一年,这一年也可以说是由殖民地教育制度的过渡时间。在这短短的一年中,人民行动党政府已奠下了一个坚强的国民教育制度的稳健基础。"[③] 1959年7月9日,教育部部长杨玉麟宣布,从1961年起,新加坡各语文源流学校将完全采用马来亚化的课本,并设立专门的考试机构,其目的是培养儿童的马来亚意识和效忠精神。1960年6月6日,杨玉麟又宣布,在目前教学媒介语的情况下,采用共同的课程和内容。12月19日,教育部再发通告,规定从1961年起四种语文源流学校将采用共同的课程标准,并分别以四种语文出版课本。此外,为推动小学双语和中学三语教育的开展,教育部还规定:"各源流学校第二或

---

① 〔新加坡〕吴元华:《务实的决策——新加坡政府华语文政策研究》,联邦出版社,2008,第99页。
② 〔新加坡〕吴元华:《务实的决策——新加坡政府华语文政策研究》,联邦出版社,2008,第105页。
③ 〔新加坡〕杨玉麟:《教育部一年来的成就》,《行动周刊》1960年6月11日。

第三语文必修。华校数理，改用英语教学；英校历史公民，改用华语教学；其他教育源流类推。各种文凭考试，规定第二语文的必考。"①

表 2-4　1960 年小学离校考试科目

各源流学校	考试科目	备注
英文源流	英文、数学、史地、科学 第二语文（马来文、华文、淡米尔文）	第二语文是选考科，考试成绩不影响升留级
华文源流	华文、数学、史地、科学 第二语文（英文）	第二语文是必考科，但考试成绩也不影响升留级
马来文源流	马来文、数学、史地、科学 第二语文（英文）	科学和第二语文是选考科，考试成绩不影响升留级
泰米尔文源流	泰米尔文、数学、史地、卫生	没有考第二语文

资料来源：根据〔新加坡〕谢泽文：《新加坡五十年来推行双语教育政策的一些措施》，新加坡华文研究会编《新加坡华文教学论文五集》，新加坡教育出版社，2008，第 50 页整理。

从表 2-4 中可知，除华文源流外，小学离校考试科目中第二语文只是选考科目，且不影响升留级。虽然华文源流小学将第二语文列为必考科目，但也是不影响升留级的。这说明在课程和考试改革的初期，政府是比较谨慎地避免造成紧张状况。1962 年才要求连续学习第二语文三年及以上的学生必考第二语文。直至 1971 年，各语文源流的中四学生课程与考试才完全协调一致，参加了共同的普通教育考试，《南洋商报》也专门发表社论，指出："这在新加坡的教育史上是破天荒的盛事。从今以后，四种语文的学校，在思想上、行为上、日常生活上，慢慢采取同一步骤。全国上下，万众一心，由教育制度的统一，形成全国的统一，这的确是天从人愿的盛事。"② 新加坡四大语文教育源流在学制、课程和考试上的统一，不仅是教育上的巨大成功，更形成了国家强大的凝聚力，取得了国家意识的高度统一，时间证明了人民行动党政府的教育政策是正确且富有远见的。

四　马来亚教育自治与华校双语教育的调整

在被迫独立建国以前，人民行动党始终把致力于与马来亚的合并作为

---

① 〔新加坡〕王秀南：《星马教育泛论》，东南亚研究所，1970，第 134 页。
② 〔新加坡〕吴元华：《务实的决策——人民行动党与政府的华文政策研究》，联邦出版社，1999，第 371 页。

政治上的头等大事，并把这一目标看作是促进新加坡尽快实现独立的唯一方法。但李光耀和人民行动党都不赞成新加坡独立建国，李光耀曾在该党机关报第14期专门撰文阐述了这一观点，他说："……我们全心竭力忠诚执行的任务是：使新宪制能够促进新加坡和联合邦人民的利益……除非我们和联合邦达成合并，我们的地位还不足以接管国防和外交事务；这样的一个新加坡独立国，将会被外力征服，或由内部毁灭……了解到马来亚联合邦和新加坡的政治力量的形势，行动党唯有接受实行内部自治，直到和联合邦合并……"① 而马来亚政府也一直以政治、华人人口和种族结构等问题来拒绝新马合并。为此，人民行动党提出了一份合并协议，并提出了合并的具体细节，即："新加坡在联邦下议院拥有15个席位，在上议院拥有2个席位，62.4万新加坡公民不失去在新加坡享有的州公民权，合并后自动成为大联邦的国民，拥有与大联邦其他国民相同的护照，享有平等的权利与保护，尽同样的义务；其余的32.7万名从英国、印度、中国来的新公民仍然必须符合联邦要求的居住年限条件，马来语测试及格，才能取得联邦公民权；新加坡政府现有的指挥和控制权，仍由总理和根据他建议委任的部长内阁执行；新加坡现有的立法议院，将成为州议院，无权制定关于防务、外交、安全和其他联邦事务的法律；成为新加坡公民的马来人特殊地位将受到保障。"② 1962年，新加坡立法机关批准了新加坡加入马来亚的协议，1963年9月16日，就加入马来亚一事，新加坡举行了全民投票并正式加入了马来亚。然而，新加坡与马来亚之间的矛盾却仍然存在，主要表现在华人与马来人的社会地位上，新加坡的马来人要求新加坡政府给予他们等同于马来亚的马来人的特殊社会地位和特权，这引起了华人的强烈不满，民族冲突不断升级，甚至发生了1964年的流血事件。1965年，人民行动党提出了"马来西亚人的马来西亚"的概念，对马来人在马来西亚的特权提出质疑，并拒绝给予在新加坡的马来人以特权，维护华人权益，这使得新马矛盾继续升级并公开化，也直接造成了新马的分离。从1963年9月16日到1965年8月9日，新加坡在合并成功与失败的过程中更加坚定了民主平等的宪制结构，维护了各族群人民平等的权利，初步树立了公平、

---

① 〔新加坡〕吴元华：《务实的决策——新加坡政府华语文政策研究》，联邦出版社，2008，第178页。
② 〔新加坡〕李光耀：《李光耀回忆录》，新加坡联合早报出版社、联邦出版社（新）私人有限公司，1999，第470~471页。

正直的国家形象。

在马来亚时期,新加坡自治政府为形成统一的马来亚意识也曾提出了建立"马来亚人文化"的概念。马来亚文化的主导地位使得马来文教育地位提高与其他语文教育地位的下降成为必然。这是自人民行动党执政以来,实行平等对待四大语文教育后首次在语文教育政策上的倾斜。从1962年起,小学新生报名采用自由报名方式,从表2-5中可知,从1959~1965年的小学新生报名情况看,英文、马来文学校的报名人数持续增加,华文、泰米尔文学校的报名人数逐年锐减。

表2-5 小学一年级新生入学报名统计(1959~1965年)

年份	马来文		英文		华文		泰米尔文		合计
	人数	占比(%)	人数	占比(%)	人数	占比(%)	人数	占比(%)	
1959	3491	5.90	28118	47.40	27223	45.90	530	0.90	59362
1960	4542	8.64	27231	51.81	20664	39.32	123	0.23	52560
1961	4369	7.89	30650	55.37	20174	36.45	161	0.29	55354
1962	4878	8.43	34882	60.27	17948	31.01	170	0.29	57878
1963	4970	8.41	36676	62.07	17309	29.30	129	0.22	59084
1964	5291	8.84	38472	63.05	17026	27.90	126	0.21	61015
1965	5538	8.94	38570	62.28	17707	28.90	116	0.19	61931

资料来源:〔新加坡〕李光耀:《1977年7月22日在国会发表施政之道演讲的附表》,《星洲日报》1977年2月23日。

华校学生人数的锐减引起了政府和华社的关注,中华总商会就华文教育前途问题特委托教育小组研究拯救办法。1963年以林溪若为首的9人委员会于8月11日发表了《新加坡教育调查委员会报告书》,该报告对自治时期的教育政策予以肯定,对教育部的责任、学制、师资培训、师生比例、课时及课程内容等提出了建议。该报告共分为"新生锐减的原因"和"补救办法"两部分。报告分析原因主要有三点,一是华文教育毕业生升学与就业的出路受阻。由于新加坡的高等教育均以英文程度为录取标准,华校毕业生升学机会渺茫。二是教育政策偏重英文教育。自1948年的《十年教育计划》至1956年的《各党派报告书》,均以补充和完善英文学校为主。"由于实施前述方案,英校尽量扩建,华校备受限制……以致校舍设备及教师待遇均不及英校。一般家长发觉政府政策偏重英文教育,对于华文教育前途信念开始动摇,多将其子女送入英校……"① 三是家长对母语教育重视不够。多数家长以谋生为教育目的,送子女进英校读书。针对上述问题,该报告提出了增加学生就业机会、开辟学生升学途径、提高华校英文程度、承认华文合法地位、按比例多建华校、充分辅助华校改革、政党活动退出华校、推动母语教育八点补救办法。林溪若的《新加坡教育调查委员会报告书》与1961年6月政府委托以曾树吉为首的委员会发表的《职业与技术教育报告书》成为新加坡20世纪六七十年代教育改革与发展的主要根据和调整方向。为了加强和普及教育,教育部还积极调整措施,采取二部制教学以满足入学需求的快速增长和解决校舍不足的问题。这一年,对小学离校考试的语文分数占总分的比重做了调整,以鼓励语文学习,1962年,第一语文分数的比重是1.5,第二语文分数比重为0.5;1963年则分别调整为2和1。

与马来亚合并后的新加坡不仅针对华校学生人数的锐减提出了一系列补救办法,对华校英文教育水平的进一步提高也提出了更为具体的措施。1963年7月20日,应新加坡华校联合会提高英文教学水平,多造就英华并重人才的要求,中华总商会召开第127次理事会进行专题讨论,成立了一个"研究华校小学提高英文水准小组委员会",之后提出了三点具体建议:"第一,本委员会认为,教育部宜加强华校英文科之视学工作;第二,在可能的范围内华校小学英文科授课时间略予增加;第三,华校英文教师应注意以英文为教学媒介,鼓励学生多讲多读英文,中高年级多写英文,增加英语会话时间,英文测试也包括口试,每年至少举行一次英语背诵比赛,应引起学生学习英语的兴趣,教室内各物均以英文缮写名称,教师宜选择适合程度的英文书籍给学生阅读,教授英文歌曲,以增加兴趣。"② 此后,中华总商会与华校教师总会、中学教师会组成"华文三教育团体提高华校英文水准推动委员会",研究具体措施,于1963年底呈给教育部一份华文教育备忘录,提出如下建议:第一,英文在此时此地的环境中,在谋生与深造两方面都是极其需要的;第二,目前具有远大眼光之华人家长,已深知他们应先送其子女进华校接受母语——华文教育,为了实际需求及国家

---

① 〔新加坡〕吴元华:《务实的决策——新加坡政府华语文政策研究》,联邦出版社,2008,第280页。
② 〔新加坡〕吴元华:《务实的决策——人民行动党与政府的华文政策研究》,联邦出版社,1999,第239~240页。

利益，再接受国语及英语教育；第三，凡中小学学年成绩，英文成绩不及50分者留级；第四，本邦三华文教育团体认为，欲发展华校教育，欲增多华校毕业生出路之机会，提高华校英文水准及加强国语教学，实为华校当前急务，而应于最近付诸实施。① 1964年2月8日还专门召开了"提高英文水准"座谈会，以增强对提高英文教育水平的认识。然而，以提高英文教育水准来吸引招生的一系列措施收效甚微，华校入学新生人数和所占比重仍然是江河日下。但政府、华人社团和华校为配合双语教育所做的种种努力在整个社会产生了积极的影响，将务实的双语教育理念更深地根植于人们的头脑之中。

本章小结

独立建国之前的新加坡，借文化和教育之力，从蒙昧走向现代；借地理优势，在一千多年前已经伸出了拥抱世界的双臂，让世界在这里汇聚，初显了它的开放性与包容性。外向型经济发展模式与多元文化、民族、语文和宗教的融汇共生为新加坡的教育发展奠定了独特的文明底蕴。注定了这个凭海临风的蕞尔小岛的文明发育过程与世界其他地区完全不同，成为一个相对独立而特殊的文化单元，创造和形成了具有多元化、地域化、民族化、世界化的新加坡文化。作为特殊地理区域中的特殊国家和多元民族与文化的社会，最敏感和棘手的问题非语文教育问题莫属。语文问题关系着国内民族分裂与统一的政治局面，关系着共同国家意识的建立与完善，也关系着国际两大政治阵营的冲突与调整。人民行动党政府高度重视语文问题，认为语文问题即政治问题，把语文问题作为解决一切问题的政治手段和出发点，认为"在团结多元民族人口和号召个人及个别团体参与国家制度方面，语文是独一无二强有力的工具。"② 人民行动党政府从国家的整体利益出发，以实用主义为原则制定了务实的双语教育政策，为国家长期

---

① 〔新加坡〕吴元华：《务实的决策——人民行动党与政府的华文政策研究》，联邦出版社，1999，第240~241页。
② Kelman, Helbert C., Language as an Aid and Barrier to Involvement in the National System, in Joan Rubin & Bjorn H. Jernudd eds., *Can Language Be Planned? Sociolinguistic Theory & Practice for Developing Nations*, Honolulu: University Press of Hawaii, 1971: 40.

教育目标的制定和发展奠定了基础。新加坡政府亦借双语教育之力,实现了国家意识的统一,维护了社会稳定,创建了和谐社会。在新加坡独立建国以前,双语教育启蒙与早期探索的基本状况如下。

第一,多元文化融汇共生是双语教育启蒙的基础。历史上的新加坡历经印度文化、马来文化、中国文化和西方文化四大文明的浸染和覆盖,深受东西方双重文化的影响,特别是近代移民时代的到来,随着移民的不断涌入和文化的源源汇聚,共同建构了新加坡独特的文明结构。在文化累积与发展的过程中,人文环境也在不断发生变化,并向着多元融汇共生的方向发展。

一是多元民族社会的形成与发展。来到新加坡的各族群随着人口的增多和聚集逐步形成一个移民社会,尤以华族社会最具代表性,根据1394年的《岛夷志略》记载,新加坡有华人活动的时间至少可以追溯到14世纪,1832年编修的《厦门志》卷十五的《风俗记》中也有记载:"贩贾者以贩海为利薮,视汪洋巨浸如衽席,——外至吕宋、苏禄、实力(新加坡)噶喇巴,冬去夏回,一年一次。初则获利数倍至数十倍不等,故有倾产造船者。"① 莱佛士开埠以及两次鸦片战争后,华族大量涌入新加坡,华人所占人口比例大幅提升,到1860年已经达到了50043人,占人口总数的61%,人口的增多促进了华人社会逐步形成。在早期形成以地缘为核心建立起来的宁阳会馆、冈州会馆、香山公司等;以血缘为核心建立起了台山黄家馆、曹家馆等;以业缘为核心建立了梨园堂、北城行、鲁北行等移民帮群,直到1906年成立了中华总商会,标志着华人社会的发展进入成熟期。华族依靠宗族联系慈善组织和个人建立了使用普通话或汉语方言授课的学校,人口规模相对较小的印度人由印度传教士建立了学校,并使用泰米尔语或英语授课,由传教士管理学校。这一时期,学校课程的世俗化和宗教化的特点还是相当明显的。

二是新加坡的地理环境也造就了其教育中性发展的特质。新加坡地处东西方交通的交汇点上,成为自由港之后,始终处于国际航运的中心位置,转口贸易成为其经济发展的生命线。这种地理位置的中心、经济发展上的中转,造就了新加坡教育特有的中性发展的思维和文化特质。

三是新加坡人文特点的兼容性。在不断社会化的过程中,各族群不断

---

① 曾玲:《越洋再建家园——新加坡华人社会文化研究》,江西高校出版社,2003,第6页。

地发生联系,在这一过程中他们所代表的文化也会发生碰撞与摩擦,在这个过程中人们学会了进退和包容,在一次次习惯性的进退与包容中文化得以你中有我、我中有你地融合在一起,经过重新组合排列而得以再生。此外,新加坡的主要人口都是东方的亚洲人,而历史上的殖民统治者则主要是英国人,英国人以西方文化来治理与调整东方土地、东方人和东方文化,东西文化相互影响,使得新加坡的文化表现出东西融合的特点,形成了人文特点上的兼容性。这种多元文化的融会共生、多元族群社会的逐渐成熟发展为新加坡双语教育政策的萌发奠定了社会和文化的基础。

第二,对双语教育模式进行了初步探索。第二次世界大战以前的双语教育模式都是按照莱佛士的"母语+英语"开展的,以母语为主,兼授英语。此后,不断有人对双语教育的具体模式进行探讨与实践,1940年,一位名叫切利亚(D. D. Chelliah)的牧师在论文中提出以母语作为小学四年教育媒介语的双语教育制度。他认为在新马多元民族的社会里,这样的教育制度比较适合社会的环境。不过他同意在社会上需要一种共同的语言,"而英语是明显的共同语言"①。这个时期,英语只是作为一门语言课程来学习,是多种教学科目之一。教师有新旧文人、牧师等。至于课程、课时以及双语教育的具体开展情况,因资料有限,考据困难,尚难以详尽展开。但是毕竟对双语教育进行了全方位的探索和实践,在全社会进行了一次双语教育的启蒙和宣传,催发了双语教育的萌芽。

第二次世界大战后至1966年之前的新加坡双语教育模式都是非强制性的,是政府引导与各源流教育自觉相结合的一种自然的、渐趋成熟的进行状态。1961年6月21日,李光耀在为补选而举行的群众大会上说:"大家都知道,我们的教育政策,完全是按照新加坡人民各民族的利益而制定的,尊重他们的语言、文化与习俗,给各方面公平的待遇。比如说他们的孩子进入学校,可以选择华文、马来文、淡(泰)米尔文或英文的学校。你们作为新加坡的父母,自己可以选择要让孩子进入哪一种学校。"② 同年8月5日,他在庆祝教师节的致辞中再次重申了这一观点,他说:"在我们看来,最重要的是:语文和教育的问题,应该由父母的自由意志来决定,而不是由政府的命令来决定。我们的责任是向大家指出走向民族团结的道路,

---

① 黄明:《新加坡双语教育与英汉语用环境变迁》,厦门大学出版社,2012,第95页。
② 〔新加坡〕李光耀:《在为补选而举行的群众大会上的讲话》,《南洋商报》1961年6月22日。

应该是首先保证各民族有学习母语的平等机会，同时鼓励国语的学习与应用。其余的，就应该由我们社会上的家长们来决定他们的子女该念哪一种学校，应该受什么训练……"① 这种自由选择式的教育思维避免了执政初期不必要的争论，既团结了各族人民，又使各民族教育在自由选择中按照事物发展的客观规律而逐渐归于统一，使得教育制度的统一成为各族人民的自觉选择，也淡化了偏激的民族主义的语文教育。

在华、巫、印学校中分别以华文、马来文和泰米尔文为教学媒介语，实行以民族语文为主，以共同语为辅的双语教育。政府宣布各民族有发展民族语文教育的权利，按照平等原则，政府在发展英校的同时也注重发展民族语文教育，并首次把母语教育纳入国家教育制度的主流。英校实行以英文为主，母语为辅的双语教育，1958年起英校把华语作为第二语文必修课，在一定程度上博得了华族的好感，扭转了英校在各民族中的强势形象。人民行动党政府在执政初期实行的自由选择的双语教育模式的经验教训，成为独立建国后确立强制性双语教育模式的重要决策依据。为之后双语教育的全面施行开辟了路径，积累了经验，做好了准备。

第三，共同语的确立是实施双语教育的现实依据。1959年人民行动党执政后，在教育政策上即宣布小学实行双语教育，中学实行三语教育。对于共同语的确立则分为两个时期，1963年之前的共同语是英语，之后则为马来语。1960年自治政府宣布以英语为共同语，混合学校以英语为共同语，这不仅有利于各民族学生的和谐共处和教学活动的整齐划一，对统一教学媒介语和双语教育模式也进行了具有开创性意义的实践和探索，为双语教育的实施创造了有利条件，积累了宝贵的经验。由于人民行动党在政治上积极主张加入马来亚联合邦并成为其中的一个州，在语文问题上的态度必然把马来语作为各民族的通用语，并作为实现政治目标的重要策略之一。虽然在1954年的《建党宣言》中就明确表明要以马来语为通用语，1959年又宣布马来语为国语。但在实际教学中直到1963年新加坡正式加入马来亚后，马来语才取代英语的地位而成为共同语。无论共同语是英语还是马来语，在这个特殊的国家里语文都时时提醒着人们，新加坡是一个多语文的社会，共同语所代表的决不仅仅是统一的语言，而是各民族共同的国家意识，是超脱于狭隘的"小我"民族意识的"大我"，是衍生新加坡共同

---

① 〔新加坡〕李光耀：《庆祝教师节的致词》，《南洋商报》（星期刊）1961年8月6日。

新文化的基础。共同语，作为一种中立语言，其平等沟通的存在状态和作用，为新加坡独立建国后双语教育政策的提出和实施提供了现实依据。

第四，混合学校的实验为双语教育的实施迈出了第一步。1960年，新加坡混合学校制度开始实行，这是一项史无前例的教育计划和大胆实验。将两种或两种以上教育源流的学校混合为一个学校，以不同的教学媒介语教授共同的课程和进行统一的活动。教育目标就是希望通过多语教学增进各民族之间的了解和互动，为建立和谐统一的国家准备条件。混合学校所取得的理想效果，促进了双语教育的快速发展，在11年间由2所增加到了100多所，由英、华两种语文教育源流的混合增加到四种语文教育源流的混合，各源流学生共处一校，相互取长补短，基本达到了共同进步的预期目的。当然，混合学校也遭遇了一定的困难，比如，校长人选奇缺，语文通译工作繁重，共同活动不易推行，各源流教师学生间心理障碍依然不同程度地存在且摩擦不断，特别是英文源流高高在上的强势姿态引起了其他教育源流的强烈不满。然而，混合学校的创办毕竟迈出了双语乃至多语教育的第一步，成为新加坡双语教育政策发展历程中最具革新与划时代意义的创举。

第三章　生存与发展主题下双语教育政策的确立与实践（1965~1986年）

"自由与独立永远是人民的神圣权利……我，李光耀，以新加坡总理的名义，代表新加坡人民与政府，宣布从1965年8月9日起，在自由、正义、公平的原则下，新加坡将永远是一个自主、独立与民主的国家，在一个更公平、更合理的社会里，誓将永远为人民大众谋求幸福和快乐。"[①] 这是1965年8月9日上午10点新加坡广播电台中传出来的只有90个字的宣言。新加坡就这么突兀地脱离了马来西亚，人民行动党自建党以来为之努力奋斗的新马合并与两地统一的根本目标，仅仅在实现两年之后就土崩瓦解于瞬间，使每一个对国家前途命运充满希望的人感到震惊不已。国家与人民的生存发展问题就这样不容喘息地摆在了人民行动党和政府面前，随之而来的还有就业、教育、住房以及暴力事件频发等一系列问题。这个曾经被李光耀喻为英帝国在东南亚的心脏的弹丸小国面临着严峻考验，失去躯体和腹地的心脏还能否继续有活力地跳动？这条"涨潮中的鲸鱼"还能否徜徉于大海？人民行动党还能否得到各族人民的信任？刚刚起步的双语教育政策又将面临怎样的局面？种种难题考验着人民行动党的执政能力。

从1965年到1986年的新加坡，是李光耀的时代，也是全世界见证新加坡奇迹的时代。正如前越南驻欧盟大使兼越南Tri Viet University创办人孙努氏宁说的"如果有两个名字是不可分离的，那会是新加坡和李光耀，以及李光耀和新加坡。"[②] 在这20年里，新加坡只有两个主题——生存和发展。在以李光耀为首的人民行动党的带领下，新加坡迅速由一个生存前景渺茫的小岛国转变为一个经济发达、政治清明、教育一流的发达国家。毫无疑

[①] 〔新加坡〕李光耀：《风雨独立路——李光耀回忆录》，外文出版社，1998，第2页。
[②] 〔美〕汤姆·普雷特：《李光耀对话录》，张立德译，现代出版社，2011，第1页。

问，李光耀是当然的"新加坡国父"，他的治国方略不仅成功地挽救新加坡于分裂的边缘，也提升了新加坡的国际地位和形象。他在把这个贫瘠的岛国成功晋级为第一世界国家的同时，也创造了独一无二的新加坡发展模式，成为发展中国家争相学习和模仿的成功典范。而教育政策，特别是双语教育政策，作为新加坡治国理念的重要一环，在新加坡的生存与发展过程中发挥了举足轻重的作用，成为多元因素而又矛盾重重的新加坡解决政治、经济和文化问题最重要的手段，是推进新加坡实现生存与发展目标的最基本的保障之一。之后的历史已经证明，双语教育政策的确是新加坡绝处求生的制胜一招。

第一节　双语立国和双语建国战略决定国家的生存与发展

1965年8月9日，内忧外困的新加坡共和国在备受世界质疑的情况下独立建国了。新加坡独立建国伊始，就备受世界各地的瞩目与质疑，美国《报道者》杂志记者丹尼斯·沃纳于新加坡宣布独立的第二天便在《悉尼先驱晨报》上发表文章，指出："三年前，新加坡独立是行不通的概念。从目前的情况看来，它依然是行不通的。"[①] 这时的新加坡内忧外患，国内种族关系恶化、生存压力巨大、社会构成复杂、文化宗教多元；国际环境则是东西方两级政治格局已经形成，而东南亚正处于冲突的前沿阵地。一方面，由于华人占了绝大多数，新加坡常因被西方和周边国家视为"第三中国"或"第五纵队"而感到惶恐不安；另一方面，是来自于周边国家的威胁。作为一个失去英国保护的独立小国，让人民得以维持生计、维持社会稳定、保卫国家安全是国家的当务之急。这个新生的小国，不仅不被全世界看好，连自己也有同样的忧虑。人民行动党当时面临的新加坡国情可以用"匮乏"与"动荡"来概括。所谓"匮乏"，是指自然资源匮乏。1965年，国土面积仅为581.5平方千米，既无矿藏也无良田，是个连饮用水都需要从马来西亚进口的弹丸小岛国，唯一可取的就是地理位置的优势所带来的转口贸易经济，但这也要依赖于世界经济的发展状况。所谓"动荡"，是指社会环境的复杂与不安定状况。多元民族和种族的人口构成带来了复

[①] 〔新加坡〕李光耀：《经济腾飞路——李光耀回忆录》，外文出版社，2001，第3页。

杂的语言、宗教和文化,也使新加坡成为世界上语文、宗教与文化最复杂、最多元的国家。这样一个新生的小岛国,不仅要解决养活岛上人民的经济问题,还要解决由多元种族所带来的政治和国家安全等关系着国家生死存亡的大问题。此时的新加坡的确是一个非常脆弱的社会,各种矛盾一触即发。李光耀曾经形象地把它形容为"没有腹地的心脏",他说:"新加坡不是个自然形成的国家,而是人为的,它原是个贸易站,英国把这个贸易站发展成为它全球性的海上帝国的一个枢纽。我们把它继承过来,却没有腹地,就像心脏少了躯体一样。"①

然而,新加坡也是幸运的,它拥有人民行动党和一批精英人才。人民行动党是诞生于殖民地时期的政党,经历了反殖民地斗争、自治和新马合并分家的考验,积累了丰富的执政经验,完全具备了独自带领新加坡人民前进的执政能力。面对令人头痛的各种问题,李光耀认为人民行动党拥有两个最珍贵的资产,一是获得人民的信任,二是"我们的人民勤劳、节俭、愿意学习"。他进一步阐述道:"他们虽然分成了几个族群,但是,我相信只要政策公平、不偏不倚,尤其是失业和其他苦难由大家分担,而不是主要落在少数族群头上,他们就会和平共处。确保多种语言、多种文化、多种宗教组成的社会团结一致尤为重要。"② 李光耀认为:"这个位于东南亚的城市岛国要生存下去,就必须非比寻常。"③ 而双语立国与双语建国战略就是这个"非比寻常"的具体体现。如果说新加坡独立建国后前十年国家的主题是生存的话,那么随后十年国家的主题就是发展,而双语立国与双语建国则分别是新加坡这两个10年的国家战略之一。

一 双语教育政策成为国策

面对不利的国内外政治经济环境,新加坡政府应对挑战的重要策略就是从教育中汲取力量,把语文教育作为摆脱不利局面的有力抓手和重要前提。李光耀认为:"一个新兴国家百废待兴,最需要的就是统一人民的语言。"④ 这样,语文教育问题就成为首先要解决的问题。事实上,对于新加

---

① 〔新加坡〕李光耀:《经济腾飞路——李光耀回忆录》,外文出版社,2001,第3页。
② 〔新加坡〕李光耀:《经济腾飞路——李光耀回忆录》,外文出版社,2001,第7~8页。
③ 〔新加坡〕李光耀:《经济腾飞路——李光耀回忆录》,外文出版社,2001,第7页。
④ 〔新加坡〕李光耀:《我一生的挑战:新加坡双语之路》,联合早报出版社,2009,第8页。

坡而言，语文问题始终是最敏感的政治问题，语文教育本身就是政治教育。自1954年人民行动党建党至今，语文就一直与政治互动一起，成为新加坡平衡政治力量的筹码，甚至直接影响选举的结果。1959年人民行动党上台执政以来，语文政策一方面根据政治、经济、文化发展的需要不断调整，另一方面又推动了政治、经济、文化的发展进步。正如李光耀所说的，"语文问题就是政治问题，新加坡身处马来海洋之中，我们必须认清这个事实。1965年新加坡独立，我面对新加坡人口虽有75%华人，却不能以华文作为共同语和工作语的困难。我做了很全面的思考，也就这个课题，对人民进行大幅度政治教育"。①

（一）双语教育政策的国家意义

世界上没有任何一个国家的语文教育政策能够像新加坡的双语教育政策那样与国家的前途命运结合得如此紧密，在国家形成与发展过程中发挥如此巨大且不可替代的作用。新加坡双语教育政策的国家意义主要体现在四个方面。

一是以英语为共同语的双语教育政策，降低了民族语文特别是华文的政治敏感性，维护了国家的政治稳定。作为一个主要依靠转口贸易而生存的国家，英语不仅是新加坡人民重要的谋生工具，还是最具中立性质的语文，是调和种族、民族矛盾，平衡各民族心态不可或缺的砝码。在处理语文问题上，新加坡从国家整体利益出发，在综合考察国内外多方面因素后，李光耀提出了他对语文问题的看法，他认为："作为一个多元种族、多语言国家的领袖，我的首要任务不是维护任何一个种族的语言与文化，而是确保国家与全体人民能生存与进步。无论我如何为古老的中华文明感到自豪，在政治上，我绝不能被看成是一名华文沙文主义者，否则将为新加坡带来灾难。……新加坡位于东南亚，100年后、1000年后，我们仍是东南亚的一部分。我们一定要承认，我们跟中国是两个不同的国家，命运不同，连生活方式也不同。既然如此，我们所制定的政策，就要确保在东南亚跟邻国和睦相处，并在自己的家园当家做主。任何政策都必须以这个原则为准绳。"②

独立后的新加坡在政治上采取的是淡化敏感问题、避免冲突、寻求合

---

① 〔新加坡〕李光耀：《我一生的挑战：新加坡双语之路》，联合早报出版社，2009，第47页。

② 〔新加坡〕李光耀：《我一生的挑战：新加坡双语之路》，联合早报出版社，2009，第47页。

第三章 生存与发展主题下双语教育政策的确立与实践（1965~1986年）

作的策略。这一时期正逢东南亚反华排华的高峰期，马来西亚和印度尼西亚两大邻国对华人入籍以及政治、社会地位的平等问题设置了重重障碍，而菲律宾等国也限制华侨入籍和中国移民入境。这种状况一直持续到20世纪70年代的中后期，因中国与东南亚国家关系的改善而逐渐得到了平息。在这种地缘政治因素的严重影响下，华人占人口绝大多数的新加坡被怀疑为"第三中国"或"第五纵队"也是很自然的事情，甚至于英国还曾因为这一原因而反对新加坡独立，认为"新加坡一定要与马来亚合并，否则我们将看到它成为一个位于东南亚战略核心区的独立的、海外中国。"[①] 新加坡的独立也恰逢国际社会正处于由冷战向后冷战格局的过渡时期。60年代中期以后，不结盟已成定局，到80年代初期美、苏两个超级大国之间的冲突已逐步取代了60年代的冷战问题，转换中的国际政治格局为新加坡的生存与发展创造了有利条件，新加坡与国际社会的互动与依存程度也随之逐步增强。因此，在国际问题的转换时期，新加坡最敏感的因素就是华文问题。"第三中国"所带来的不利影响，使得中国成为新加坡独立后最警惕和戒备的国家，直到1976年李光耀首次访华才打破了中新两国之间的外交冰河。而此时，新加坡在以英语为主导语文的双语教育政策的辅助下已经在世界上树立了一个全新的国家形象，有效规避了东南亚两极政治格局的冲击和影响，使国家获得了和平发展的宝贵时间。

二是双语教育政策促进了新加坡的国家认同。新加坡有四种官方语言，人口成分复杂，有华人、马来人、印度人三大族群，还有少部分欧洲人后裔和混血人种，且宗教类型多样。要统一所有人的意识实属不易。而作为共同语的英语，不但在新加坡各民族间搭建了沟通的桥梁，也促进了各民族对新加坡国家认同的进程。实际上，新加坡的双语教育政策对华人和华语影响最大，虽然华人占人口绝大多数并掌握着国家政权，但政府出于政治因素的考虑，并没有给予华人任何特权。双语教育政策的的作用，一方面让华人对中国和华语有一个客观清醒的认识，在情感上增进对新加坡的国家认同。1964年，李光耀在新加坡中华总商会庆祝新大厦落成典礼上致辞时提出："我们大家都是来自同一祖籍国（中国），然而由于历史与地理

[①] Singapore: Cabinet Memorandum by Mr Lennox - Boyd on Policy to be Pursued at the Forthcoming London Constitutional Talks, British Documents on the End of Empire. Series A: The Conservative Government and the End of Empire, 1951 - 1957, Part 2, David Goldsworthy edited, London: HMSO, 1994: 394.

的安排，我们在东南亚之中，早已（与中国）分道扬镳，各奔前程了。因此我们的命运就必须和东南亚各国的命运结合在一起。"① 他还一再地提醒华人，"如果你要一个中国沙文主义社会，那么失败是肯定的。新加坡必然会被孤立。"②。另一方面充分发挥共同语的黏合剂作用，培养新加坡人共同的国家情感。新加坡建国之初，李光耀就指出："在新加坡，我们将是一个多元族群的国家。这个国家不是一个马来人的国家，不是一个华人的国家，不是一个印度人的国家……不论民族、语言、宗教、文化，每个国民都应首先有国家意识，都要认同我是新加坡人。"③ 双语教育政策的黏合剂作用使各种族、民族在新加坡国家认同上达成了共识。

三是双语教育政策有力配合了新加坡的外向型经济发展战略与模式。新加坡外向型经济模式注定了它采取的是"全球化"与"区域化"战略，双语教育不仅搭建了新加坡与世界沟通的桥梁，也为新加坡外向型经济发展模式培养了高素质的人才。由于20世纪60年代资本主义经济增长迅速，世界主要发达国家正在进行产业结构调整和转型，掌握双语使新加坡迅速抓住这一发展经济的有利时机。1979年新加坡即与中国签署了贸易协定，相互提供最惠国待遇，1984年新加坡已经成为中国第五大贸易伙伴，这些经济协定的签署都早于1990年中、新两国正式建立外交关系。双语教育政策为新加坡建立国际性和区域性经济中心，促进经济腾飞插上了翅膀。此外，新加坡发展经济的过程中还有一个突出的特点，就是把经济和政治分开。特别是与中国、朝鲜的经济贸易往来充分体现了新加坡经济与政治分开的原则。

四是双语教育政策打造新加坡特色新文化。独立建国后的新加坡，在文化上的政策采取多元共存、求同存异、东西融合的新文化策略。多元民族、语文和宗教在新加坡和谐地共存与发展的状态是世界其他国家无法比拟的。新加坡囊括了世界四大文明，并在此基础上建设融合东西的新文化。尽管文化的变迁与再生不是一蹴而就的事情，但是我们仍然可以从新加坡的"亚洲价值观"到"共同价值观"的演变中看到文化涅槃的痕迹和发展方向。正如李光耀提出的"我们是汇合了来自中国、印度以及马来世界不

---

① 〔新加坡〕李光耀：《在新加坡中华总商会庆祝新大厦落成典礼上致词》，《南洋商报》1964年7月29日。
② 〔英〕亚历克斯·乔西：《李光耀》，上海人民出版社，1976，第265页。
③ 鲁虎：《新加坡》，社会科学文献出版社，2004，第10页。

同地域的移民，我们必须传授给我们年轻一代以共同的基本社会行为准则、社会价值观与道德教条。这些准则、价值观以及教条将塑造完整的未来新加坡人"[1]。新加坡东西方文化重新整合与互动发展的轨迹恰恰践行和印证了塞缪尔·亨廷顿在《文明的冲突》中所说的："在可预见的将来，不会有一个一统文明的世界而只能有一个多种文明的世界，因而每种文明都必须学会与其他文明共处。"[2] 新加坡的双语教育政策为文化的多元融汇与互动奠定了语言和文化基础。

（二）双语立国与双语建国战略的主要内容

双语立国与双语建国战略是现代新加坡政府务实的执政作风的具体体现，是国家形成与发展的基础和前提，是新加坡政治、经济与文化领域最大的创新之处，也是新加坡成功的关键。主要包括以下三个方面的内容。

一是双语教育塑造精英治国理念。以李光耀为首的人民行动党和政府的精英治国理念是站在国家生存与发展的战略高度提出的，其精英治国理念是由双语教育培养精英人才，以及精英人才治理国家这两部分组成并渐进实现的，其过程包括人才的培养和使用。1966年7月14日，在新加坡独立一周年前夕，李光耀应南洋大学经济学会的邀请发表演讲，在演讲中强调了人才的重要性。他说："一个国家的财富与势力是受什么因素所影响呢？第一，天然资源；第二，人才资源；第三，科学与工艺的技能。……我们又怎样呢？两百万人的市场，225平方英里的土地，应如何在世界上，在东南亚争一日之短长？"[3] 他强调人才培养与国家盛衰有着直接的关系，"没有好好去训练与培养你的人才，社会组织散漫，国家一定衰败的。……我们应该牢记着，人才资源是可以补救天然资源的缺乏。"[4] 李光耀认为，在自然资源匮乏的情况下，只有依靠精英人才才能使新加坡生存和发展下去。他还认为精英应该是经过系统教育和训练的有天赋的人，二者缺一不可。

---

[1] 〔新加坡〕《联合早报》编《李光耀40年政论选》，联邦出版社，1993，第398~399页。
[2] 〔美〕塞缪尔·亨廷顿：《文明的冲突》，《现代外国哲学社会科学文摘》1994年第9期，第22页。
[3] 〔新加坡〕《联合早报》编《李光耀40年政论选》，联邦出版社，1993，第131~132页。
[4] 〔新加坡〕《联合早报》编《李光耀40年政论选》，联邦出版社，1993，第132页。

双语教育政策在为新加坡培养各类精英人才的同时，也不断丰富和完善着精英治国理念，李光耀后来总结建国经验时进一步丰富和坚定了精英治国理念。他说："新加坡是一个刚上轨道的小国，必定要由它的人民当中最能干和最卓越的精英出来掌管政府，稍微差一点也不行。如果我们要保存我们现有的一切，而且在现有的基础上向上发展，以期百尺竿头更进一步，我们就不能够由庸才担任部长或常任秘书。"①

二是双语教育孕育共同价值观。以英语为共同语的双语教育，不仅在各民族间建立起了沟通的桥梁，而且平衡了各民族的自尊心理，建立起一种平等和谐的民族关系。在此基础上，李光耀还赋予双语教育政策以"给予价值观"和"转移社会价值方向"的职责和任务。他在1966年12月27日出席"教育与建国"研讨会时对这一特殊使命进行了具体阐述，他说："在语文之外，该有另一个传授的问题，那就是你必须对学生有所给予。你必须以理念、价值观——做人的道理——充实他们的生活和思想。"② 新加坡的共同价值观是20世纪90年代正式确立的，在此之前有着20多年的孕育期。新加坡基于双语教育开始了对共同价值观的培养和探索，共经历了从民族价值观到混合文化价值观再到共同价值观三个发展阶段。1970年8月11日，李光耀在南洋大学发表的以《南大与我们的前途》为题的演讲中说："在自己的文化积存下来的价值观念上，先站稳了脚，这是对抗西方的不良迷信和离奇风尚——像嬉皮士作风和沉迷于麻醉药的影响——很好的预防剂。"③ 从此开启了民族价值观培育甄选的起步阶段，并与双语教育政策的表现同步进行，1987年双语教育强制实施后，新加坡共同价值观的培育也逐步成熟。这期间，政府也对于如何用两种语文传承民族优秀传统文化与创造共同价值观进行了深入研究与实践。1979年，提出了用双语维护传统文化的思路，鼓励人们即使不能精通两种语言，也至少能够"贯通语言"，并尝试用英文编写特别课本来传授儒家思想和传统价值观念。

三是双语教育定位国家"和平发展"的基调。独立建国之初，李光耀曾就双语教育问题有过非常精彩的论述，他说："你一定会发现懂得多一种语文——你就会了解多一种不同的文化、不同的文明，你的思想就像开了

---

① 〔新加坡〕《联合早报》编《李光耀40年政论选》，联邦出版社，1993，第460页。
② 〔新加坡〕《联合早报》编《李光耀40年政论选》，联邦出版社，1993，第384页。
③ 〔新加坡〕《联合早报》编《李光耀40年政论选》，联邦出版社，1993，第387页。

第三章 生存与发展主题下双语教育政策的确立与实践（1965~1986年）

窗子，开朗多了——你就无可避免地会感到对他人了解和容忍。"① 因为多开了这扇思想的窗子，新加坡的生存与发展战略具有了更多、更灵活的思维方式和路径，避免了闭塞与僵化。人民行动党政府建国伊始，在充分分析了国家经济形势的基础上奠定了和平发展的基调，李光耀认为："以天然资源来说，这是受到你的国家的国界所限制的。你若要改变国家的边界，有几个办法：一个是战争。我们是爱好和平的国家，怎会要跟人家打仗？第二，是从土地下面挖掘出财富。第三是向上（高空）发展，利用天空，或者向海上（包括国际海洋）发展。这些都是和平方法，不用跟人家闹事的方法。"② 而双语教育政策的实施使得新加坡具备了在东西方之间进行有效沟通和交流的条件，对于新加坡奠定和平发展基调发挥了重大作用。一是双语教育政策表明了政治立场，避免卷入政治旋涡。以华人占人口绝大多数的新加坡在20世纪六七十年代，身处东南亚"反华排华"高潮的前沿阵地，能够得以不受任何冲击，完全是得益于双语教育政策的庇护；二是双语教育政策使新加坡具备了学习西方最新的科学技术、培养精英人才的条件，满足了经济发展需要；三是双语教育政策保障了东方传统文化与价值观的传承。东方传统宗教与文化所传达的平和、内省与超然的特质对于新加坡的治国理念具有巨大的影响，特别是儒家经典思想对价值观与民族自信的树立发挥了重大作用。总之，双语教育政策让新加坡了解了自身、了解了东南亚、了解了亚洲、了解了世界，在世界发展的洪流中找准了自己的定位和前进的方向。

（三）双语立国与双语建国战略的实施

从1965年到1975年，新加坡在双语教育政策的积极推动下，经过10年的艰苦努力，很好地解决了国家和人民的生存问题，完成了双语立国战略的总体要求。1975这一年，世界银行把新加坡定位为一个中等国家，而不再是发展中国家。这充分说明，新加坡已经成功地立足于亚洲和世界了。新加坡的双语立国与双语建国战略主要是分三步实施的。

首先，双语教育政策实现了政治稳定、经济独立与文化和谐。以英语为共同语是多元族群都能接受的中立语言，同时也是新加坡创造新的共同

---

① 〔新加坡〕《联合早报》编《李光耀40年政论选》，联邦出版社，1993，第382页。
② 〔新加坡〕《联合早报》编《李光耀40年政论选》，联邦出版社，1993，第131页。

文化,以及走出东南亚迈向国际社会的有利条件。英文也为新加坡各民族带来了全新的思维模式和文化重组建构的能力。新加坡人在来自东方的民族传统文化和来自西方的现代文化的两种思维模式的共同作用下兼采东西方优势,并根据需要重新建构了独具特色的新加坡文化。

其次,双语教育政策树立了全新的外交和国际形象。依靠双语教育政策的实施,新加坡很快摆脱了20世纪五六十年代华人国家在国际上不利的政治影响,并助力新加坡在全球树立了全新的外交和国际形象。刚刚独立的新加坡,其外交被定位为生存外交,外交策略主要是维护国家安全和利益。新加坡在独立后的第一份外交政策声明中就阐述了这一思想,声明说道:"我们最终的目标是保存社会建构的潜在价值观。我们信仰民主……我们坚决不会与那些真心要与我们和平共处的国家发生利益冲突。"[1] 这份声明向全世界表白了新加坡只关心自己生存,不会对任何国家造成威胁的政治中立立场。这一务实的态度为新加坡赢得了宝贵的发展空间,作为世界上唯一因被驱逐而独立建国的国家,在得天独厚的地理位置、务实的生存态度和双语教育优势下于1972年开始实施打造"全球城市"的计划。

最后,双语教育政策使新加坡具备引领东盟的能力。美国前总统里根曾认为李光耀"不仅使新加坡有杰出的进步,同时也协助使东盟成为一个强大的不朽组织"[2]。作为李光耀政府基本国策之一的双语教育政策,其在新加坡引领东盟发展的过程中也发挥了重大作用。双语教育政策使新加坡减少了东盟国家中的对抗因素,得到了区域内国家的承认,并成为建国初期最大的保护伞。在此基础上,新加坡还把东盟作为一个展示自己的外交平台,借以改善与邻国的关系,并在经济发展上得到东盟国家的支持。在1973年石油禁运期间,新加坡借助于东盟成员国马来西亚、印度尼西亚等信仰伊斯兰教的国家,仍能从中东得到石油。此外,新加坡还积极主张和推动区域经济合作而反对东盟成为政治性组织。20世纪末以前,新加坡不仅从东盟获益良多,而且还极大地以其制衡理念影响着东盟的发展进程,引领东盟成员国彼此促进,共同发展。

---

[1] Chan Heng & Obaid ul Haq (eds.). *The Prophetic and the Political: Selected Speeches and Writings of S. Rajaratnam*, Singapore: Graham Brash (Pte.) Ltd., 1987: 286.
[2] 陈岳、陈翠华:《李光耀——新加坡的奠基人》,时事出版社,1993,第147页。

第三章 生存与发展主题下双语教育政策的确立与实践（1965~1986年）

二 务实的双语教育政策积极配合经济发展需要

新加坡在1959年自治时期的建国纲领就明确了"发展实用教育以配合工业化和经济发展的需要"的指导思想，独立建国后也始终遵循这一思想。新加坡共同语的确定充分体现了务实的思想，这不仅是出于政治的考量，也是出于实用主义的考虑。李光耀说过，"对于英语的应用，如果还有人把它称为'殖民地语言'来抗拒，是很愚蠢和狭隘的。当时我表示，在未来一个长时期，英语会继续在新加坡的文化和科学的进步上，担任重要的角色。"[①] 作为一个世界性贸易国家，英语始终是新加坡赖以发展经济不可或缺的基本谋生工具。李光耀认为："我们作为一个依靠国际贸易的国家，只有加强学习英语，才有好日子过。"[②] 在建国初期虽然遭受了印度尼西亚对抗、新马分离和英军撤离新加坡等严重影响新加坡经济发展的历史事件，但这一时期也是新加坡经济增长最快的时期，1966~1973年，新加坡GDP总值年均增长约12.7%，经济发展的成就主要得益于务实的双语教育政策。双语教育也很好地配合了20世纪60年代以来以劳动密集型产业为经济发展战略的要求，尤其英文的作用功不可没。到1968年，新加坡经济发展的数据显示，新加坡已经从传统的商业社会转型为工商业现代化社会。1988年10月，李光耀在接受美国马萨诸塞大学颁授名誉法学博士学位时说道："若没有英文，我们可能无法那么快速地教导整代人民学习掌握西方进口的机器的知识与技术。"[③] 新加坡中华语言文化中心主任周清海也认为："这个语言（英文）和新加坡现代化的发展有密切的关系。"[④] 特别是1971年3月31日英军全部撤离新加坡前后，新加坡经济遭受重创，所培养的第一批双语精英人才积极为新加坡经济发展探索了一条外向型工业发展道路，为挽救经济危机发挥了中流砥柱的作用，这更坚定了新加坡推行双语教育政

---

① 〔新加坡〕李光耀：《我一生的挑战：新加坡双语之路》，联合早报出版社，2009，第52页。
② 〔新加坡〕李光耀：《我一生的挑战：新加坡双语之路》，联合早报出版社，2009，第46页。
③ 〔新加坡〕李光耀：《在接受美国马萨诸塞大学颁发名誉法学博士学位时的发言》，《星洲日报》1977年10月15日。
④ 〔新加坡〕周清海：《文化、智力、性别与双语能力——以新加坡双语教育为例》，谢泽文编《新加坡华文教学论文集》，北京语言学院出版社，1994，第10页。

策的信心。

三 共同语的平衡策略

新加坡在语文教育政策上采取平衡策略，平等对待四种语文，使之享有平等地位。即使是华人占人口绝大多数以及华人掌握政权之后，华文的地位仍旧没有特别地显现出来。正如弗劳利安·康马斯说的："自独立以来，这个城市之国度种族之间的关系进行了十分巧妙的处理。为了避免新加坡是一个'马来人区域的中国殖民地'的印象，华人的主要作用被象征性地降低了。"[①] 新加坡共同语所发挥的平衡作用主要体现在以下几个方面。

首先，共同语在实践中的自然产生平衡了各民族心态。经过对共同语问题的反思，行动党最初的态度是不争议和耐心等待，做法上采取平衡的方式让共同语在实践中自然产生。具体做法是分别为华文、马来文和泰米尔文学校引进英文，为英文源流学校引进华文、马来文和泰米尔文以及让学生自由选择学校。华文、马来文和泰米尔文源流学校学生的锐减和难以为继，特别是南洋大学教学媒介语的改革，使英语成为新加坡当然的共同语，并进一步明确了"学以致用"的双语教育政策与根本基调，避免了不必要的争论，平衡了各民族心态。

其次，共同语在国家文化建构上的中和平衡作用。在新加坡这样一个多元文化汇聚的国度里，对于文化的处理与认同也是需要格外小心的，稍不注意就会引起族群间不必要的冲突。因此，共同语在提升新加坡国家文化的过程中发挥了重要的平衡作用。不难发现，新加坡国内各民族、宗教的文化都与该民族原住国的民族或宗教文化有了一定程度上的区别，具体表现为中和的特点，即民族、宗教与世界在文化上的中和。比如，新加坡的伊斯兰教徒与中东地区的伊斯兰教徒相比就有显著的不同，新加坡的华人与中国大陆、中国台湾的华人在思维方式、沟通东西方的能力上也存在着很大不同，这都与共同语的文化中和平衡作用不无关系。

最后，共同语在促进东西方文化的相互提升中维护平衡。通常情况下，

---

① 〔德〕弗劳利安·康马斯:《新亚洲》，中央编译出版社，1998，第154页。

文化也像人一样有一个生老病死的过程，如果是在一个相对稳定的环境下，文化发展的过程也是相对缓慢的。但如果是在新加坡这样一个文化之间互动频繁、在以共同语来充当共有平台的国家里，多元文化在政府的刻意保留和维护下共同存在。每一种文化都在共同语的温床上生长着，不仅其自身的免疫力会得到提升，且在文化的博弈中因共同语的中和作用而更加强壮和富有活力。在这一过程中，共同语在与各个不同文化的对话中发挥了提升与维护平衡的作用。

第二节 生存导向下双语教育政策的确立与循序渐进（1965～1975年）

刚刚独立建国的新加坡面临着巨大的生存压力，来自国际国内的各种矛盾都足以威胁到这个新生的小岛国家的生存。在生存成为头等大事的时代背景下，教育发挥了巨大的作用，整整10年时间，双语教育政策成为一个国家最具重要性的生存之道。从1965年至1975年，这既是对双语教育争论最多的10年，也是凸显双语教育力量的10年，更是双语教育策略得到真正认可的关键时期。

一 双语教育的强制施行

独立建国后的新加坡政府在教育上所面临的主要任务是满足适龄儿童的入学需求，紧密配合经济的迅速发展而加快职业技术教育的步伐。"整个20世纪60年代，政府建造的学校如雨后春笋，并且疯狂地招募教师，其目的只有一个，那就是让每个适龄儿童都能有学上。"[①] 在教育政策方面，继续执行人民行动党在自治期间的双语教育政策，并在充分总结经验教训的基础上实行"英语为主，母语为辅"的强制性双语教育政策，采取多项措施，促进和鼓励人们学好两种语言，继续明确英语为共同语。虽然国语仍为马来语，但其用途仅仅作为国家的象征语言。在这期间，双语的地位和

---

① Kum Chee Than, *Many Pathways*, *One Mission*: *Fifty Years of Singapore Education*, Singapore: Ministry of Education, Curriculum Planning & Development Division, 2007: 30.

双语教育策略发生了根本变化，由自治和马来亚时期的"独尊巫语，多语并重"转变为"独尊英语，多语并存"。由于各语文教育源流仍然存在，这一时期双语教育政策的强制性主要体现在对双语学习的强制上，也就是对第二语文的强制学习。而双语教育的内容和模式一直到1987年教育源流统一之前都属于自由选择的方式。在此期间，政府对英语与母语的分工逐渐清晰和明朗。正如李光耀所说的："我们的双语政策，制定之初，就是一以英文为谋生工具，二通过母语以保留传统文化价值观。"① 强制性双语教育政策的施行开启了新加坡双语教育的新篇章。

（一）第二语文的强制教育

1965年新加坡政府决定以英语为工作语言，并同时大力推广第二语文教育。1966年《新加坡教育调查委员会报告书》提出了接受1956年的《各党派报告书》建议，配合经济发展需求，加强第二语文教育。1966年规定中一学生必须修读第二语文，华文小学开始以第二语文教授数学和科学两个科目，到1969年第二语文已经成为中学会考的必考科目。1968年，除了政府辅助学校以外，其余各类中小学中出现了为数不少的混合学校。从表3-1中可知混合学校在各类学校中所占的比例。

表3-1 新加坡各类学校中混合学校的数量（1968年）

单位：所,%

学校性质	数量	混合学校数	所占比例
小　　学	457	52	11.4
中　　学	74	35	47.3
工艺中学	9	7	77.8
职业中学	12	11	91.7

资料来源：〔新加坡〕谢泽文：《新加坡五十年来推行双语教育政策的一些措施》，新加坡华文研究会《新加坡华文教学论文五集》，教育出版社，2008，第53页。

新加坡在强制推行第二语文教育的过程中，为了引起学生和家长对学习第二语文的足够重视，提高学生学习第二语文的兴趣，减轻学习压力，

---

① 〔新加坡〕李光耀：《我一生的挑战：新加坡双语之路》，联合早报出版社，2011，第46页。

第三章　生存与发展主题下双语教育政策的确立与实践（1965～1986年）

主要采取了以下几项措施。

1. 强化第二语文的课程和考试

从1965年起，母语为第二语文的英校，在小学离校考试中母语成为必考科目，1969年中四考试中母语也被列为必考科目。到1973年，小学离校考试成绩中第一和第二语文的成绩均占双倍比重。特别是从1966年开始，教育部实施的以母语教授道德教育课程的实施意见，不仅使民族语文源流的学生有机会更多地使用母语，也使英校生有机会接触到第二语文。

对于英语为第二语文的各民族语文源流学校，政府实施的措施是增加英文学习的课时和使英文成为必考科目，并加强英文师资力量。1966年，中一学生必须学习英文，英文成为小学离校必考和中学必修科目，各民族源流学校必须用英文教授数学和科学科目。从1969年起，英文成为剑桥学校文凭考试必考科目。到1973年，小学离校考试成绩中第一和第二语文的成绩均占双倍比重。为了提高华、巫、印校英文水准，教育部还派遣英校的不同学科教师到华、巫、印校任教，仅1966年就派遣了约400名教师教授英语和其他科目。① 1972年，教育部要求增加第二语文教学时间，"规定所有小学第二语言教学时间最少要占到每周教学总时间的百分比分别为：1972年18%，1973年25%，1974年33.3%，1975年40%"。② 相对于英文学习的逐步加强，华语学习的时间则随之减少，华文教学难度被逐渐降低。

2. 简化汉字，减轻负担

加强第二语文的学习，对于英校或者华、巫、印校来说都带来了一个结果，那就是母语教学程度的被迫降低。对于英校来说，为了增强学生对母语的学习兴趣和学习的自信心，学校会教授初级母语，而对于华、巫、印校来说，加强第二语文——英语的学习，则必然会降低母语的程度。尤其是对于占人口绝大多数的华族学生来说，华语也面临着同样的命运。在1961年小学华文课程标准中就列明了小学阶段学习注音符号的要求。1968年11月，新加坡举办了"第二语文（华文）教学研讨会"，时任教育部部长王邦文提出了学校使用中文简体字的建议。1969年，为了减轻第二语文

---

① Chua Kwee Fah, *A Review of Policy Statements and Research on Bilingual Education in Singapore Schools*, Unpublished Dissertation, Singapore: National University of Singapore, 1984: 105.
② 黄明：《新加坡双语教育与英汉语用环境变迁》，厦门大学出版社，2012，第175页。

为华文的学生学习汉字的负担，教育部公布了"简化汉字委员会"审定的第一批 502 个简体字，其中有些简体字与中国公布的不同，是属于新加坡本地特有的，新的华文课程纲要还废除了文言文篇章。1974 年教育部出版的《简体字总表》，全部采用的是中国公布的简体字，但也收录了之前的 502 个简体字，直到 1976 年出版的《简体字总表》修订本才剔除了 502 个简体字中新加坡特有的部分。

3. 改进华文教材

为了提高华文教学质量，减轻华文教师负担，统一教学内容，让学生有效学习华文，教育部于 1973 年 12 月成立了小学华文教材编写组，编写实验性质的小学华文教材。教育部还宣布以汉语拼音作为华文学习的辅助工具，以取代之前使用的注音字母。由于担心低年级的小学生学习汉语拼音很容易与英文字母混淆，教育部规定汉语拼音的教学从小学四年级开始。

（二）双语教育效用的强化

新加坡独立后，正值第二次世界大战后西方发达国家进行第一次产业调整，劳动密集型的产业正逐渐移向第三世界国家，这对于新加坡的经济发展是一个难得的历史机遇。超强的敏锐性促使新加坡迅速调整经济发展战略，1967 年颁布了《经济扩展法案》，鼓励出口工业，并大力发展对外贸易，1968 年设立了国家贸易公司。双语教育和双语人才作为新加坡对外经济贸易的人文基础，早已经成为新加坡最重要的资源。为配合发展实用教育的基本原则，双语教育政策更加注重实际效用，并在实施的过程中继续强化双语的效用。其具体做法有以下方面。

1. 开发双语的实用功能

新加坡的双语教育政策不止停留在教育层面，还注重实用功能的开发，提升双语教育的实用性功能。一是双语教育推动经济发展。1968 年，新加坡世界金融中心的地位已经得到确立，而整个 20 世纪 70 年代又是新加坡经济由劳动密集型向资金密集型转变的重要时期。英文优势使得新加坡能够迅速掌握西方最先进的信息和技术，培训了高素质的劳动者队伍，对推动经济发展发挥了极其重要的作用。二是双语教育推动社会进步。在实行强制性双语教育之前，构成新加坡社会的四大族群都竭力维护本族群利益，在教育上实行民族教育，并且受本民族原所在国教育政策的影响和调控，对新加坡国家整体教育文化和社会发展的统一具有严重的不利影响。双语教育的强制实施结束了民族纠纷与矛盾的历史，在各民族间搭建了沟通的桥梁，创造了新的共同的文化。从此，新加坡各民族同步发展、共同进步，为推动社会进步发挥了重要的作用。三是学校双语教育由语言向语文发展延伸，并满足研究的需要。南洋大学于1965年在各系开设东南亚课程，不仅研究文学，也研究宗教、历史、地理、政治和社会。"南大的南洋研究室是一个以专门搜集东南亚文物，调查东南亚研究资料，从事有关东南亚的学术探讨并刊行有关东南亚的图书资料作为宗旨的研究机构。后来，南洋研究室改称南洋研究所。"[1]

2. 实施人才政策

借助双语优势，新加坡不仅在国内创造了良好的和谐共处的环境，也在国际上树立了融合东西的国际形象。而李光耀的内阁就是一个国际人才会聚新加坡的缩影。他说："我所组织的第一个内阁，十人当中，我是唯一在新加坡出生和接受教育的。吴庆瑞、杜进才在马来亚出世，拉贾拉南出生于斯里兰卡。现任大法官杨邦孝和总检察长陈锡强来自马来西亚，其他海外人才不胜枚举。"[2] 正像李光耀所说的，如果没有这些海外人才的加入，新加坡又如何能够跻身于世界一流行列。20世纪70年代，一些新加坡本土培养出来的受过高等教育的人才大量移民海外，这使得本就人才短缺的新加坡更加雪上加霜，除了顶尖人才的奇缺，甚至市场上还缺一半的劳工。1971年后，新加坡几乎达到了全民就业，本地劳工已不足以应对工业迅速发展的要求，需要大量引进外籍劳工。为了留住和吸纳国际人才，新加坡政府还专门成立了国际人力资源小组，作为吸收引进国际高端人才的专业部门。

3. 语文统一有助于社会的团结统一

虽然宗教与种族的凝聚力要大于语文统一的力量，但是对于新加坡这样一个多元种族和文化的国家来说，语文是种族与种族之间、民族与民族之间、文化与文化之间唯一沟通的桥梁和纽带，是不同族群间唯一的黏合剂和平衡器。事实上，语文本身也是一种策略问题，新加坡多元种族文化因英语成为共同语而得到了平衡发展。李光耀在1986年8月17日国庆群众大会上畅谈新加坡的成功之道时，对英语作为共同语的积极作用以事实

---

[1] 暨南大学华侨研究所：《华侨教育（第二辑）》，暨南大学出版社，1984，第171~172页。
[2] 〔新加坡〕李光耀：《经济腾飞路——李光耀回忆录》，外文出版社，2001，第138页。

进一步加以说明,他说:"每一个人都说,上个星期六的国庆庆典非常成功。是什么使它成功?经过 27 年以后,自 1959 年以来,司仪使用英语,令全场的人都能够响应,唱歌。二十多年前,我们唱不同的歌,不能互相了解,只能够逐步的改变。"① 在共同语的影响下,新加坡各民族求同存异,和谐共处,努力创造了共同的新加坡文化。

二 双语教育政策的循序渐进

虽然双语教育的强制实施始于 1966 年,但是教育源流的统一却是 21 年以后的 1987 年才得以实现。这期间,两种语文教育一直在矛盾中共生和成长着,在这 21 年中,新加坡政府采取的态度就是"耐心等待",等待各民族对双语教育政策认识的提高,把问题交给时间来解决。虽然这是一个漫长的过程,但也是自然成熟的过程,人民行动党政府认为,任何人为的揠苗助长只会适得其反,甚至激化矛盾。用李光耀自己的话来说,那就是"1965 年我们做了非做不可的重大决定。不过我们决定循序渐进,而不是突然地决定"②。李光耀认为:"我们却不能在 1965 年就推行以英文为第一语文的全国教育政策。……各个族群当时都热切维护各自的母语,要在这种情势下宣布人人都得以学习英语为主,后果是不堪设想的,其中的政治代价太大了。"③ 不过,他认为这样的等待是值得的,他还说:"即便时光倒流,我也不会提早这样做,因为这实在不是简单的语文问题,而是严重的、复杂的政治问题。"④ 这期间,政府平等对待四种语文教育源流,积极发展第二语文,为向"英语为主,母语为辅"的双语教育过渡积极准备条件,并且针对英语和母语教育中出现的种种矛盾采取循序渐进的方式推进双语教育的实施。整整 21 年,选择教育源流的主动权始终掌握在学生和家长手中。

在 1975 年以前,语文的经济价值与维护母语地位的矛盾始终交织在一起并日益突出,英校生源的大幅提升与华校生源的急剧萎缩形成了鲜

---

① 〔新加坡〕《联合早报》编《李光耀 40 年政论选》,联邦出版社,1993,第 223 页。
② 〔新加坡〕吴元华:《务实的决策——新加坡政府华语文政策研究》,当代世界出版社,2008,第 398 页。
③ 〔新加坡〕李光耀:《我一生的挑战:新加坡双语之路》,联合早报出版社,2011,第 46 页。
④ 〔新加坡〕李光耀:《我一生的挑战:新加坡双语之路》,联合早报出版社,2011,第 55 页。

明的对比。但是新加坡政府并没有做任何拔苗助长的工作,仍然默默地等待着人民自己做出决定。虽然"等"是唯一的办法,但新加坡政府所谓的"等"并不是静态的,而是动态的。他们始终在积极想办法让等待的结果早日到来,把各族群激烈抗争的可能性降到最低。其"等待"的具体做法如下。

(一) 用经济手段扭转新加坡人的语文态度

虽然新加坡于1965年被迫从马来西亚中分离出去,但是正式脱离英联邦的时间却是在1971年。在这6年中,新加坡人民行动党政府的权威性经受了严峻考验,刚刚独立的新加坡首先要面对的就是国家与人民的生存问题,以及大量的失业人员和英军撤退所带来的负面经济影响。1968年之前,政府在经济上主要是鼓励民族资本投资工业,然而,由于市场狭小,生产技术落后,企业生存困难。所以,1968年以后政府及时地调整了政策,在经济上采取的最主要措施就是招商,鼓励国际机构在新加坡设立工厂。这项举措收到了很好的效果,从1968年到1971年,"除了经营石油、造船、电子等工业的大机构之外,国际闻名的大厂家来新加坡设厂的,随便举例,便有荷兰制造电器的非力士(Philips)、德国制造摄影仪器的罗莱伊(Rollei)、英国制造化学日用品的美詹(Beecham)等"①。这些国际大机构不仅解决了新加坡经济发展中技术落后、市场狭小、资本有限等问题,也为新加坡的经济注入了新的生机与活力,特别是1972年以后,新加坡经济发展进入了内外机构通力合作阶段,外来投资者持续增多,新加坡经济已经逐步与世界经济接轨并融为一体了。经济的外向型发展模式在为新加坡人带来更多工作机会的同时,也对新加坡人的语文能力提出了更高的要求。掌握英文就能够得到更好的工作机会和待遇,是建国不久新加坡就业形势的基本状况。而这种状况很大程度上左右了新加坡人对语文教育的态度,提高了对"英语为主,母语为辅"的双语教育政策的认识,1965~1975年各语文源流学校的招生状况也充分说明和佐证了这一现象,而华人学校及社团面对华文源流学校招生逐渐萎缩而日渐焦灼的心情则正是政府耐心等待的一个转折点。

---

① 陈锡礼编《他山之石——前新加坡驻日本、南朝鲜特命全权大使黄望青教授论日本、新加坡经济发展之奥秘》,西南师范大学出版社,1987,第141~142页。

此外，语文在国际政治中所发挥的巨大作用，尤其是在与印度尼西亚化敌为友中所起到的重要作用也促使国人的语文态度发生转变。新加坡建国初期，正值印度尼西亚与新马对抗的关键时期，两国关系紧张。在1965年新加坡刚刚独立之际，印度尼西亚竟然开出了触怒马来西亚的交换条件以承认新加坡主权，1968年10月，又因新加坡吊死两名印度尼西亚海军陆战队队员两国关系急转直下，甚至在新加坡国内演变成反华暴乱，直至1970年两国关系才慢慢进入解冻期。同年7月，李炯才出任驻印度尼西亚大使，他不仅印度尼西亚语说得流利，而且对印度尼西亚文化颇有造诣，与印度尼西亚领导人建立了良好的沟通交流与信任关系，并在此基础上，为两国关系的良性发展搭建了平台，两国高层开始互访，两国关系掀开了崭新的一页。语文作为新加坡与印度尼西亚化敌为友的外交策略再次在新加坡发展进程的关键时刻发挥了冲破坚冰的神奇作用，使新加坡各民族看到了语文的巨大力量，认识到新加坡双语教育政策的重要意义，扭转了狭隘的民族语文态度。

（二）把英文打造成为促进民族和谐的灵丹妙药

新加坡独立建国以前的国内民族关系始终处于高度紧张状态。在这个儒家文化圈、佛教文化圈、伊斯兰文化圈及西方文化圈共同交会的移民国度里，无论是殖民地时期、抗日战争时期还是马来亚时期，其内部的民族矛盾从未停止过。正如新加坡在经济发展上所取得的令世人瞩目的成就一样，其在处理各民族关系方面的成功经验同样值得世界其他多民族国家学习和借鉴，而英文在其中所起的作用更值得我们深思。

独立建国前夕，"新加坡的族群矛盾主要发生在华人和马来人之间，同时这种矛盾还与佛教和伊斯兰教的矛盾交织在一起，也就是说，族群矛盾和宗教矛盾相互交错。"[①] 1964年华人与马来人的两次严重冲突造成了35人死亡，566人受伤，两族关系非常紧张。独立建国后，在政府语文政策的调整下，族群关系有了相当程度的改善，多元文化、语言和宗教信仰的社会平等和谐共处，跨族群的婚姻和人际交往能够普遍得到认同和接受。新加坡政府认为，狭隘的民族主义是威胁新加坡生存的主要问题，而语文沙

---

① 孔建勋等：《多民族国家的民族政策与族群态度——新加坡、马来西亚和泰国实证研究》，中国社会科学出版社，2010，第39页。

文主义则是狭隘的民族主义的最重要的表现之一。为此，政府从语文入手，确定了英语这一中立语文为共同语，既维护了各民族语文政治地位的平等，明确了不搞民族同化政策，又搭建了各民族间沟通的桥梁，强化了国家认同意识。在以生存为主要任务的形势下，新加坡政府依靠语文策略淡化了狭隘的民族意识，以共同的语言培养共同的新加坡意识，使英文成为促进新加坡民族和谐的灵丹妙药。

（三）营造"学语致用"的社会环境

李光耀认为："语文必须在人与人之间有生命地存在着，而这些人必须是我们自己人。"[①] 这也是新加坡政府对双语教育及其社会环境的期许。主要做法是，一方面突出新加坡语文环境优势。新加坡有四种官方语文，"一个代表西方文化的主流，一个代表东亚文化的主流，一个是海洋文化的巨擘，一个是印度文化的大支。"[②] 世界上的语言有几千种，新加坡的四种官方语文都是世界上比较多人使用的语言。华语和英语应该是世界上被最多人使用的语言，而马来语和泰米尔语也分别在被最多人使用的语言的前十名和二十名之内。这四大语言浓缩了世界的主流语言和文化，为新加坡提供了得天独厚的语文环境。多元语言和文化提升了新加坡人学习运用语言的能力，也提供了学以致用的好环境。从表3-2中可以了解到世界主要的语言种类，以及新加坡国内各种语言在世界上被使用的情况。

表3-2　世界主要的语言和人数

单位：百万人

语　　言		人　　数
华语	Chinese	500
英语	English	320
俄语	Russian	170
兴都语	Hindi	170
西班牙语	Spanish	140

---

① 〔新加坡〕蔡志礼主编《学语致用——李光耀华语学习心得》，汕头大学出版社，2006，第64页。
② 〔新加坡〕卢绍昌：《华语论集》，新加坡国立大学华语研究中心，1984，第87页。

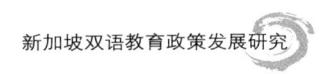

续表

语　言		人　数
德语	German	100
孟加拉语	Bengali	100
日本语	Japanese	90
马来语	Malay	80
葡萄牙语	Portuguese	80
阿拉伯语	Arabic	80
法语	French	80
乌都语	Urdu	80
意大利语	Italian	60
特路孤语	Telugu	45
爪哇语	Javanese	45
乌克兰语	Ukranian	41
比哈里语	Bihari	40
马拉第语	Marathi	40
泰米尔语	Tamil	40

资料来源：〔新加坡〕卢绍昌：《华语论集》，新加坡国立大学华语研究中心，1984，第86页。

另外，语文教学与应用紧密衔接。1969年新加坡教育部发布了第一批502个简体字的《简体字表》，1974年又发布了《简体字总表》，审订了2248个简体字，1976年又修订了1974年发布的《简体字总表》。简体字很快在教学中展开，为了响应教育部采用简体汉字的号召，1970年1月5日，新加坡的《南洋商报》改用简体字，首先在副刊改版，并逐步扩大到整张报纸全部改用简体字排版。为推广华文简体字，报社还积极配合教育部做好社会宣传工作，在报纸专设一栏连续登载繁简字体对照表，以供读者对照学习和阅读方便。

三　华语的规范教育与推广

在推进双语教育政策的过程中，新加坡各民族的母语教育自身也出现了需要统一的共同语问题。尤其是华族这样一个多方言的群体，方言多达十几种。从表3-3中可以了解到1957年不同方言背景下华人人口的比例以及占全岛人口的比例。

表3-3　1957年新加坡华人的方言状况（1957年华人总人口1090596人）

单位:%

方言背景的不同民系	占华族人口的比例	占全岛人口的比例
福建（厦门地区）	40.6	30.6
潮州	22.5	16.9
广东（广州地区）	18.9	14.2
海南	7.2	5.4
客家	6.7	5.0
福州	1.5	1.1
上海	1.0	0.7
兴化（今莆田）	0.8	0.6
福清	0.7	0.5
广西	-	-
其他	0.1	-

资料来源：〔新加坡〕徐杰、王惠：《现代华语概论》，新加坡八方文化创作室，2004，第271页。

在20世纪现代学校教育兴起之前，新加坡华文源流的教育主要是以方言为教学媒介语。直到1920年1月后，受到"中华民国"教育部要求全国小学教授中国国语的影响，新加坡的华校也逐步改用华语作为教学媒介语。然而，当时对华语的使用还仅仅限于华校范围内，华人社会和家庭中仍然以方言为主。"根据1957年新加坡以母语为对象的全国人口普查报告书的资料，在全国人口中，以华语作为母语的只有0.1%，而自称会讲华语的人口，在华人中也只占26.7%。"① 也就是说，直到1959年新加坡人民行动党自治政府成立前，新加坡华人的共同语仍然没有得到大范围的推广和普及。而1965年以后，强制性双语教育政策的实行必然对语文特别是母语的选择提出要求，作为华族共同语的华语也无可争议地成为华人双语教育的必然选择。新加坡对华语的规范性教育强势开展的同时也揭开了方言式微的序幕。

新加坡是以华人为主体的国家，华人人口自1931年起就一直稳定地维持在人口总数的76%左右。华人社群复杂，方言众多，而且与华语书面语严重脱节，不仅与其他族群之间沟通困难，华族内部各方言群之间也存在着一定的沟通障碍。虽然各个方言分别代表着中国不同的地域文化和特点，

---

① 黄明：《新加坡双语教育与英汉语用环境变迁》，厦门大学出版社，2012，第202页。

但也在华族内部形成了不同的地域帮派,不利于华族的团结和统一。因此,在华族中推行华语作为共同语,既是新加坡双语教育政策整体部署的一部分,也是华族自身语文规划的必然趋势。

(一) 对"华语"的认知和定位

"华语",是从中国的"官话"演变而来的。而"官话"是中国最早的统一的语言,也是中国国内各方言之间的中立语言,曾被广泛应用于朝廷和上流社会,并逐渐成为一种社会流行语言,是现代"华语"的前身。新加坡的早期"华语"同样来源于"官话",是伴随着20世纪初中国戊戌变法失败后康有为等人到南洋一带活动而传入的,并同时作为华校的教学媒介语。龚振荣在《新加坡官话的教导》中的一段话佐证了新加坡"华语"的来源。他说:"处于西方和东方之间,马来半岛的华人比在中国的中国人拥有更好的机会学习西方和东方的风俗习惯。这些人如果接受完好的训练和教育,对中国的未来将发挥有力的影响。为了使个人具备足够的条件,官话的掌握是不可或缺的。"[①] 从"官话"到"华语",中间还有一个"国语"阶段。从20世纪初至1941年新加坡沦陷,在海峡华人中曾经掀起了"国语"运动,1959年自治政府成立后,政府宣布以马来语为国语后,华语才因此而改称为"华语",华语也进入了一个新的历史阶段。事实上,由"官话"到"国语"再到"华语"这三个名称的变化代表着新加坡华语发展的三个历史阶段,也代表着新加坡推广华语,废弃方言的三个发展阶段。

第一阶段:推广"官话"阶段。从19世纪末到20世纪初,中国正处于清末变法维新,向海外华人寻求资本发展的阶段,而此时新加坡华人也掀起了以保留祖先优秀传统文化为目的的"保根"运动,并以推广"官话"为抓手和载体。以林文庆为代表的一批华人教育家开办了针对各种层次和人群的华语班。教授的华语内容主要是明清以来社会上流行的"官话"以及儒学,华文发音上采用方言拼音或注音的新形式,但还没有做到发音的完全统一。这一阶段对华语的定位是维系与华族祖国的血脉联系以及保留优秀传统文化的有效抓手。

第二阶段:推广"国语"阶段。从20世纪初到日本占领新加坡前,在

---

① [新加坡]李元瑾:《历史重演?新加坡两场跨世纪的华语运动》,陈照明主编《二十一世纪的挑战——新加坡语文的现状与未来》,联邦出版社,2000,第125页。

第三章 生存与发展主题下双语教育政策的确立与实践（1965~1986年）

漂洋过海的中国国语运动与新式教育的共同作用下，新加坡的华语教学废弃文言文，而改授白话文。并逐渐形成了华校华语教育统一的形态。但在整个华人社会中还没有形成气候。这一时期的华文教材与中国同步，对华语的定位则是新文化、新教育的象征和推手。

第三阶段：从人民行动党自治政府至今。虽然华校的收生率逐年下降，直至华校转型为特选学校和教育源流统一工作完成，但双语教育的强制实施使得教授华语的学校由传统华校扩展到了英校，华语学习人数不断增加。汉语拼音的推广和广泛使用使得华语的发音得到统一，"讲华语运动"在华族全社会普及了标准华语，讲华语的华族家庭比例逐渐攀升，在有5岁以上儿童的华族家庭中使用华语与父母交谈的比例上升最快，"从1980年的7.3%上升到1990年的27.9%，十年上升了20个百分点"①。这一阶段人们对于"华语"的认知进一步清晰和明确起来，以标准的华语（普通话）为华族共同语。对华语的定位正如后来李光耀所说的，是通过母语以保留优秀的传统文化价值观。

（二）用汉语拼音统一华语发音

所谓汉语拼音，是中华人民共和国的汉字注音拉丁化方案。主要用于汉语普通话读音的标注，是汉字普通话的音标，中国汉字普通话的读音以北京话为基础，1958年正式颁布实施。虽然新加坡华人以中国南方移民为主，但幸运的是新加坡自现代教育勃兴以来，华校所采用的教学媒介语就是非南方的方言，这不能不说是新加坡华人的幸运，是新加坡的幸运。

新加坡在推行汉语拼音的过程中所采取的措施和做法主要是以注音字母作为汉字正音工具。新加坡虽然从19世纪末20世纪初就开始使用华语作为华校的教学媒介语，但是一直采用的是注音字母或注音符号作为注音工具，也就是以汉字的形态标注读音，这是与汉语拼音最大的差别。此外，汉语拼音是音素字母，只要懂得拼音的发音就可以读出和认识所有的汉字，这是其他方法都很难做到的。1973年，南洋大学的五名语文讲师向教育部提出在中小学课本用汉语拼音来注音的建议被采纳。作为华语学习的辅助工具，汉语拼音很好地解决了华语难学的问题，弥补了汉字表音功能薄弱

---

① 许小颖：《语言政策和社群语言——新加坡福建社群社会语言学研究》，中华书局，2007，第13页。

的缺陷,扩大了使用华语的人群,增进了学习兴趣。

在推广和使用汉语拼音的教育实践过程中,方言的影响也是不容忽视的。卢绍昌认为:"受方言影响比较显著而且比较普遍的是方言入声调。"①对此,新加坡在学校教育中努力排除方言发声的特有的入声字的促调,更多地体现华语的声调,以规范华语语音。

关于新旧标准音的统一问题。新加坡在20世纪40~60年代所采用的华语教材、字典和词典里对汉字的标音都是以1932年发布的《国音常用字汇》为基础,以注音符号为标音工具的。70年代出现了注音符号和汉语拼音双重标音的字典,如1974年出版的《新编简体字典》等。直到1979年以后才出现了只用汉语拼音注音的词典。在那些双重标音的词典中会发现一些字在两种标音下的读音是不同的,其原因主要是新加坡对汉语读音政策了解的滞后。"1956~1962年,中国的'普通话审音委员会'对北京话里有两种以上读音的所谓异读词曾经进行审音工作,大概有一千多两千个的异读词规定了标准读音,大大减少了汉字语音分歧的现象。可是,我们所掌握的华语语音也许有些还是旧的标准,跟新的标准也许不完全一样。"② 为此,新加坡进行了自我审音工作,排除了受方言影响的语音特点,找出新旧标音的差异,为后来出台《简体字总表》(修订本)等一系列采用新标准音的华语字表奠定了基础。为配合汉语拼音的推广和使用,教育部、教师团体、电台都安排了系列讲座和训练班,教师训练学院也把汉语拼音作为课程训练的重要内容之一。

(三) 华语标准语法与词汇的推广

新加坡自20世纪70年代引进中国普通话汉语拼音,这对华语的普及发挥了很大的作用。1971年前后,在英校的第二语文为华语的课程中已经开始使用汉语拼音为汉字注音。但由于新加坡华语受方言、英语及其他民族语言的影响,在语法结构上会出现一些不规范的句子。比如,受方言影响的"有字句","你有去看电影吗?"还有受英语影响的欧式句子,如"谁都可以来,除了他"等。此外,由于新加坡地域文化和语言的多元性,新加坡华语在词汇上也存在着词语混杂与变异的现象。句子里不仅常常夹

---

① 〔新加坡〕卢绍昌:《华语论集》,新加坡国立大学华语研究中心,1984,第224页。
② 〔新加坡〕卢绍昌:《华语论集》,新加坡国立大学华语研究中心,1984,第234页。

杂着不同语言的词汇，甚至这些来自不同语言的词汇还会共同出现在一个句子中。至于词语的变异现象则更加复杂，既有根深蒂固的外来词、方言词，如"沙爹"（烤串）、"巴刹"（菜市场）等，也有一些约定俗成的非规范词，如"家私"（家具）、"菲林"（胶卷）等。为了进一步规范华语语法和词汇的使用，新加坡在各级各类学校中坚持华语语法和词汇的规范性教育。

语文只有被广泛地应用才会具有强大的生命力。李光耀曾说："语言是可以在学校里教授的。但是，在学校里所教的某种语言，如果不是天天应用，充实它，加强它，就不可能成为他们生活中自然而然的一部分。"① 新加坡的特点就是在全社会"独尊英语"的大趋势下，坚持扩大使用华语的需求，在全社会营造使用标准华语的环境，在学校、家庭、社会等层面推动标准华语的广泛应用。这既是推行双语教育政策的需要，也是华语再生的需要，其目的只有一个，那就是以华语取代方言并成为华族的共同语。

第三节 发展导向下双语教育政策的调整与延续（1976～1986 年）

1975 年，世界银行把新加坡定位为一个中等国家，而不再是一个发展中国家。经过建国 10 年的艰苦努力，新加坡终于成功地解决了生存这一最大难题，进入了全面快速发展时期。而 10 年来双语教育所取得的成果一方面逐渐转化和形成了精英治国理念，另一方面又在精英治国理念下不断改进双语教育政策和制度，统一了教育源流，使双语教育又进入了一个新的发展阶段。其共同打造了新加坡和新加坡双语教育在国际上的新形象，为新加坡的经济腾飞奠定了基础。

1966～1975 年，除了 1974 年和 1975 年这两年因第一次国际石油危机导致的分别为 6.3% 和 4% 的低增长率外，1966～1973 年新加坡连续 8 年 GDP 增长率都在 11% 以上，人均 GDP 增长了 2 倍多。毫无疑问，虽然这段时期新加坡经历了印度尼西亚对抗、新马分家和英国撤军等重要事件，但由于新加坡政府务实的政治、经济和教育政策，新加坡的经济发

---

① 〔新加坡〕《联合早报》编《李光耀40年政论选》，联邦出版社，1993，第397页。

展取得了空前的成功。到1975年，新加坡的经济模式已经由劳动密集型转向技术密集型，经济增长放缓，进入了"经济重组"阶段。国家直接投资的技术密集型产业包括电子、医药、精密仪器、机械等高附加值的技术产业，新加坡经济从此打破了过去低级技术、低级产品、低级工资的经济怪圈，进入了一个全新的高级技术、高级产品、高级工资的经济发展模式。李光耀曾经描述了经济转型所带来的新变化，他说："我们将不在基本原料和农产品的加工方面同我们的邻国竞争。我们的工人将不再削菠萝皮、焙制咖啡豆、洗生橡胶和锯树干。新加坡的未来在于我们的脑子，而不仅仅在于我们的手。"① 到20世纪70年代末，新加坡的经济支柱产业已经转变为电子、炼油和海事等。"进入90年代，新加坡已成为全球规模较大的金融中心之一，外汇市场名列世界第四，仅次于伦敦和纽约，稍微落后于东京。"②

经济结构的转变必然对教育提出新的更高的要求。自治以来所坚持实行的双语教育以及培养的第一批双语精英人才在已经过去的十年里，除了使新加坡在政治上站稳了脚跟，在经济上也于英军撤离后发挥了力挽狂澜的重要作用。在独立建国十年后，李光耀再次坚定地提出要依靠双语教育来发展经济。20世纪70年代末，李光耀总结治国经验时，对新加坡的精英治国理念更加明确和坚定。他在《人才是成功的关键》的演讲中说："集我几十年的从政经验，我体会到，是否由优秀人才负责各部或法定机构，关系着重要计划的成功与否。绝顶智慧的人接受任务时，能集合一群才干，把他们组成一支团结的队伍，大力推动计划。"③ 李光耀的精英理念是与教育紧密相关的，他认为："没有经过教育的有天赋的人才凑合起来，也不能组成交响乐队，也不能创造出伟大的音乐来。"④ 他的精英治国理念可以理解为包括发展教育、培养精英、精英治国内容三级递进的关系的总和，其核心仍然是双语教育。为继续配合经济转型，满足人才培养的迫切需要，新加坡仍然选择从双语教育入手来寻求发展动力。

---

① 傅政罗、王锐、庞荣谦：《亚洲"四小龙"与外向型经济》，中国对外经济贸易出版社，1990，第168~169页。
② 〔新加坡〕李光耀：《经济腾飞路——李光耀回忆录》，外文出版社，2001，第77页。
③ 郑维川：《新加坡的治国之道》，中国社会科学出版社，1996，第298页。
④ 〔新加坡〕《联合早报》编《李光耀40年政论选》，联邦出版社，1993，第159页。

第三章　生存与发展主题下双语教育政策的确立与实践（1965~1986年）

一　双语教育成效与双语教育分流制度

20世纪六七十年代，双语教育政策围绕立国与生存的主题，使新加坡在政治上摆脱了"第三中国"的危机，在经济上实现了国民生产总值和国民收入的持续高速增长，促进了经济结构的调整和转型，满足了建国初期人们接受教育的迫切需要，并在双语教育实践上有了更大的突破和发展。特别是在基础教育方面，双语教育政策在满足了为经济发展培养人才的需要的同时，也使基础教育质量有了很大提高。但是，由于基础教育中仍然存在着资源浪费的现象，为了在未来的国家建设中更好地发挥双语教育的国家意义，建立与经济发展战略相一致的教育体制，新加坡政府对过去十年来双语教育的实施状况进行了总结和检讨，并且在充分调研的基础上实行改革，拉开了双语教育分流制度改革的帷幕。新加坡的双语教育政策也从此进入了一个新的能够发挥更大作用的历史阶段。

（一）二十年来双语教育政策取得的成效

1979年实行双语教育分流制度以前，新加坡实行的双语教育政策是平等和平行的双语教育，且四大源流教育并存，施行的是"母语+英语"的双语教育模式。在实施过程中，该政策也的确没有辜负政府对双语教育的期望，培养了双语人才，扩大了就业机会，打破了种族藩篱，创造了和谐社会。但是，大多数学生掌握双语的程度却并不尽如人意，为了提高基础教育质量，充分发挥学生潜能，新加坡对实行了20年的双语教育进行了全面检讨。1978年，新加坡总理李光耀任命副总理兼教育部长吴庆瑞组成一个教育研究小组，调查新加坡教育中存在的问题并提出了解决的方案。总结20年来实施双语教育政策的经验与成效，对于制定新的双语教育政策，并以双语教育为抓手，开始第二次基础教育改革具有重要的意义。关于双语教育政策取得的成效，除了在政治、经济、社会、民族和谐等方面取得有目共睹的成绩外，其在推动教育发展进步、实现教育现代化等方面也取得了很大成效，主要包括以下几点。

1. 双语教育政策打造现代教育理念

当人才成为唯一可以开发利用的资源的时候，教育的作用也就越发显得重要和迫切，而新加坡正是这样一个国家。配合经济发展需要，发挥每一个人的潜力和作用是教育义不容辞的任务与使命。1993年新加坡政府颁布的《新加坡教育法》具体阐述了新加坡的现代教育理念的内容,即"充分发挥每一个学生的潜力,培养每一个学生的健康的道德价值观,使学生具备雄厚的基本技能基础以适应飞速发展的世界的需求。"[①] 而双语教育政策恰恰成为发挥每一个学生潜力的最有效的运行机制,双语教育分流制度也使得"人尽其才""因材施教"的教育愿景成为可能。

2. 双语教育政策探索了全新的教育模式

新加坡双语教育模式的施行既不同于欧美,也不照搬中国大陆及港澳台的做法,而是探索了另外一条全新的道路,是一种既连接过去又通向未来的全新的教育模式。一方面,英语和母语教育各自承担着不同的任务,并分别在新与旧、传统与现代中与时俱进地琢磨和取舍;另一方面,通过双语教育分流制度在基础教育阶段实行普通教育与职业教育的双轨制教育模式,使普通教育培养精英人才的任务与职业教育培养国家生产建设现实需要人才的任务在中等教育阶段能够有机结合,也使学术型与技术型教育在中等教育阶段相交叉,为学生提供更多的选择机会。双轨制教育作为新加坡教育的一大特色,为新加坡的经济发展培养了急需的各类人才。

3. 双语教育政策推动了新加坡的教育现代化

双语教育政策在推动国家发展进步的同时,也推动了教育现代化。从文化重组到教育改造,新加坡教育现代化由此起步。一是双语教育分流制强调了教育资源的合理分配与使用,提高了教育效率,照顾了不同素质学生学习的需要,为社会培养了不同层次的人才。二是双语教育提供了自由开放的教育环境,东西方教育文化共同存在,相互补充,为每个人学习潜力的发挥创造了充足的条件。新加坡教育在两种文化的充分浸染下取其精华,去其糟粕,不断得到发展与升华。无论是华文教育还是英文教育都逐渐摆脱传统教育理念和模式,向着更加贴近国情、更加符合现代化要求的方向发展。三是双语教育改革完善了基础教育,密切配合了经济发展对人才培养的需求。特别是基础教育与职业教育双轨制教育模式既为新加坡保证了精英人才的培养,也体现了因材施教的教育理念,发展成为与经济现代化发展相适应的教育体系。

---

① 新加坡教育部:《新加坡教育法》,1993。

（二）对 20 年来双语教育的省思

从 1959 年到 1979 年，这 20 年是新加坡双语教育政策发展进程中最艰难曲折的时期。政治上的突变，使得新加坡人民行动党政府的语文政策必须为服务于全体人民的共同利益做出调整。虽然语文问题从一开始就绝不是简单的语文本身的问题，但是在自治后的前 20 年里，双语教育政策的变化尤其显著和活跃，在国家生存与发展战略中发挥的作用尤其重要和突出。成为新加坡政治稳定、经济发展不可或缺的调节器与平衡器。省思这 20 年来双语教育的方针政策是新加坡开始新一轮双语教育和基础教育改革的重要前提。

1. 对双语教育方针政策的省思

作为马来"海洋"中的华人岛屿，语文问题始终是新加坡最敏感的政治问题。新马分家后，新加坡的种族关系便开始恶化。在新加坡独立的当天，华人社区就有社团鸣鞭炮庆祝，语文问题，特别是共同语的问题也随之再次成为争论的焦点，中华总商会公开要求政府确认华语为官方语言的地位。为防止语文争论引发政治冲突，1965 年 10 月 1 日，李光耀重申了四种语文均为官方语言且地位平等的主张。五天后，他又在电视台发表讲话，提出"决不允许任何人把华语的地位问题政治化"①。至此，华族争取提高华文地位的努力才告一段落。为了防止语文沙文主义的再次出现，新加坡政府把语文问题等同于政治问题来处理，对自治和马来亚时期的双语教育进行了深刻反思。尤其是在独立建国初期，重新反思自治和马来亚时期双语教育方针，总结经验教训，对于更好地发挥双语教育的国家作用具有非常重要的现实意义。

虽然双语教育政策自第二次世界大战后发布《十年教育计划》开始就以教育文件的形式被正式确立下来，但英国殖民当局、自治政府以及马来亚时期实行双语教育的目的各不相同。英国殖民地时期所制订的《十年教育计划》和《五年补充计划》都是以极力压制非英文教育发展为目的的，以英文作为融合各民族的手段和途径，是殖民地"英化"性质的教育政策。1951 年的《巴恩报告书》更提出了建立马来语和英语的双语教育政策，将华、印两族的母语彻底抹杀。同年发表的《方吴报告书》提出了马来人和印度人学习双语（即母语和英语），华人学习三语（即华语、英语和马来语）的政策。无论是双语或三语教育政策，英国殖民统治者的教育方针都

---

① 〔新加坡〕李光耀：《经济腾飞路——李光耀回忆录》，外文出版社，2001，第 142 页。

是要以英文教育来融合和统一各民族教育源流，他们认为英文能融合与沟通各民族学生，而华文培养的是对中国的效忠，不利于培养热爱新加坡的公民。① 其在双语教育实施过程中以津贴金为激励，不断要求各民族源流学校增加英语教授科目的时间。殖民当局的双语教育政策本质就是独尊英文的不平等的殖民教育政策，其目的是培养各民族共同的英国认同意识。

劳工阵线政府自治时期，以1956年出台的《各党派报告书》为基本原则，平等对待各语文教育源流，以英语为共同语，实行非强制性的双语教育政策。双语教育在此时有了突破性的发展，《各党派报告书》成为新加坡独立建国之后制定双语教育政策的基本蓝图。

人民行动党政府自治时期，因受与马来亚合并的政治目标的影响，始终在政治、经济、历史等因素中考量马来语和英语的分量。因此在双语教育政策和共同语的确定中显得有些摇摆不定，处于犹豫和矛盾的状态。确定马来语为共同语主要是出于人民行动党自建立以来实现新马合并目标的需要，是以政治上的认同为基础的，其功能和作用也仅此而已。而英语在配合以转口贸易经济发展、培养科技人才以及与西方国家建立联系与沟通等方面所发挥的巨大作用是无可争议的事实。1959年5月19日，人民行动党发表了《论建国问题》，提出了培养马来亚意识、达成新马合并以及马来语为共同语的三大任务。1959年，出版了《五年计划书》，其中强调以马来语为共同语。同年6月4日，吴庆瑞在一次群众大会中也明确表示："我们希望在未来的社会中，群众之间没有隔阂。人们不会再居留于孤立的群体之中，我们将会有一种共同的语言——马来语作为自由沟通的工具。"②执政初期，人民行动党政府将马来语确定为国语，在语文教育上仍坚持四大源流平等的政策，而马来语则显得更为重要。然而，新加坡的经济模式和历史因素，以及自治后所面临的经济发展与民生问题，也使得英语的重要功能及作用不容忽视。同样在1959年，人民行动党政府发表了《我国青春的泉源》的教育宣言，其中提到了以英文为共同语文的策略，认为英语因其语言的中立性和对国家认同性的统一而具有独特的优势。宣言提出："目前，华校、巫校和印校都是带有种族性的，所以，它们都互相孤立起

---

① Gwee Yee Hean (ed.), *150 Years of Education in Singapore* Singapore: Teachers' Training College, 1969: 48 – 50.
② 〔新加坡〕郭振羽：《语言政策和语言计划》，云维利：《新加坡社会和语言》，南洋理工大学中华语言文化中心，1996，第59页。

来,不相闻问。只有在英校,我们三个种族的儿女才有可能在同一个教室里研读,在同一个操场上游戏,并且到头来能够接受同样的一种人生价值。"① 这种摇摆的状况,在学校中也有体现,而且一直持续到新马合并为止。在这期间,虽然政府和学校大力推广马来语,开展了一系列社会活动,但教育效果有限,1960 年政府在推广国语计划中提出了在非马来文源流的学校中教授初级马来语的政策,但由于缺乏教师以及民族文化抵触等诸多原因而未能达到预期的效果。

新马合并后,马来亚的语文政策是以马来语为唯一的国语和官方语。新马之间在语文政策上存在着一定的分歧,新加坡积极争取在教育上保持自主权。1963 年行动党政府发表了《林溪茂报告书》,在强调马来语学习应用的重要性的同时提出要加强英语学习,把英语作为第二语文,并从 1963 年开始英语成绩被加倍记分。

独立建国后的前十年,新加坡的双语教育政策在延续中不断调整和改进。在这十年中,各民族语文平等的教育理念与双语教育强制性施行成为主题。由于生存压力的影响,英文源流学生的入学比例在不断上升,"英语第一、母语第二"的双语教育模式正在朝着人民行动党的理想状态孕育和发展着。政府还积极推广混合制学校,教育部部长王邦文曾于 1968 年 5 月 14 日在国会总结教育问题辩论时就提出应该把这个制度推广到政府扶助学校中去的建议。独立建国后的第二个十年,新加坡双语教育政策主要是以双语教育分流制度为抓手,实行了不平等和不平行的双语教育,进行了基础教育改革,积极推动了教育源流的统一。

2. 对双语教育课程内容和师资训练的省思

新加坡对 20 年来双语教育课程内容和师资训练的省思主要包括三个方面。

一是教育内容从原住国化到本土化的转变。关于双语教育的课程内容,在新加坡独立建国之前一直都是本着语文原住国拿来主义原则的。英文课程以英国文化为主要内容,英校的管理体制和课程设置也遵循英国的教育模式和内容,同样,华校的管理体制和课程设置也遵循中国的教育模式和内容。马来文学校和泰米尔文学校也同样如此。长期以来,这四种语文源

---

① 〔新加坡〕吴元华:《务实的决策——人民行动党与政府的华文政策研究》,联邦出版社,1999,第 272~273 页。

流的教育内容完全与新加坡的地域文化特点不搭界。直到独立建国后，国家才对各源流教育内容进行了本土化改造，提出了统一的教育内容。对此，李光耀认为："我们最理想的教育政策是不管你上哪一种学校，以华语作为媒介语，或者以英语作为重要的媒介语，或者是马来语或淡（泰）米尔语也好，内容应该是相同的。"① 也就是说，要编订一套统一教育内容的教材以凝聚新加坡的国家意识和民族意识，这项工作在新加坡正式成为主权国家以后即开始着手进行。1980年，新加坡还专门成立了课程发展署，其任务就是设计、编写和评估符合新加坡国情需要的教科书和课程。这些教育内容的进一步本土化和新加坡化使得建国后新成长起来的一代又一代新加坡人对英语和母语有着同样的感情，或许对英语的感情还会更强烈，满足了国家生存与发展的需要，体现了教育的国家意义。

二是从社团强势控制到国家统筹规划。历史上，新加坡民间社团与教育的依存和互动关系就比较突出，无论是学校创建、资金支持还是师资培养与输送，在教育的背后总能看到社团的身影。特别是华人社团作为华人社会最主要的社会组织对华文教育的影响尤其重要和深远。第二次世界大战后，华文教育遭到了毁灭性破坏，由于英国殖民当局采取的是不闻不问的态度，因此，在新建和复办学校的过程中，华人社团起到了举足轻重的作用。以宁阳会馆为例，从1945年到1954年共新建学校8所，特别是1946年春，为满足华人学子求学需求，还开办了夜学，"因星洲沦陷数年间，学子求学无门，故到校求学者拥挤异常，总理黄秉盛先生，在董事会议决，兼办日学男女学生，日办八班，共四百余人，夜学亦有百余人，可谓最盛之时矣三十七年直至今日。"② 这些学校在教育理念、管理体制和教学内容上必然受社团的影响和制约，甚至有些学校还成为政治活动的基地，在教学中宣传比较敏感的政治问题和革命思想。此外，在华校中还普遍存在着教学内容不统一、教师素质参差不齐、教育文化地域化等问题。但华人社团教育毕竟教育了几代华人，传承和延续了中华文化，在历史进程的特殊时期填补了华文教育的空白，在新加坡华文教育史上发挥了重要作用。

华人社团教育不仅见证了新加坡由殖民地到主权国家的历史进程，也体现了华人对新加坡由客居到认同的情感转变。华人社团与教育互动的历

---

① 〔新加坡〕《联合早报》编《李光耀40年政论选》，联邦出版社，1993，第378页。
② 〔新加坡〕黄镜波：《宁阳学校史略》，《新加坡宁阳会馆130年纪念特刊》，宁阳会馆，1952，第9页。

史是新加坡独立建国前那段时期里华人社会最具特色的时代特征,也是华人社团对新加坡教育所做出的不可磨灭的贡献。新加坡自治以后,国家对教育提出了总体规划和设想,随着教育体制、课程管理、师资队伍的逐渐统一和规范,社团组织逐渐退出了教育领域,新加坡的教育在国家统筹规划和管理下进入了新的历史阶段。

三是师资队伍的逐渐专业化。新加坡正规的现代师范教育最早始于1950年马来亚大学的教育系,1957年该系按照英国教育学院的模式开始着手建设教育学院,1962年,马来亚大学改名为新加坡大学,同时把教育系改为教育学院。而此前南洋大学也于1956年成立了教育系,专为华文教育培养师资。1973年,政府还成立了新加坡教育学院,由新加坡大学教育学院、教师培训学院和教育部教育研究室共同组成,主要任务是职前培训、在职进修与学历教育,也包括语文教师的培训。

(三) 对实施双语教育经验的总结

伴随着国家经济的转型,教育改革也紧随其后,双语教育政策实施20年来所取得的成效和发挥的巨大作用是有目共睹的。及时总结经验教训是为了更好地进行教育改革。事实上,对双语教育政策的反思从建国伊始就已经开始了,只不过国家进入快速发展期后双语教育政策所承担的任务以及所发挥的作用显得更加重要。通过对双语教育政策的反思,主要有三个值得继承的宝贵经验。

第一,重视多元民族、文化的整体性和平等性,绝不能突出任何民族与文化的特权。李光耀认为:"两年在马来西亚的短暂经验,让我们明白不能基于一个种族、一个宗教及一个语言立国。我们重视建立一个多元种族、多元宗教、多元语言的平等国家。我们绝不任由种族、语言和宗教议题来主宰政治,因为这样必会带来灾难。"① 新加坡在推行和实施双语教育的过程中,始终把握一个整体性与平等性的原则,对四种语文源流特别是民族语文一律平等对待,把各民族视为一个整体,使各民族在心理上得到平衡,维护了国家稳定与民族社会和谐。

第二,以英语为共同语确保国家与全体人民的生存与进步。李光耀认

---

① 〔新加坡〕李光耀:《我一生的挑战:新加坡双语之路》,联合早报出版社,2011,第46页。

为:"独立之初,我们面对的问题是如何谋生?如何存活?这是200万人生死攸关的问题。我们明白单靠母语,无论是华语、马来语或淡(泰)米尔语,是没有办法谋生的。"① 对国家而言,英语作为唯一不带任何民族感情色彩的中立语言,使新加坡在东南亚和全世界树立了国家新形象,淡化了冷战时期政治上的不利因素,避免了国内各民族间的纷争,赢得了第二次世界大战后宝贵的经济发展时间。对个人而言,英语还成为新加坡人特有的优势,在亚洲"四小龙"国家中,新加坡的英语优势是显而易见的,这为新加坡接收最新的科技知识以及建立与西方国家顺畅的沟通渠道提供了便利条件。以英语为共同语,不仅使新加坡人多了一种交流、沟通与思维方式,也多了一个谋生工具,在建国初期,英语代表着上流社会,掌握英语的人就可以找到体面而待遇丰厚的工作,这在当时的社会形势下是一件十分荣耀的事情。总之,以英语为共同语的确保障了新加坡国家与全体人民的安全与进步,成为新加坡生存与发展的基础和制胜法宝。

第三,对"英语第一,母语第二"教育模式的缓图,使双语教育目标欲速可达。事实上,以李光耀为中心的新加坡领导集体对于英语的价值早有预料,然而在最先的具体实施中却没有急功近利地强制实施,而是把决定权交给人民,让他们在社会发展中自主选择,这也正是新加坡人民行动党的高明之处。因为人民行动党政府明白,在语文即政治的新加坡,因为语文问题酿造的惨剧已经太多了,如果强制性实施双语教育肯定会引起各民族的不满,甚至反抗。在建国初期稳定与生存压倒一切的情况下,人民行动党政府非常明智地指明了新加坡语文教育发展方向,但把决定权交给了人民。这样,自由选择教育源流下的强制性双语教育于1966年首开。这一年,英文教育源流学生的入学率就已经达到了57%。开局的利好形势并没有促使政府急功近利,政府在积极宣传的同时,仍然以足够的耐心等待着那剩余的43%的人们态度的转变。直到18年后的1984年,人民行动党政府终于等来了人民的最后选择。这一年,英校的入学率达到99.3%,其他各源流学校的入学率加在一起才达到0.7%。"英语第一,母语第二"的双语教育模式就这样自然而然地成为新加坡双语教育发展不争的结果,双语教育也从此进入一个新的历史阶段,成为新加坡教育的新起点。

---

① 〔新加坡〕李光耀:《我一生的挑战:新加坡双语之路》,联合早报出版社,2011,第46页。

第三章 生存与发展主题下双语教育政策的确立与实践（1965～1986 年）

（四）双语教育分流制度的实施

在对双语教育效果充分总结与省思的基础上，为进一步提高基础教育与双语教育水平，1978 年李光耀任命副总理兼教育部部长吴庆瑞组成一个教育研究小组，重点调查教育制度中存在的问题并予以解决，同时也为双语教育定下了一个基调，那就是"新加坡的双语教育政策必须贯彻下去，英文将继续是科学工艺、工商贸易、行政管理的语文，而学习母语，则是为了保留亚洲社会的特质以及东方的文化价值观。"[①] 这一年，李光耀在许多场合通过演讲、访谈等形式都表达了他对双语教育制度的这一态度。双语教育分流制度改革是新加坡教育史上影响最深远，意义最重大的改革，不仅构建了新加坡现代教育的基本框架与模式，更把新加坡教育带入了一个全新的境界，开创了新加坡教育的新局面，成为新加坡现代教育的基本底色。

1. 双语教育分流制度的主要内容

1979 年 3 月，《1978 年教育部报告书》（《吴庆瑞报告书》）正式公布。该报告针对教育制度、双语教育政策、运作模式进行了深入细致的调研，指出新加坡在教育发展过程中"没有照顾到学生学习能力和语文背景上的差异，要求他们以同样的进度学习同样的课程，参加同样的考试，结果造成很高的教育耗损率。"[②] 调查还显示，双语教育效果并不理想，熟练掌握双语的学生不多，学龄儿童辍学率过高。"据 1971～1974 年的统计，小一学生上学六年后，只有 71% 小学离校考试及格，升上中学；他们读了中学，参加新加坡——剑桥普通证书'普通水准'会考（'O'水准会考）后，进入大学先修班的只有 9%。在双语教育方面，效果也不理想。研究小组发现，1975～1977 年，在小学离校考试中第一和第二语文都及格的只占 38%；在'O'水准会考，第一和第二语文都及格的也只有 34%。"[③] 在综合分析与研究调查结果的基础上，研究小组提出了双语教育分流的主张，主要内容包括下述方面。

---

① 陈之权：《新加坡教育分流下华文课程面对的问题与挑战及改革策略研究》，华中师范大学博士学位论文，2005，第 30 页。
② 〔新加坡〕谢泽文：《新加坡五十年来推行双语教育政策的一些措施》，新加坡华文研究会：《新加坡华文教学论文五集》，教育出版社，2008，第 57 页。
③ 〔新加坡〕谢泽文：《新加坡五十年来推行双语教育政策的一些措施》，新加坡华文研究会：《新加坡华文教学论文五集》，教育出版社，2008，第 57 页。

一是小三分流。报告书建议,小学三年级之前着重加强对第一和第二语文的学习,打好语文基础,学习的主要课程包括英语、母语和数学。小三后,学校将根据学生的学习成绩与智力测验,把他们分别编入三种不同的课程班次,即成绩最好的60%的学生进入普通双语课程源流(Normal Bilingual Stream),学习英语、母语及其他科目,3年后参加小学离校考试,用6年的时间来完成小学阶段的学习;成绩较差的20%的学生进入延长双语课程源流(Extended Bilingual Stream),学习的课程与普通双语课程相同,只是时间要长一些,5年期满后参加小学离校考试,用8年的时间来完成小学阶段的学习;成绩最差的20%的学生进入单语课程源流(Monolingual Stream),这些学生只须学习一种语文,5年后不用参加小学离校考试,而只是参加一项比较简单的考试,取得证书后直接进入职业专科学校学习,同样用8年的时间完成小学阶段的学习。当然,分流制度也制定了转换源流的机制,在延长双语课程源流和单语课程源流中学习的学生如果学业成绩优异,平均分达到75分,也可以转入普通双语课程源流学习。

二是小六分流。所谓小六分流,就是根据小学离校考试成绩进行的分流。根据小三分流的情况来看,由于占学生总数20%的单语课程源流的学生直接进入专科学校,因此,能够升入中学的学生大约为小学毕业生的80%,教育部根据他们的成绩把他们分配到不同的源流。其主要有三种课程。

特别双语班(Special Bilingual Course),只招收成绩最好的8%的学生,修习英语和母语均为第一语文的课程,4年后参加普通教育文凭考试("O"水准考试)。

快捷双语班(Normal Bilingual Stream),招收成绩次好的31%的学生,修读英文为第一语文,母语为第二语文的课程,同样也要在4年后参加普通教育文凭考试("O"水准考试)。

普通双语班(Ordinary Stream),招收剩余的41%的学生,修读英文为第一语文,母语程度较低的第二语文,对母语程度要求是三种双语班中最低的。4年后要先参加"中学教育证书考试"(Certifieate of Secondary Education Examination),考试成绩合格后,第二年才可以参加"O"水准考试,而且只选考那些中学教育证书考试及格的科目。

三是中四分流。所谓中四分流,就是根据中学毕业考试成绩再次分流。特别双语班和快捷双语班的学生在4年后参加会考,成绩优秀者可进入初级学院、专科学院或者大学先修班。根据教育部规定,中学以上的教育全部采用英语为教学媒介语，没有第二语文课程。

2. 双语教育分流制度的特点

作为最具创新意义的一种教育分流制度，新加坡的双语教育分流制度具有以下三个特点。

一是以英文能力为标准的教育分流制度，进一步确立了"英语为主，母语为辅"的双语教育基调。无论是小三分流、小六分流还是中四分流，也无论是进入"普通双语源流""单语源流"还是"延长双语源流"，都是以英文考试成绩为衡量标准的。这样一个硬性的指标无疑把英文的地位提高到了至尊的高度，使英文水平成为评判与衡量学生学习能力和教育水准的唯一标准，这无疑从根本上确立了英文的主导地位。

二是双语教育分流制度为新加坡构建了人才的梯次培养模式。特别、快捷、普通三种双语课程体现了因材施教的教育理念，按照学生的学习能力和潜力，在三个不同阶段对学生进行分流并施行不同程度的教育，为具有不同学习能力的学生搭建了学习和发展的平台，构建了人才的梯次培养模式。

三是双语教育分流制度具有一定的灵活性。在学生分流的不同阶段，所依据的标准除了考试成绩，还有智力测验结果，学生也可以根据考试成绩，并参考智力测验结果调整课程。而且这种分流是可以随时调整的，如果普通课程班的学生经过努力，学习成绩达到了一定标准，还可以转到特别班、快捷班学习。同样，特别班、快捷班的学生如果学习退步，也可以转到普通班学习。这种后期的调整可以随时弥补分流时的失误，保障了学生学习能力与课程设置的适应性，杜绝了教育成本与人才的浪费。

3. 双语教育分流制度的效果

双语教育分流制度的施行，收到了明显的效果。在基础教育方面，小学的辍学率逐年下降，学校的教学质量得到了显著提高，课程与学生学习能力的相适应度进一步提升，为中学后精英人才的选拔和培养进行了先期准备，双语教育在基础教育中所发挥的作用逐渐增强。"英语第一，母语第二"的教育模式得到了确立和认同，双语教育在教育领域的核心地位与作用得到了进一步巩固与加强。

二 特选学校与华文教育体系的延续

特选中学是新加坡教育领域里一个最具特性的部分，它不仅肩负着为新加坡培育双语双文化精英人才的重任,更浓缩了双语教育的精髓。其产生与发展有着特殊的历史使命和时代特点。1979年,注定是新加坡教育史上一个特别的年份,在这一年里,华文教育的提升与式微同时存在,就像是处于冷暖气团势均力敌的交锋带上。这一年,奠定了双语教育分流制度基本模式的《吴庆瑞报告书》出台,结束了之前较为平行的双语教育模式;也是这一年,每年为期一个月的"讲华语运动"开始了;还是这一年,唯一的华文源流大学南洋大学融入新加坡大学,传统华文教育的大学阶段消失了;又是这一年,特选中学开始起步。从蹒跚学步到成为双语教育的中流砥柱,特选中学实现了新加坡华文教育的延续与嬗变,最终成为新加坡最具闪亮度的教育品牌。

20世纪六七十年代,百废待兴的新加坡在国家与个人生存发展的严峻形势下,纷纷选择了英文教育,在整个社会越来越重视英文的大环境下,华文教育呈现出迅速萎缩的趋势。新加坡政府认识到,如果华文教育就此消失,不仅民族文化和民族情感无以寄托和延续,双语教育也将名存实亡。为了延续与维系民族文化和情感,保持双语教育政策的持续发展,新加坡政府于1978年出台了"特别辅助华文中学计划"(Special Assistance Plan,SAP),特选中学就此应运而生。作为政府挽救华文教育、保留优秀传统文化而采取的一种补救方式,"特选中学肩负着为新加坡培养双语人才以及传承华族传统文化的重要使命。"[①] 特选中学于1979年在9所传统华校中首推,2000年,南华中学也获选为特选中学,2012年南侨中学又加入特选中学的行列,目前新加坡共有11所特选中学。

(一)特选中学的起步与发展

独立建国后,华文教育在政治因素的影响下日渐式微,华校毕业生前途渺茫。这样的社会大环境下,华族学生家长为孩子前途考虑,纷纷把孩子送入英校,华校生源急剧下降。1966年小学一年级新生中华校生源仅17707人,占总数的28.6%;虽然1967~1970年这四年都维持在30%以上,但是此后生源急剧下降,1977年为13.8%,1978年为11.2%,1979年仅为8.9%。[②] 李光耀后来回忆华校当时的处境时说:"一个严峻的事实

---

① 〔新加坡〕潘星华:《新加坡教育特写》,诺文文化事业私人有限公司,2008,第61页。
② 〔新加坡〕郭振羽:《新加坡的语言与社会》,正中书局,1985,第76页。

摆在眼前，华校除非能够把英文水平提高到同英校相等，否则不会改变家长送孩子进入英校的大趋势。大力提高华校英文水平，并且确保优秀华校继续存在的课题已经迫在眉睫。"① 从表 3-4 中可以看到 1966~1984 年新加坡各源流教育新生入学人数的变化过程。为了挽救华校，挽救华文教育，新加坡政府展开了一场对华校和华文教育的救亡运动，也就是"特别辅助华文中学计划"。

表 3-4　小学各源流新生入学人数（1966~1984 年）

单位：人，%

入学年份	英校		华校		马来文学校		泰米尔学校		学生总数
	人数	比例	人数	比例	人数	比例	人数	比例	
1966	28570	62.3	17707	28.6	5538	8.9	116	0.2	51931
1967	35617	60.2	19392	32.8	3997	6.8	122	0.2	59128
1968	34765	61.3	18833	33.2	3043	5.4	95	0.2	56736
1969	35029	63.1	18355	33.1	2043	3.7	108	0.2	55526
1970	37295	66.4	17360	30.9	1411	2.5	86	0.2	56125
1971	37925	69.3	15863	29.0	877	1.6	65	0.1	54730
1972	37342	71.4	14348	27.4	553	1.1	41	0.1	52284
1973	38754	74.9	12554	24.3	410	0.8	29	0.1	51747
1974	37071	77.9	10217	21.5	288	0.6	23	0.1	47599
1975	35267	78.5	9447	21.0	192	0.4	12	*	44918
1976	34996	82.5	7279	17.2	134	0.3	—	—	42409
1977	37633	86.1	6013	13.8	84	0.2	—	—	43730
1978	39747	88.7	5020	11.2	62	0.1	—	—	44829
1979	42961	90.9	4221	8.9	64	0.2	—	—	47246
1980	39883	86.0	6417	13.9	28	0.1	—	—	46328
1981	37056	87.8	5139	12.2	7	*	—	—	42211
1982	35377	89.7	4075	10.3	—	—	—	—	39452
1983	42218	98.0	851	2.0	—	—	—	—	43069
1984	38242	99.3	260	0.7	—	—	—	—	38502

资料来源：黄明：《新加坡双语教育与英汉语用环境变迁》，厦门大学出版社，2012，第 195~196 页。

---

① 〔新加坡〕潘星华：《特选中学保住优秀华校》，《联合早报》2011 年 12 月 18 日。

当时参与这项工作的政府官员之一刘心玲道出了特选学校创办的历史背景。她说:"实行特选中学计划,当时是经过深思熟虑的,不这样做,当年的华校只有死路一条,华校全部关闭,新加坡的双语政策也就无法执行下去。"① 经过选择后,第一批获选成为特选中学的9所中学分别是圣公会中学、圣尼各拉中学、公教中学、中正中学(总校)、海星中学、南洋女子中学、德明政府中学、立化中学、华侨中学。"特别辅助华文中学计划"以提高华校英文水平为前提,1979年特选中学开始正式招生。时任教育部高级政务部长蔡崇语描绘了特选中学的美好前景,即让小六会考成绩最优秀的8%的学生,能在最良好的环境里,受到中华文化熏陶和纪律训练,英文水平又能与英校生相媲美。②

(二) 双语并重的教育模式

教育部规定,特选中学只招收小六会考成绩最优秀的8%的学生,实行"英语+华语",双语并重的教育模式。由于特选中学来源于传统华校,华文教学水平肯定高于其他学校,而英文教学水平相比于英校则差距较大。为了加强特选中学的英文教育,教育部制定了包括"浸濡计划"和"英语特别补习计划"在内的特别语言计划。所谓"浸濡计划",就是让中一、二年级学生在完成学校正常学习任务后,每周要到英校接受12节课的英语训练课程,学习英语、英国文学、历史、音乐、科学、艺术等课。所谓"英语特别补习计划",就是特选中学1~3年级学生使用难度比较大的英语"B"教材,到1983年,已经有7所特选中学和16所非特选中学使用"B"教材。③ 由于特选中学的学生是小六会考成绩最优秀的8%,是最优等的学生,因此,教育部也配置了优秀和富有经验的师资队伍。

特选中学运行之初,许多家长担心双语教育会加重学生负担,影响其他科目的学习。为了鼓励更多的优秀学生进入特选中学,政府在给予特选学校大量的物质支持的同时也制定了许多入学优惠政策。比如,凡是选读高级华文的学生进入初级学院和大学时有优待分,凭小六会考成绩可再次报读特选学校等。然而,特选中学在最初的几年,学生的英文成绩并不理

---

① 〔新加坡〕潘星华:《新加坡教育特写》,新加坡诺文文化事业私人有限公司,2008,第71页。
② 〔新加坡〕潘星华:《新加坡教育特写》,新加坡诺文文化事业私人有限公司,2008,第73页。
③ Chua Kwee Fah, *A Review of Policy Statements and Research on Bilingual Education in Singapore Schools*, Unpublished Dissertation, Singapore: National University of Singapore, 1984: 79 – 80.

想，经过多方的共同努力，特选中学的双语教学质量终于在 1983 年出现了转折。这年 3 月 7 日放榜的"O"水准会考成绩，九所特选学校毕业生考获三科及格率达 94%。来自英文源流学生的"O"水准英文第一语文及格率是 91%，华文及格率是 93%，其中 37% 的考生获特优成绩。华文源流学生的英文第一语文及格率为 55%，华文第一语文及格率是 97%，其中 60% 考生获特优成绩。[①] 成绩的取得不仅证明了双语并重教育模式的成功，也赢得了家长和学生的信任与信心，特选中学从此成为学生竞逐的名校。"1985年起，华侨中学中一 13 班和德明政府中学中一 13 至 15 班，都能收到全部特别源流学生。1987 年立化中学 11 班中一生也全修读特别源流。其他特选中学特别源流的学生人数，也越来越多。"[②]

（三）特选中学的历史意义

新加坡特选中学的创建是双语教育政策的又一创新，从挽救传统的华文教育，到成为培养双文化精英人才的名校，特选中学不仅实现了华文教育的自我救赎，也为探索双语教育新模式和传统华文教育的现代转型进行了有益的尝试和探索，成为新加坡教育史上最具特色的部分，具有重要的历史意义。

1. 一脉相续的华文教育维系了华族的民族文化情感

生活在新加坡的华族在国家意识上虽然已经认同了所在国，但是在情感和文化上仍然认同中国传统文化和价值观。当整个社会英文环境日渐浓郁的时候，华族文化情感的缺失也随之日渐严重。新加坡高层已经意识到，"华语是华人的根，是华人的魂。英语是华人用以谋生以及与他族交流的工具。'母语为本，英语为用'是我们期盼的社会理想。"[③] 而特选中学就是在华校走向穷途末路的关键时刻出现的，是时势造就的一种教育模式，承担着培养双语人才以及传承华族传统文化的重要任务。在教育和文化的处理上，特选中学把自己定位在东西方的中间，兼采东西方所长。这种双语

[①] 〔新加坡〕李光耀：《我一生的挑战：新加坡双语之路》，联合早报出版社，2011，第 106 页。

[②] 〔新加坡〕李光耀：《我一生的挑战：新加坡双语之路》，联合早报出版社，2011，第 107 页。

[③] 〔新加坡〕冯焕好：《隐忧与期盼》，李光耀：《我一生的挑战：新加坡双语之路》，联合早报出版社，2011，第 308 页。

并重、东西平衡的教育模式不仅使新加坡华文教育一脉相续,也保障了华校的前途。虽然传统意义的华校已经不复存在,但特选中学的特色华文教育和有着浓郁中国风的校园文化,仍然成为维系华族的情感纽带和精神家园。

2. **中西合璧的教育理念契合了新加坡的多元文化环境**

由于特选中学对东西方教育理念持有平等看待、取长补短、中西合璧的态度,因此,在教育管理理念上,强调以学生为中心,注重开发学生的"自主学习"能力。学校力图平等地把两种语言和文化都展现在学生面前,并通过沉浸式教学方法让学生对两种语言与文化都有更深的认识和体会,力图在潜移默化中让东西方文化精髓集中于学生身上。特选中学中西合璧的特点恰恰成为新加坡国家文化的缩影,不仅为学生适应国家文化做了必要的准备,更为新加坡多元文化的发展探索了道路。

3. **巩固和保障了双语教育政策的顺利推行**

新加坡的双语教育指的是"英语+母语"教育,两者缺一不可。新加坡华人占总人口的76%左右,如果没有了华文教育,何谈"双语"。特选中学正是因为延续了华文教育,才使得新加坡的双语教育政策得以顺利推进。新加坡人力资源部长颜金勇在2008年的一次演讲中说:"特选学校若不坚守岗位,新加坡的教育成效将会被削弱。"[①] 特选中学作为新加坡特有的教育模式在特定的时期为双语教育政策的顺利推行做出了重大贡献。

三 南洋大学改组与英文教育的独尊

南洋大学成立于1956年,是新加坡华侨创办的一所华文大学。1953年1月,由新加坡福建会馆主席陈六使首倡并捐出了500万元第一笔筹建款项,2月,新加坡中华总商会等297个华人团体代表共同推举陈六使与12个社团共同组成南洋大学筹备委员会,新加坡福建会馆又捐出500多英亩土地作为建校用地。5月,南洋大学有限公司经政府批准成立。广大华人对兴办华文高等教育表现出了极大的热情和积极支持。从社会名流到三轮车工友,纷纷为南大建校慷慨解囊。1956年3月15日,南洋大学正式开

---

① 转引自〔新加坡〕彭俊豪:《师说:特选学校成立三十周年纪念论文集》,特选学校委员会,2009,第11页。

第三章 生存与发展主题下双语教育政策的确立与实践(1965~1986年)

学,设有文学院、理学院和商学院。作为东南亚地区第一所华文大学,南洋大学的创办主要是为了满足华人子弟升学深造的需求,完善华文教育体系。李光耀对校舍落成典礼当天的盛况进行了描述:"车龙从南大的裕廊校园一直排到市区的纽顿圈。前往主持开幕仪式的英国总督顾德爵士(Sir William Goode)的座车,即使在警察开道下也寸步难行。他足足迟到了两个小时。"① 南洋大学的兴办的确成为当时华文教育的一大盛况。陈六使早在1953年7月26日南洋大学的奠基典礼上就提出了办学宗旨和教育目标,那就是"我们在这块荒地上播下文化的种子,我们的中国文化在这里将与日月同光,天地共存。中国文化是不会被消灭的,我们的文化正如马来亚一样应该永远地存在。"② 不幸的是,南洋大学从落成之日起,改组的呼声已经高涨了,可以说,南洋大学的创立与改组是相伴而生的。

(一)南洋大学改组的背景

南洋大学诞生的时间和地点已经注定了其生不逢时的命运。"当时正值冷战高峰期,英国和美国是控制本区域的主要势力,正倾全力反中、反共。南洋大学即是一所他们认为培养东南亚亲中、亲共的年轻人的大学,为中国提供了渗透东南亚的机会,他们能让这所大学存在吗?能让这所大学培养一批受到敌人共产主义中国的影响,与他们为敌的年轻人吗?不会。他们即便自己不出手,也会鼓励马来亚政府想办法。"③ 李光耀后来说的这番话客观地反映了南洋大学当时的处境。1957年,南洋大学果然迎来了整个东南亚的挑战,泰国、印度尼西亚政府关闭了所有华校,华文教育源流逐渐减少,南洋大学的生源仅限于新加坡和马来西亚两地华校。生源的紧张迫使招生标准降低,也必然伴随着教育水平的降低。这样,南洋大学就走进了一个恶性循环的怪圈,直到改组前夕,南大文凭的含金量甚至还不如中学。1959年,自治政府成立后,提出了平等对待四大语文源流的政策,对于南洋大学也同样愿意给予同马来亚大学一样的资助。然而南洋大学的

---

① 〔新加坡〕李光耀:《我一生的挑战:新加坡双语之路》,联合早报出版社,2011,第71~72页。
② 〔新加坡〕李光耀:《我一生的挑战:新加坡双语之路》,联合早报出版社,2011,第75页。
③ 〔新加坡〕李光耀:《我一生的挑战:新加坡双语之路》,联合早报出版社,2011,第72页。

态度却是强硬的,拒绝了政府提出的"维持良好的学术水平和学生纪律"的要求。在这种情况下,对于南洋大学的改组直到新加坡脱离马来亚,独立建国后才进入实质性的阶段。

(二) 南洋大学改组的内容与进程

南洋大学作为新加坡唯一的华文高等院校,成为华文中学毕业生继续接受华文教育的唯一选择。人民行动党自成立以来就对南洋大学的发展方向进行了谨慎的谋划。新加坡建国后,人民行动党政府对南大改组提出了原则性要求,主要包括三个方面,即"一、南大应该摆脱'华文大学'的形象,发展成为符合马来亚人民需求的'马来亚人大学',并与原有的马来亚大学相辅相成。二、南大应该进行改组,创校的商界领袖把校政交给有管理大学经验的人处理。三、提高学术水准,使毕业生能学以致用。"[①] 事实上,人民行动党政府对南大改组的进程也正是按照这一顺序进行的。

1. "马来亚化大学"的构想

由于人民行动党从建立之日起就是一个代表新加坡各族人民共同利益的政党,非常在意各民族的心理感受。而南洋大学的建立也同样会绷紧人民行动党的敏感神经。政府为了实现南大的马来亚化,主要做了三个方面的工作。

第一,提出改革建议。早在1958年11月林德宪制政府的立法议会上,李光耀就警告南洋大学会有分化社会的作用,他说:"对马来人来说'它代表了一个非常强大种族的活力、干劲和能力',它几乎是在嘲笑马来人'没有能力建立一所马来文大学'。"[②] 在组成自治政府后至独立建国前,配合努力加入马来亚联邦的目标,政府对南洋大学的定位和期许始终是"一所马来亚人的大学,而不只是一所华人的大学。"[③] 1959年1月,林有福政府委任西澳大学的白里斯葛博士(Dr S. L. Prescott)组成调查委员会,以探讨南洋大学的未来。该报告完成时已经是人民行动党政府执政了,报告提出

---

① 〔新加坡〕吴元华:《务实的决策——新加坡政府华语文政策研究》,当代世界出版社,2008,第319页。
② 〔新加坡〕李光耀:《我一生的挑战:新加坡双语之路》,联合早报出版社,2011,第76页。
③ 〔新加坡〕李光耀:《我一生的挑战:新加坡双语之路》,联合早报出版社,2011,第76页。

了两点意见,一是政府放宽录取标准;二是认为南大在没有好好规划的情况下发展过快。该报告引起了南大师生以及华社的强烈抗议。随后,教育部长杨玉麟委任魏雅聆医生组成检讨《白里斯葛报告书》委员会,1960年2月,该委员会提交了《魏雅聆报告书》,同样提出两点建议,一是以官方承认学位为先决条件,南大全面改组;二是在政府的资助下,以马来亚大学为南大改组蓝图,以英文为教学媒介语。1960年成立了"政府——南大联络委员会",专门负责南大改革以及与马来亚联邦谈判事宜。后来,随着新加坡脱离马来西亚联邦而独立,谈判也就不了了之了。

第二,改变南大的种族性。虽然1960年的《魏雅聆报告书》也对南大招收非华文源流的学生入学提出了建议,但是真正让非华文源流的学生进入南大的工作却是艰难的。当然,后来也是在南大做出让步的前提下实现的。1960年8月,南大放宽了华文入学规定,学生可以免考华文语文和文学,只要通过华语口语考试即可入学。这样,第一位非华人学生Hang Tuah Arshad进入南大,到1967年,南大已有5名马来学生,1968年共有欧洲、美国和印度学生10名,此外,还有40名苏联人在语言中心学习华语。1972年,南大增设了马来文系,招有44名马来学生。

第三,宣传马来亚意识。人民行动党政府利用一切机会宣传马来亚意识,积极努力把马来亚意识转化为指导南洋大学办学的宗旨。1959年10月28日,李光耀首次以总理身份到南大演讲,他"开宗明义要求学生不要忘记新加坡是东南亚的一部分,而不是中国的一部分,我们必须认同马来亚而不是认同中国"[①]。1960年3月29日,李光耀应南大政治学会邀请,又发表了《语言与政治》的演讲,他重申了身处东南亚华人的处境和立场。从20世纪60年代中期开始,在舆论引导逐步收到效果的同时,政府资金开始逐渐注入,拨款200万元新建了图书馆,购买了器材,此后,政府对南大的投资逐年增加,到1977年已经达到了1155万元。政府的这种"舆论引导+投资"的方式保障了南洋大学马来亚化的顺利推进。

2. 把南大变成双语大学

新加坡独立建国后,采用英语为政府行政用语。对于南洋大学的教学媒介语问题,政府的态度是坚决地改变,在策略上则是舆论先行,具体方

---

① 〔新加坡〕李光耀:《我一生的挑战:新加坡双语之路》,联合早报出版社,2011,第78页。

法是提高英文在教学中的使用,增加以英语为教学语言的科目。

虽然南大学位问题于1968年已经得到了政府承认,但整个社会对英语越来越重视,使得更多的家长为孩子选择到英文学校和新加坡大学就读,到20世纪70年代中期,有超过半数的华文中学生选择进入新加坡大学就读。而南大由于固执地只招收华文中学生,且生源仅限于新加坡和马来西亚两地,使得生源素质越来越差。政府决定采取行动,把南大改造成为双语大学,让它不再脱离现实而存在,这也是南大能够继续生存下去的唯一办法。1975年3月,教育部部长李昭铭出任南大校长,南大的教学媒介语也在这一年正式由华语改为英语。然而,由于南大根深蒂固的华文环境以及师生的强烈抵制,17个月后,李昭铭被迫离开南大。但是,教学媒介语的改变使得南大改组取得了突破性进展,为南大转变成双语大学迈出了关键一步。

3. 从联合课程、联合校园再到合并新校

在李昭铭被迫离开南大后,为了进一步推动南大的改组工作,人民行动党政府改变了策略,在充分分析南大情况后认为,与其进入南大内部去改革,不如把它引入一个新环境来改变它。于是提出了开办联合课程,建立联合校园,最终合并新校的改组策略。

关于联合课程和联合校园,就是让南大学生到新加坡大学的武吉知马校园学习联合课程。而这样做的目的正如李光耀所说的,就是"既然不能在南大制造讲英语的环境,那就把南大搬到一个讲英语的环境,逼教授们在全讲英语的环境中,重拾自己的英语能力"[①]。此外,还有41名南大教职员被调入新大,并且于1978年7月开始,用英文教授新学年课程。同时,对学生也采取混合的策略,让500名南大会计、商管、科学和人文专业的学生与1500名新加坡大学学生一起上课。这个过程对南大师生来说虽然是痛苦的,但也是必需的,结果却是值得庆幸的。这500名南大学生通过刻苦努力,约有7成学生的英文考试通过了联合校园的期终考试。

联合校园的成效促使政府进一步考虑两所大学的合并问题。而此时,华文源流的高中毕业生已经很少选择南大了,到1979年,"A"水准考试

---

① 〔新加坡〕李光耀:《我一生的挑战:新加坡双语之路》,联合早报出版社,2011,第92页。

中成绩优异的10名学生都选择进入新加坡大学。李光耀也曾预言南大照此下去，10年内必然关门大吉。这一年，合并新校的议题终于进入了实质性阶段。同年10月，英国谢菲尔德大学（Sheffield University）名誉校长丹顿爵士（Sir Frederic Dainton）访问新加坡，提出了一个理想的解决办法，那就是合并新校。李光耀在此基础上提出了"合并新校但维持两个校园，期待再建南洋理工大学"的改组预期，也就是南大与新大合并成立新加坡国立大学，而南大校园作为合并后的新加坡国立大学的一个理工学院，根据专业和工艺教育理事会的估计，到1992年，当南洋理工学院毕业生能够与美国大学毕业生比肩的时候，它就可以成为一所正式的独立大学。

在改组南大的过程中，政府还非常重视获得华社的支持和帮助。经过与华社及南大理事会的多次沟通协商，1980年4月5日，南大理事会决定两校合并，同年8月8日，新加坡国立大学正式成立。而南洋理工大学也在师生的共同努力下于1991年成立，比预期提前了1年。

（三）南洋大学改组的意义

虽然南洋大学自创办以来就注定了失败的命运，但是南洋大学改组在新加坡教育发展史上却有着非同寻常的重大意义。

1. 南洋大学改组使教育打破了"一族独享"的封闭状态，进入了更加开放包容的新境界

南洋大学由于只招收华族子弟入学，以华语为教学媒介语，很容易被看作是华族的大学，而不是新加坡的大学。正如1957年12月人民行动党主席杜进才所说的："南大是用华文教学，这种情形会使南大的学生与其他民族脱离，南大有被看成是一族独享的大学的危险。"① 这种教育模式使南洋大学在新加坡乃至东南亚都备受质疑和责难，其突出的教育民族性特点与新加坡国情格格不入，这成为南洋大学走向穷途末路的致命缺陷。南洋大学的改组使其走出了自我封闭状态，向外寻求生存与转型的出路，融入更加开放与包容的教育环境中去，并在新的环境中开阔视野，提升境界。

2. 联合校园模式探索了教育改造的新思路与新途径

通过浸濡新加坡大学，为南洋大学的改组做好了人与环境的准备。这

---

① 〔新加坡〕吴元华：《务实的决策——新加坡政府华语文政策研究》，当代世界出版社，2008，第319页。

种联合校园、联合课程的创办不仅提前增进了相互间教育模式的了解与适应,也促进了相互间文化的沟通与理解,成为南洋大学改组前教育与文化的准备期,探索了教育改造的新思路与新途径。

3. 南洋大学改组促进了自身的涅槃与重生

南洋大学改组并不等同于南洋大学的消失,至少有一部分因素是属于借壳发展的。南洋大学通过改组,借助于优势教育资源的整合,提升了自身的学术水平,招收到了优秀的生源,丰富了教育文化。按照改组前华社与政府的谈判协议,经过11年的艰苦努力,在原南洋大学的校址上,一所新的大学——南洋理工大学正式成立了。这与其说是一所新的大学,不如说它是南洋大学的重生,而且还是有计划的重生,这种重生都源自于南大成功的改组。

四 讲华语运动与方言的逐步式微

1979年是新加坡两种语文教育全面改革的时候,吴庆瑞在提出一份对新加坡教育发展具有重大意义的报告书的同时,也提出了华语和方言对华族学生接受双语教育的不利影响。他说:"我们现在教育制度是非常不合自然规律,绝大多数的学校是用英语和华语两种语言教导学生,而85%的学生在家里说的却是方言。"[①] 于是,方言阻碍华族学生学好双语的问题被正式提上了日程,讲华语运动也正式开始了。

(一) 讲华语运动的目的

由于新加坡华人来自中国不同的省份,伴随他们而来的还有各不相同的方言与乡音。根据籍贯和方言,他们又建立了不同的社团,从某种意义上讲,方言不但是华人情感的寄托,更是一种生存方式,特别是在人民行动党争取选民的时候曾发挥过重大作用,成为那个时代的"竞选语言"。1961年的竞选,会讲福建话甚至成为当时李光耀当选的重要条件。然而,时过境迁,进入20世纪70年代,方言却成为双语教育发展的绊脚石,造成了极大的教育浪费。"两种语文的成绩,不论是小六会考或中四会考,六

---

① 〔新加坡〕李光耀:《我一生的挑战:新加坡双语之路》,联合早报出版社,2011,第141页。

成以上的学生有一种语文或两种语文不及格；在中四会考两种语文都及格的，只占同龄学生人数的19%。这样的成绩可说是非常失败。"① 方言在生活中使用率越高，也就意味着华语根本派不上用场，双语教育效果就不可能有根本性突破，统一华人语文的问题已经迫在眉睫了。1979年9月7日，首届讲华语运动正式开始，并提出了"多讲华语，少说方言"的口号，从此拉开了持续至今的讲华语运动的序幕。讲华语运动最初的目的主要包括以下几个方面。

1. 让华语成为新加坡华人的共同语

规范和统一华语，一方面是改变华人家庭内的语言习惯，另一方面是改变社会语言习惯。然而，让一个讲十多种方言的华人族群彻底放弃所有的方言又谈何容易，不仅华族抗拒，连内阁里都有反对的声音，甚至还引起了马来族和印度族的怀疑，认为政府会用华语取代英语。为此，政府明确表明，鼓励讲华语只是为了取代方言，并不是取代英语。在1979年开展的第一届讲华语运动中，广东会馆会长蓝天对开展讲华语运动的目的进行了很好的诠释，他说："一种语言没有文字或丰富的文化作骨干，就缺少精神和灵魂。语和文是互相关联，相辅相成的。要达到华语和华文并肩发展，就必须扫除方言的障碍。要维持母语的水平，一定要把会话的素质提高，否则，粗浅的谈话，将使母语沦为次等的会话。要提高素质的唯一办法，就是把方言统一，一律用华语，使华语的语和文合一。"② 这种语和文的合一，就如同人的灵与肉的合一，是华语文的完善，也是新加坡华人的自我完善。

2. 全社会全方位的华语强化教育

20世纪70年代对双语教育成效的总结和检讨表明，双语教育并不理想，华语除了在学校使用外，在华人家庭和社会中的使用率并不高。1980年的人口普查数据显示，华族的家庭用语为英语的占10.2%，华语的占13.1%，方言的占76.2%，其他占0.5%。为了配合双语教育，提高华人家庭和社会华语使用效率，政府提出，要在五年内让新加坡的年轻人、大中小学生都能讲华语，放弃方言；要在十年内使华语、英语及马来语成为公共场所的通用语。为此，政府采取多种措施，鼓励人们多使用华语，电

---

① 〔新加坡〕李光耀：《我一生的挑战：新加坡双语之路》，联合早报出版社，2011，第141页。
② 〔新加坡〕李光耀：《我一生的挑战：新加坡双语之路》，联合早报出版社，2011，第158页。

视台和电台的方言节目被逐渐取消并加强华语节目的制作。1979年11月还把香港广东话电视剧《倚天屠龙记》改配成华语，1981年起第八波道还成为一个纯华语波道；鼓励取名时使用规范汉语拼音，取代方言拼音，从1981年1月1日起，强制推行华族学生姓名汉语拼音化政策；政府大量录制《华语会话》和《掌握华语》等录音带供社会各层次人员学习，还为华族公务员开办华语培训课程。从1981年起，推广华语工委会还把每年10月定为推广华语月。经过10年的努力，新加坡华族家庭和社会语言发生了很大转变，基本达到了讲华语运动的预期目标。从表3-5中可知，从1980年起华族小一学生的家庭用语中，华语的使用率在逐年提升。

表3-5 华族小一学生家庭用语情况（1980~1989年）

单位:%

年 份	英语	华语	方言	其他	年 份	英语	华语	方言	其他
1980	9.3	25.9	64.4	0.3	1985	16.9	66.7	16.1	0.2
1981	10.7	35.9	52.9	0.4	1986	16.5	67.1	16.1	0.3
1982	12	44.7	42.7	0.5	1987	19.1	68	12.5	0.4
1983	13.4	54.5	31.9	0.5	1988	21	69	9.5	0.5
1984	13.9	58.7	26.9	0.4	1989	23.3	69.1	7.2	0.4

资料来源：黄明《新加坡双语教育与英汉语用环境变迁》，厦门大学出版社，2012，第210页。

3. 以华文文化规范社会道德

伴随着讲华语运动的起步，政府也开始了使用华文文化来规范社会道德的尝试。1989年10月，李光耀在《推广华语——十年耕耘》电视片中说："华语是值得华族新加坡人保留的语言，它是华族与4000年历史的一种生活上的联系。新加坡历史虽然短浅，但华族新加坡人却和中国人一样，在文化、语言与道德观念上，拥有源远流长的历史，华人应以此自豪。"①随着讲华语运动的渐趋深化，华文文化对于规范社会道德的影响和作用也越来越明显。吴作栋时期所提出的"共同价值观"就是以儒家优秀传统文化为核心构建的。

（二）讲华语运动的开展

讲华语运动发展至今一共经历了三个阶段，每一个阶段都有一个主要

---

① 〔新加坡〕李光耀：《我一生的挑战：新加坡双语之路》，联合早报出版社，2011，第165页。

第三章 生存与发展主题下双语教育政策的确立与实践（1965~1986年）

任务和自然的运动主题，且都锁定一个重点人群。但是，在20世纪90年代之前，也就是讲华语运动的第一个阶段，其主要任务就是以华语取代方言，这个任务到1989年已经基本完成了。

1. 以"学校语"运动为前奏

作为讲华语运动的序幕，12所中小学于1979年7月先后开展了"学校语"运动，目的是把方言赶出校园。为了培训师资，教育部从1981年开设了语音培训班，至1985年一共培训了2879名中小学教师，占华文教师的65%。这十年里讲华语运动的主要对象就是讲方言的人群。

2. 明确目标

开展讲华语运动最初的十年的目标是以华语取代方言，成为华族共同语。这从十年来讲华语运动的口号中已经清楚地体现出来了。从表3-6中可以清晰地了解到讲华语运动第一个十年里的主要任务和重点锁定的人群。而讲华语运动第二个十年的目标是在继续消灭方言的基础上，向认识文化过渡。讲华语运动第三个十年的目标则更偏重于文化的深化。

表3-6 讲华语运动的口号及锁定对象（1979~1989年）

年　份	口　号	对　象
1979	多讲华语，少讲方言	华人社团
1980	在家里讲华语	华人社团
1981	学华语，讲华语	华人社团
1982	在工作场所讲华语	华族工友
1983	华人讲华语，合情又合理	社会底层中讲方言的小商贩
1984	请讲华语，儿女的前途，操在您手里	学生家长
1985	华人·华语	交通领域从业华族
1986	先开口讲华语，皆大欢喜	饮食业主与顾客
1987	会讲华语，先讲常讲	鼓励华族在购物场所多讲华语
1988	多讲华语，亲切便利	华族白领
1989	常讲华语，自然流利	华族社群

资料来源：参照〔新加坡〕李光耀：《我一生的挑战：新加坡双语之路》（联合早报出版社，2011，第166页）；汤云航、吴丽君：《新加坡/中国推广普通话比较研究》（辽宁民族出版社，2006，第55页）整理。

3. 灵活形式

在开展讲华语运动期间，政府还采取了一些灵活的措施，鼓励人们学习华语。比如,"打电话,学华语"的形式就很受欢迎,1984年在讲华语运动期间,每小时就有2000人次通过电话学习华语。政府对这项运动也加大了投入,仅前五年用于公务员华语会话班聘请教员和教材上的费用就达458208新元。经过十年的努力,以华语为学生家庭用语的家庭翻了近2.67倍。华语的广泛使用显然也提高了学生第二语文的成绩,在中学"O"水准会考中,1980年华文的及格率是84%,1985年提升至92%,华文成绩的提高也带动了英文成绩的进步,1980年英文第一语文的及格率是41%,1985年也增加到64%,很显然,在这十年里,华语取代方言的工作获得了重大成就。除了对全社会的影响,讲华语运动也带动了华文教材的开发。1982年,《小学华文教材》正式出版,该教材适度控制了字和词,重点打造生动性与实用性。同年,中学华文课程纲要的修订工作也完成,并于次年出版,该教材的特点是"单元制",为修读不同课程源流的学生定制了不同的学习单元。

(三) 讲华语运动的经验

总的来说,新加坡30多年来讲华语运动推行得非常成功,收到了预期的效果,被誉为新加坡最成功的社会教育运动。其成功经验主要有以下三点。

1. 政府重视,全民参与

李光耀回顾总结讲华语运动32年的成就时说:"回顾讲华语运动32年,我们集中了全国人民的力量,以灵活的、一致的、坚定的意志力来推展。这是个改变和重塑整个社群语言环境的浩大工程,它牵涉到文化、政治、经济和社会因素,是如此的复杂,它的过程是漫长和艰辛的。"[①] 这样一个复杂而艰难的任务,非政府亲自组织,投入大量的人力物力,的确不可能取得如此的成功。通过讲华语运动的开展,用很短的时间整体改变了新加坡的社会语言环境。

2. 注意处理好其他民族的情绪

由政府组织并开展的讲华语运动,在新加坡也是一项高度敏感的事情。政府高度顾虑马来与印度族群的情绪和态度,担心他们会认为这个运动提高华语地位,造成语言的不平等,以致引起不必要的民族矛盾。在选择每

---

① 〔新加坡〕李光耀:《我一生的挑战:新加坡双语之路》,联合早报出版社,2011,第175页。

年一度的讲华语运动的口号时,都非常注意语言的中性化和使用方式,避免刺激到其他民族的情绪。政府甚至还提出了马来人和印度人也可以办马来语运动及泰米尔语运动的建议。

3. 软硬措施并举营造讲华语环境

所谓软措施,是指举办一些活动或者培训。政府除了为公务员开办华语会话班,还为邮局、小贩局、车辆注册局等行业公务员开办华语课程,还要求护士、警察、小贩稽查员等在工作时佩戴"我会讲华语"的标志,仅1981年,政府就发出了五万个这样的标志,在全社会营造了讲华语的良好氛围。所谓硬措施,就是采取一些强硬的行动,主要是针对讲方言或不利于讲华语的环境而展开的。比如,1978年7月停止电视台播出方言广告,淘汰所有方言节目等。通过软硬措施的实行促进了讲华语运动的顺利开展。

总之,讲华语运动为统一华族共同语,凝聚华族精神,传承华文文化发挥了重要作用,特别是襄助了双语教育政策的实施,改变了新加坡家庭和社会语言环境,提升了双语教育的效果。

五 教育源流的统一与步骤

自1966年实行强制性双语教育政策以来,特别是双语教育分流制的实施,以及南洋大学教学媒介语的改变,使得华文教育链在中学后被切断。虽然讲华语运动使华人放弃了方言,选择了华语,但伴随讲华语的华人的不断增多,选择英语的华人和家庭数量也在不断上升。虽然新加坡讲华语的家庭数量在1988年之前一直是上升的趋势,且在1988年达到了69%,但是,英文强大的发展潜能和后劲以及更多更重要的政治经济因素还是推动了教育源流统一的实现。传统华校的命运虽没有像马来校和印度校那样彻底关门大吉,但是庞大的华文教育体系也只留下了特选中学一脉相承。即使是在特选中学的环境里,英语味儿也日渐浓厚。事实上,新加坡统一教育源流的工作从20世纪80年代初伴随着南洋大学教学媒介语的转变就已经开始了,并主要做了以下三个方面的工作。

(一)畅通非英语源流学生转入英校的途径

由于泰米尔学校自1976年起已经招不到一名新生,马来文学校1982年的招生纪录为零,而华校自1983年起,连续两年小学新生入学率分别仅为 2% 和 0.7%。1984 年，由于非英语源流的各年级在学学生人数太少，教育源流的统一问题，终于进入了实质性的操作阶段。教育部决定分阶段统一各源流学校，逐步让非英语源流学生转入英校。1983 年底，教育部发布了从 1984 年起华校中小学生将逐步转入"英语第一，母语第二"的统一的教育源流之中的决定。1984 年，教育部决定除了公教中学附小、南洋小学、圣尼各拉女校附小、海星中学附小 4 所特选中学的附属小学可以继续招收华文和英文均为第一语文的小一新生外，其他非英文源流小学均停止招收 1985 年小一新生，并从 1984 年 1 月开始，具体分为两个层次逐步进行转入英校的工作。

第一步，由于小学 1~3 年级和初中 1~2 年级学生还有 2 年以上的时间来适应英校环境和补习英文程度以准备小学离校考试与"O"水准会考，可以直接转入英校。

第二步，由于小学 4~6 年级和初中 3~4 年级学生很快面临毕业考试，适应新环境的时间有限，所以仍然延续学习"华语第一，英语第二"的教育模式，但需要额外增加英语的强化课程。为毕业后的英语第一，母语第二的继续教育阶段做好准备。

两步走的教育源流统一工作直到 1986 年最后一届华文源流学生毕业，宣告了独立的华文教育源流的彻底结束。但这并不代表华文教育的彻底消亡，特选学校将会把华文教育的火种继续传承下去。

（二）优化教育与基础教育改革

在教育部进行统一教育源流工作的同时，还进行了优化教育的工作。从 1979 年为双语教育定下了"英语为主，母语为辅"的基调起，到 1987 年实现教育源流统一，这中间又艰难跋涉了 8 年时间，而优化教育则成为新加坡教育从此岸到彼岸必不可少的渡船。

1985 年，由于客观因素的影响，新加坡经济发展速度开始放缓，经历了一场严重的经济衰退之后，进入了第三次经济大转轨时期。为配合国家经济复兴计划，与前两次经济大转轨所采取的措施相同，政府仍然从教育中寻求力量，出台了一系列优化教育改革措施。其中，尤以 1986 年国家经济委员会制定的中长期经济发展规划报告书引起的反响最大。在该报告第 11 章中专门对教育配合国家经济复兴和发展做出了说明，该报告又被称为"优化报告书"。报告中的具体建议主要包括四个方面内容：一是提高中等

第三章 生存与发展主题下双语教育政策的确立与实践（1965~1986年）

教育水平；二是发展和改进中学以上教育，扩大招收这一阶段学生数额；三是以"健全的人"的发展为教育目标，使更多的人享受这种教育；四是为劳动者提供在职培训机会。这一报告一经出台立刻在全社会掀起了一场"优化"浪潮，成为20世纪80年代中后期教育改革与发展的指导性文件和主导方向。实际上，这一报告的意义远不止于经济和教育改革，它更代表着新加坡教育由跟着经济走转变为与经济同步走的进步，是教育实用主义价值取向的新发展，是新加坡教育政策逐渐迈向成熟的标志。随后，政府组成了由12名资深校长组成的考察团赴英、美等国学习，回国后撰写了《迈向学校优化》的报告，这一报告带动和开启了包括双语教育分流制度改革、中等教育双轨制教育改革在内的基础教育的第三次改革，并成为基础教育改革又一个重要的里程碑。

优化教育在很大程度上影响和推进了教育源流统一的进程。为了落实优化教育目标，新加坡在基础教育领域进行了三个方面的改革。一是从1987年开始，将二部制学校改为全日制；二是在中小学开设"思考课程"，以培养学生思考和解决问题的能力；三是从1988年开始建立自主学校，可以自主招生、自定收费标准，以及自主选聘校长和教师。此外，根据1986年经济委员会的报告，新加坡还确定了通过中等教育改善劳工素质的效率及对劳工进行就业核心训练的课程，因而在中等教育上，实行普通教育与职业教育双轨制，以提高新加坡在国际市场上的竞争力。[①] 事实上，优化教育的目标是比较理想化的，比较关注于教育功能的全方位实现。由于上述基础教育领域的调整和改革使新加坡的教育资源配置与培养模式更趋合理优化，为统一教育源流奠定了良好的基础。此外，优化教育也为新加坡平稳度过"信心危机"提供了动力源泉。

（三）逐步变更华校教学媒介语和考试用语

在全面实现教育源流统一的过程中，新加坡针对传统华校教学媒介语和考试用语的问题采取了一些具体措施。

首先，不断提高中学生的英文程度。从20世纪80年代初期开始，对传统华校高中生英文程度的要求已经很高了。"上世纪80年代初，一名大学先修班文科生，华文以外，其他科目均以英语授课。在这种情况下，一

---

① 王学风：《新加坡基础教育》，广东教育出版社，2003，第14页。

个受了10年华文教育的高中文科生要考取一张A水准证书进大学,并不容易。"① 之所以这样做,是为了要他们在进入大学之前就基本掌握英文以适应大学阶段完全以英文为教学媒介语的教育模式。

其次,改变了从1963年就开始的小六会考对第一语文和第二语文双倍计分的做法。从1963年起,小六会考的第一语文(英校的英文,华校的华文)成绩予以双倍计分,从1973年起,对小六会考的第二语文(英校的华文、马来文、泰米尔文,华校的英文)成绩也予以双倍计分。这种有所偏重的计分方法,一直以来,引起了许多语文能力较弱的学生的强烈不满,特别是1981年实行中学分流后,许多学生因语文分数问题直接影响升学。政府在广泛考虑多方意见的基础上,宣布于1985年取消语文的双倍计分,从此小六会考的英文、华文、数学和科学四门课程的考试计分标准均为100分,各自占总成绩的1/4,使小六会考成绩在分流工作中能够体现出准确、公平与合理的原则。

华校教学媒介语与考试用语的变更,一方面提高了华校学生的英文水平,另一方面也注重了教学科目的平等性与公平性,为教育源流的完全统一准备了条件。

本章小结

从1965年至1986年,是新加坡摆脱不利政治影响,寻求生存与发展之路的21年,是经济腾飞关键的21年,也是双语教育发展史上最艰难曲折的时期。这个小国寡民的新生国家以务实的精神,神奇的速度,不仅很好地解决了国家和人民的生存问题,还维护了政治稳定、社会和谐,实现了经济转型与腾飞。特别是在双语教育领域的表现尤其精彩闪亮,取得了蜚声国际的重大成就,成为现代教育成功的经典范例。在这21年里双语教育政策所发挥的重要作用不仅奠定了国民教育发展的基本框架,也奠定了国家政治经济、文化外交的基本思路以及国家发展的基本方向,具有重要的国家意义。而在这一过程中,新加坡双语教育自身也在不断地探索改革

---

① 〔新加坡〕李光耀:《我一生的挑战:新加坡双语之路》,联合早报出版社,2009,第184页。

第三章　生存与发展主题下双语教育政策的确立与实践（1965～1986年）

的实践中逐渐形成了一种基本模式。总体来说，这一时期的双语教育政策和双语教育实践具有以下几方面的特点。

第一，从自由选择式到强制性双语教育模式的逐步形成。虽然新加坡的双语教育由来已久，但在1986年之前都是自由选择的模式，而且还要分为两个阶段来认识，1966年之前的自由选择主要体现在对语文的教育模式上，具体来说，就是可以自由选择单语、双语或多语的教育模式。1966年国家实行强制性双语教育以后，直到1987年统一教育源流之前的这段时期，这种自由选择主要体现在双语教育的具体内容上，也就是可以自由选择不同的教育源流，一般都是"共同语+母语"或"母语+共同语"的模式。由于新加坡在建国之初就明确了教育必须配合经济发展的务实的教育方针，也由于语文被作为国家实用主义发展战略之一，因此，实行强制性双语教育模式也成为新加坡独立建国后的一种必然选择。此外，一方面，英语作为西方先进生产力和新知识的代表，已经成为新加坡发展经济的重要前提和基础；另一方面，英语作为中立语文为新加坡摆脱国际政治的不利因素，维护国内各民族稳定发挥了不可替代的重要作用，英语作为新加坡主导语文的地位被确立下来。强制性双语教育模式的确定是人民行动党对双语教育政策长期探索的必然结果。

第二，教学媒介语的转变促进了教育源流的统一。在新加坡的四大语文源流学校中，除了英校的教学媒介语是英语外，其他源流学校的教学媒介语都是母语。从"母语为主，英语为辅"到"英语为主，母语为辅"的教育模式的改变，所依据的就是教学媒介语从母语到英语的转变。基础教育，特别是双语分流教育改革中极力突出英语的重要性，也促使了教学媒介语的转变，使马来文、泰米尔文的教育链彻底中断，华文教育也在中学后被中断，给想要继续以母语为第一语文教育深造的学生断了后路。在整个社会越来越重视英文的环境下，教育源流的统一也就顺理成章了。

第三，围绕双语教育的系列改革探索了双语教育的现代模式。从共同语的确立到教学媒介语的转变，从双语教育分流制度到特选中学的实施，从讲华语运动到教育源流的统一，虽然构建了新加坡双语教育的基本格局和框架，但这种格局和框架始终是动态的，其内涵是可以随着双语教育的发展而不断调整的"移动靶子"，唯一不变的就是双语教育政策，它成为新加坡不可撼动的基石。李光耀认为这种"动"与"静"相结合的教育模式，"能够确保双语教育与时俱进。这么多年来，在不同的时期，政府多次适时地介入,检讨政策,主导双语教育政策的内容与方向,保持高度的灵活性与对外界变化的敏感度。"① 总之,政府介入、不断调整、动静结合、与时俱进,这四个特点应该就是新加坡特色双语教育模式的具体体现。

  第四,英文的逐渐强势与华文的式微存续。双语教育分流制度确定了"英语为主、母语为辅"的双语教育基调。从此,英文作为强势语文在新加坡占据了教育主导地位。与英语教学时间和科目的不断增加相对应的就是母语教育时间和科目的逐渐减少。与英文教育强势发展形成鲜明对比的是华文教育的式微,但政府还是为华文教育保留了一定的生存空间。主要体现在以下几个方面:一是"讲华语运动"与"讲学校语运动"消灭了方言,统一了华族语文,提升了华语的使用率;二是特选中小学培养英华双语精英人才,使高水准的华文教育在一定范围内得以保留;三是英校中华族学生选修的第二语文为华文的课程,虽然程度较低,但也在一定程度上延续了对华语的学习与使用;四是政府对华文作为文化语文的定位,使华文承担起了传承传统文化和价值观的任务,华文在与人的思想行为更深入的互动中得以保留和延续。

---

① 〔新加坡〕李光耀:《我一生的挑战:新加坡双语之路》,联合早报出版社,2011,第254页。

第四章 经济腾飞主题下双语教育政策的修正与完善（1987~2007年）

伴随着新加坡经济的再次起飞以及教育源流的统一，新加坡双语教育政策在1987年进入了一个新的转折点，并逐渐定型与成熟起来，完成了国民教育格局与体系的基本建构。与此同时，双语教育自身也进入了新一轮的调整又调整、改革又改革的深化提升阶段。第三次基础教育改革与新的双语教育分流制度使双语教育的分工进一步明确，华文教育向着文化、素质与道德教育等领域转型与延伸，双语双文化的作用进一步深化。特别是在这20年里，新加坡历经了三位国家领导人的更替，不同的时代背景、不同的国情、不同的国家发展战略和教育理念，从建国的基本教育思路，到承上启下的渐进民主，再到教育兴国理念的实施，双语教育的舞台日益广阔，双语教育演绎得更加精彩纷呈，为新加坡经济腾飞提供了不竭的动力之源。自1987年以来的20年，新加坡出色地完成了国家经济发展的基本任务，政治经济环境发生了显著变化，创造了亚洲"四小龙"经济奇迹以及具有新加坡特色的民主政治理念与模式。这是承前启后的20年，是延续与变革的20年，是沉淀与爆发的20年，是展现更多社会温情的20年，更是新加坡接力发展的关键一环和新的起点。

第一节 双语兴国战略促进经济腾飞

1987年，经过之前很短的一段时间的经济低迷与调整后，新加坡再次起飞，并连续十年经济强劲增长，于1997年成为亚洲"四小龙"之一，国际上对其在公共住房和教育上所取得的成功予以赞誉。在此之后，新加坡学校的课程更加重视公民教育和价值的学习，并为学生在21世纪更好地生活设计了专门的技能和知识。在双语教育政策方面，也发生了较大转变，由"极力突出英语，适度保留母语"逐渐转向双语双文化并行发展，英语第一语文的地位不变，华文教育因经济因素的影响而日益受到重视，并在提升人文素质方面承担重要任务，在双语兴国的总体战略下，新加坡政府又提出了培养双文化人才的教育目标，双语教育政策在新的教育目标下进入修正完善时期。

一 双语兴国战略的提出

双语兴国战略从20世纪80年代末，伴随着"优化教育"和"优化社会"的浪潮已经发轫，旨在振兴国内衰退的经济。但其意义远远超出了经济的范畴，并进一步促进了双语教育的成熟发展，使新加坡一贯务实的教育取向和教育功能得以全面实现，并积极追求双语教育的理想境界，掀开了双语兴国战略实施的序幕，为新加坡奠定了新的起点。进入20世纪90年代以来，经济的复苏与世界经济形势的变化促使新加坡的国家发展战略再次进行调整和变革，新加坡的政治经济及双语教育政策又进入了一个新的时期。1990年11月28日，前总理吴作栋在就职典礼上庄严宣誓："现在，政治火炬已从上一代的健将手中传给下一代，但，这场政治更新的接力赛将不会停歇，我会集合同僚们的智慧，加上全体人民的努力，保持新加坡的领先地位。……因此，我呼吁同胞们和我一起，在新的起点上，一同跑下一段赛程。"[①]

新加坡的经济发展道路是成功的，也是独一无二和不可复制的。W.G.赫夫说过："到20世纪90年代，新加坡越来越像是一个怪物，它是世界经济发展的产物却又是它的一个特例。正如别国无法照搬1965年后新加坡经济发展的模式一样，新加坡也必须寻找自己的发展之路。"[②] 如同1965年独立建国初期对于国家发展模式的空白与茫然一样，新加坡在后来的每一次华丽转型的背后也一定会经历"困难且痛苦的调整"，这样的过程也是新加坡"幸"与"不幸"的辩证统一。新加坡经济发展模式最大的特点是开放性的，是眼睛向外的，这种发展的、开放的思维模式成为新加坡国家发展

[①] 新加坡政府：《新加坡：新的起点》，新加坡报业控股华文报集团，1991，第149页。
[②] 〔英〕W.G.赫夫：《新加坡的经济增长——20世纪里的贸易与发展》，牛磊等译，中国经济出版社，2001，第31页。

的基本思路。亦如 W. G. 赫夫博士所说的:"新加坡在第二次世界大战之前的每一步发展几乎都促使它从国际经济而不是民族国家中去寻找出路。第二次世界大战后的情况依然如此。"① 从1965年独立建国到1990年这25年里,新加坡在政治、经济、文化上都发生了巨大转变,而1990年成为新加坡发展的一个重要转折点。

(一) 民主呼声日益高涨

在实用主义贯穿于方方面面的新加坡,重实质、轻形式的观念在政治领域也毫不例外。建国初期,在生存成为第一要务的形势下,李光耀政府奉行的是"先经济,后民主"的执政理念,他认为有经济才能有民主,这是东方式民主政治的必然选择。李光耀于1984年8月16日在丹戎巴葛选区庆祝国庆的联欢宴会上对他的这一理念进行了深入阐述,他说:"政府怎样满足人民的需要这个问题,有两种不同的处理手法。第一类的政府是通过政治来满足人民在经济、社会和文化方面的需要,如第二次世界大战后的日本。第二类的政府主张政治挂帅,所有经济、社会、文化和其他的目标都附属政治,一切以实现思想上的理想为目标,如毛泽东时代的中国是一个极端的例子。不过一些比较没那么极端的国家,的确是把重点放在政府的形式上,如民主议会;而不是放在实质的经济和社会目标上。"② 他认为"先经济,后民主"的执政理念也是符合人们不同层次需要顺序的有秩序的治国之道,这也是新加坡成功的重要基础,对任何国家来说,经济发展都必须是第一位的。他还说:"如果我们把优先前后倒置,如果我们把重点放在民主形式方面,而不是把它放在经济实质方面,我们绝对不会达到目前的发展阶段。"③ 总之,李光耀认为,先有经济才能有民主。尽管在发展经济的过程中不断有质疑新加坡民主的外部声音,但都还仅限于外部,随着经济的发展、人民生活水平的提高以及西方人权思想的传入,民主的呼声也日益高涨,新加坡的东方式民主政治也面临新的考

---

① 〔英〕W. G. 赫夫:《新加坡的经济增长——20世纪里的贸易与发展》,牛磊等译,中国经济出版社,2001,第32页。
② 〔新加坡〕李光耀:《一人一票制能继续——李总理在丹戎巴葛选区庆祝国庆联欢宴会上的讲话》,《联合早报》1984年8月17日。
③ 〔新加坡〕李光耀:《一人一票制能继续——李总理在丹戎巴葛选区庆祝国庆联欢宴会上的讲话》,《联合早报》1984年8月17日。

验。新一代新加坡人在东西方文化的共同浸濡下，对民主提出了更高的要求。

（二）经济高速增长与两大根本性变化

新加坡经济继20世纪80年代末以来的高速增长中发生了两大根本性变化。一是经济发展由特产港贸易发展为制造业、商业和金融业多元发展。根据新加坡《八十年代经济发展规划》的要求，政府积极引进国际金融机构，整个80年代的10年里，外国银行数目由86家增加到128家，亚元市场拥有了199个单位成员。到90年代，新加坡成为继纽约、伦敦、东京之后的世界第四大外汇交易市场，亚元市场交易额从1980年的544亿美元增长到1990年的3904亿美元。二是国有企业及跨国公司成为拉动经济增长的主力军。在独立建国后的25年里，新加坡经济增长率远远高于发达国家。1990年，制造业占GDP的29%，商业和金融占GDP的26.2%。然而，高增长率的背后也存在着相当程度的隐忧，那就是劳动的高密集型与产品附加值低下的问题。这种局面在制造业特别是电子、纺织服装行业表现得尤为突出，并且从1973年开始日渐严重，新加坡失业率由1966年的8.9%下降到1973年的4.5%，虽然实现了社会的充分就业，但也更加说明存在着劳动的高密集型与产品附加值低下的问题。W. G. 赫夫的统计结果显示，"1973~1990年新加坡在生产附加值占毛产值的比重水平上并没有提高，这个指标是用来衡量制造业技术发展水平的。在电子行业里，这个比例甚至还有所下降。到20世纪80年代末，新加坡的制造技术依然要依靠跨国公司"[①]。也就是说，新加坡的制造业尚缺乏研究和开发的能力。这是新加坡经济迈入90年代后面临的最主要的问题。因此，在20世纪90年代，新加坡制定了一项通过技术进步来提高劳动生产率的规划。经济的高速增长，劳动力需求的重新调整，对教育提出了新的挑战。

（三）多元民族跨文化生态融合渐趋成熟

一个多元民族与文化共存的国度，再加上长期的殖民地历史，共同造就了今日新加坡纷繁复杂的文化生态环境，而文化冲突与融合的问题始终

---

① 〔英〕W. G. 赫夫：《新加坡的经济增长——20世纪里的贸易与发展》，牛磊等译，中国经济出版社，2001，第326页。

第四章 经济腾飞主题下双语教育政策的修正与完善（1987～2007年）

都存在着。人民行动党执政后，因文化而产生了很多意识形态上的问题，特别是20世纪70年代以来西化倾向所带来的一系列社会问题已经严重影响社会稳定和执政体制，这促使人民行动党把统一意识形态，构筑共有新加坡文化提到了重要议事日程上来。1989年，新加坡总统黄金辉在施政演讲中说："我国人民尤其是年轻一代的态度和人生观，在不到一代人的时间内都有了改变，传统亚洲价值观里的道德、义务和社会观念，在过去曾经支撑并引导我们的人民。现在，这种传统亚洲价值观已逐渐消失，取而代之的是西方化、个人主义和以自我为中心的人生观。"[1] 1988年10月，第一副总理吴作栋在对党内年轻一代的演讲中第一次公开建议新加坡制定一套各族群人民都能接受的共同价值观。这为三年之后出台的共同价值观埋下了伏笔。

总之，20世纪80年代末以来，新加坡在政治、经济、文化等方面存在的诸多问题，使新加坡国家发展战略以及双语教育政策又走到了一个十字路口，幸运的是，新加坡长期形成的双语教育自我更新功能也同时启动和跟进，双语兴国战略的提出和实施把新加坡带入了一个新的时代。

二 "好政府"的执政理念

权利的交接与政治、经济环境转折点的高契合度，也是新加坡的一大特点。每当政治、经济发展达到一个相当程度的时候，也就是新的起点开始的时候。作为国策之一的双语教育政策一方面为新加坡发展提供了源源不断的动力支持，另一方面伴随着20世纪90年代以来世界全球化影响的日甚，也带来了国内民主诉求的呼声，双语教育所带来的双文化在政治上也影响了政府的执政理念，为新加坡带来了民主政治的气息。特别是在吴作栋执政的14年里，努力践行民主行政理念。政治上从传统东方政治向现代政治转型和过渡，使新加坡成为一个"更有温情的社会"，经济上持续高速增长，实现了经济腾飞，成为"亚洲四小龙"之一，意识形态上打造"共同价值观"，促进了社会的和谐进步。

1990年继任总理的吴作栋，其执政思想具有兼采东、西的特点。既有对中国传统儒家君子执政思想的延续与继承，也有对西方民主政治的发展

---

[1] 曹云华：《新加坡的精神文明》，广东人民出版社，1992，第44～45页。

与创新。在儒家传统文化和西方现代民主思想的综合影响下,吴作栋首次提出了"好政府"的执政理念。李光耀认为不同的价值观有不同的"好政府","什么是好政府?这要看人民的价值观而定。亚洲人所重视的东西未必就是欧洲人所重视的"[①]。他还认为,好政府要从政府本质来评估,而不必根据形势。那么,新加坡的"好政府"是什么样的呢?吴作栋认为应该是以儒家文化为主体的东方文化中所重视的维护社会和谐、诚实守信、安居乐业以及西方文化中所重视的平等公正的结合体。新加坡外交家许通美进行了描述:"世界需要的不是这种或那种社会制度,而是一个健全有效的政府。……这样的政府可以是民主主义的或是独裁主义的,总统制或议会制的,君主立宪或是共和制的。"并且强调"无论如何,良好的政府最重要。"[②] 这种用东、西方两种优秀文化共同打造的政府的确创造了良好的执政效果。吴作栋治国14年来最突出的特点就是民主的渐进与社会温情的提升,而这一切同样都是基于双语教育政策的有效实施。

第二节　经济调整导向下双语教育政策的改革与转型(1987~1989年)

从1984年开始,统一教育源流的工作已经开始分步骤实施,经过三年的努力,四大语文源流的学校教育终于在1987年实现了完全统一。统一后的双语教育表现为"极力突出英语,适度保留母语"的特点。1985年,新加坡经济由于外部因素的影响,发展速度慢了下来,出现了经济衰退,高资本使新加坡企业所遭受的损害比跨国公司更大。李光耀认为造船业、炼油业、电子业、银行金融、通信业是比较适合新加坡的成功工业,需要的是找出有创意的办法克服困难。李光耀于1985年8月18日在国庆群众大会上检讨经济状况时分析了第二次世界大战后德国、日本和非洲国家的经济发展,他说:"让我们把第二次世界大战后从炮灰中重建起来的日本与西德和其他许多落后国家比较,非洲国家获得双边和国际援助,世界银行不断注入大量资金,但却无法支撑自己的经济成长。它们无法改革经济,因

[①] 〔新加坡〕《联合早报》编《李光耀40年政论选》,联邦出版社,1993,第570页。
[②] 〔新加坡〕许通美:《无论如何良好的政府最重要》,中央编译出版社编《探索世界秩序》,1999,第384页。

为人民没有足够的教育，不能接受正当的训练，他们没有能力也没有准备就绪来使经济起飞。"接着，他又联系新加坡教育的发展状况和双语教育及分流制取得的成效，提出"我们还没有达到顶限，我们还可以向上向善，继续进步。"① 这样，在新加坡经济面临进入第三次经济大转轨的同时，在实现教育源流统一的前夕，为了挽救经济，以双语教育为切入点的国家经济改革策略也被确定下来了。

一 统一的教育源流与华文教育转型

从1987年起，新加坡的四大教育源流实现了完全统一，中小学一律实行"英语第一，母语第二"的双语教育后，又对双语的功能也进行了分工，英语不仅作为学校教学媒介语，还承担起了种族交往与沟通的任务。教育源流的统一使双语教育政策实现了"体制化"，为新加坡取得巨大的教育成就打下了坚实的基础，国际教育评估结果充分证明了这点。李光耀后来回忆时说："1983年我们的中二学生首次参加国际教育成绩评估协会（IEA）举办的'国际学生数学与科学研究趋势'（TIMSS）调查，当时名列世界第16。12年后（1995年）我们中二生再度参加这项调查，无论数学和科学都排名世界第二。之后，在1999年、2003年和2007年的调查中，数学除了2007年排第三，均排第一；科学除1999年排第二，均排第一。"② 然而，教育源流统一的政策使母语仅仅作为联系民族情感的纽带与承继民族传统文化的媒介的任务分工，引起了华社的强烈不安，"他们认为如果华文只能扮演无关重要的第二语文角色，50年后，华文必逐渐遭受淘汰，新加坡会变成无根的社会。"③ 华文教育转型成为伴随教育源流统一过程中的最重要和最迫切解决的问题。为此，新加坡政府主要做了三个方面的工作。

（一）澄清语言与文化的关系

语言和文化可以在一定范围内相对独立地存在和发展，特别是在新加

---

① 〔新加坡〕《联合早报》编《李光耀40年政论选》，联邦出版社，1993，第217页。
② 〔新加坡〕李光耀：《我一生的挑战：新加坡双语之路》，联合早报出版社，2011，第181页。
③ 〔新加坡〕李光耀：《我一生的挑战：新加坡双语之路》，联合早报出版社，2011，第185页。

坡这样一个母语仍然为第二语文的环境下，传统华校的消失只代表华语已经退居第二，并不代表华文文化和华文教育的消失。1984年2月，李光耀发表了"华校不再存在，不表示华文会在新加坡消失"的演讲，回答了华社的质疑，他说："华校衰败是新加坡经济发展无法避免的后果。但是华校不存在，并不表示华文会在新加坡消失。华语文是那么能够引起我内心的共鸣，触动我的心弦，我难道会眼睁睁看着它就这样消失吗？绝对不会。新加坡学校统一源流，只意味着我们必须接受一些调整。我不相信我们不以第一语文来教导华文便会失去文化的根。语言和文化是有关联的，却不是相等的。"[①] 李光耀还认为，由于语言和文化都不是静止不变的事物，会随着人民生活方式的改变而改变。李光耀的话，阐明了政府实施教育源流统一是尊重客观经济规律的结果，也有对语言和文化发展规律的客观认知，更有对华文教育重新调整的意图。澄清语言和文化之间的关系，让华社与华人对语言和文化发展具有足够的认知，是促进教育源流顺利统一和华文教育转型的重要前提。

（二） 让华语成为有用的语言

由于教育源流的统一是客观经济规律发展的必然结果，四大语文源流的发展状况早在人民行动党自治政府成立不久就已经初见分晓，而事实上，教育源流统一这一结果也是新加坡人民行动党政府等待已久的结果。虽然早在1960年，李光耀在南大政治学会发表演讲时就提出了不同种族的人说一种语言，并力争在一代人里办到的目标。1961年英文源流的小一新生已经超过总人数的一半，达到了51.8%，华校衰退趋势在1975年已经明显出现，教育源流统一的外部环境已经成熟。但面对华社的种种不解，政府除了指明这一方向并尽力改善语言环境以外，亦如1965年政府决定以英文为工作语言所经历的漫长等待一样，能做的同样只有等待。但是，这种等待也同样是值得的，正如李光耀所说的："我只能耐心地等，不料，这一等，要等到1979年《吴庆瑞报告书》发表后，才能确定英文为主、华文为辅的双语教育比重，并且到1987年才统一语文源流……话虽如此，即便时光倒流，我也不会提早这样做，因为这实在不是简单的语文问题，而是严重的、

[①] 〔新加坡〕李光耀：《我一生的挑战：新加坡双语之路》，联合早报出版社，2011，第185~186页。

复杂的政治问题。……我要给受华文教育的家长时间,慢慢让他们了解整个局势,一旦了解了,他们明白这不只是新加坡的问题,而是全世界的问题,他们对语言问题就不会那么执着。"① 他还说:"我们当时的做法是维持原状,让四种语文源流的学校并存,并推出第二语文,给人民自由选择。"② 在等待期间,政府还做了许多工作来挽救华语和华文文化,为华文教育的转型营造了环境,做好了铺垫。1979 年开始招生的特选学校以及在华人社会中开展的"讲华语运动",保障了华语能够鲜活地存在于华人社会之中,并成为统一方言的有用的语言。

(三) 华文教育的转型与发展

1987 年教育源流统一后,传统华校彻底解体,华语虽然失去了教学媒介语的地位,但华文教育并没有因此消亡,而是转入了另一种存在模式。周清海认为:"从独立到现在,华文失去的是教学媒介语的地位,但从学生的语言背景看,对大部分新加坡华裔子弟,华语文的教学仍旧是母语或接近母语的教学,而不是第二语言或外语的教学。"③ 华文教育的转型与发展主要表现在以下三个方面。

一是特选学校是传统华校在教育模式上的转型。华文与英文均为第一语文的教育模式使华文教育得以继续存在。

二是华文的普及性得到加强。在华族学生中华文作为第二语文教学以及教学难度的普遍降低,使华文教育的普及性得到加强,特别是双语教育分流制的实施,更适合华文精英人才的遴选。

三是华文教育在以德治国中承担了更加重要的任务。西方国家注重以法治国,而东方国家则推崇儒家传统,强调以德治国。新加坡作为一个德法兼治的国家,与它的发展历史是分不开的。无论是治国还是教化国民,无论是儒家"八德"教育还是"共同价值观"的倡导,新加坡都强调要"道之以德"。华文教育作为儒家文化最基本的载体,以最契合的语境,承

---

① 〔新加坡〕李光耀:《我一生的挑战:新加坡双语之路》,联合早报出版社,2011,第 55 页。
② 〔新加坡〕李光耀:《我一生的挑战:新加坡双语之路》,联合早报出版社,2011,第 55 页。
③ 〔新加坡〕周清海:《华文教学应走的路向》,南洋理工大学中华语言文化中心,1998,第 61 页。

担了新加坡以德治国理念的重要任务。

二 信心危机与国民精神的重塑

教育源流统一后,特别是"极力突出英语"所带来的强势英语环境,使许多华族人士对华文教育的未来感到悲观失望,甚至出现了恐惧,导致了信心危机。"新加坡有些人担心1987年各源流学校统一为一种类型的学校之后,华文的地位将急速衰退,新一代华人断了传统文化的根源。"[①]

随着国际形势的变化,尤其是中新贸易的扩展,华文教育的呼声又高涨起来。面对这种形势,新加坡政府首先要做的就是让全体华人了解政府意图,预见华文的未来,而事实上,新加坡政府统一教育源流的目的也并不是消灭华语,而是推进双语教育政策,其中也有统一华族母语,以免丧失文化根源的原因。1989年初,时任贸工部长李显龙指出"华人没了根,对新加坡其他少数民族也是没有好处的"。第二副总理王鼎昌也明确表示,随着中新贸易的发展,华文使用价值将会加强。同年1月,政府又准备在一些学校重新增设从小学到高中的华文第一语文班。从1989年起,将1979年开办的启蒙班改为预备班,重点教授华语,并强调和渗透儒家思想在国家意识中的重要作用,目的是以儒家伦理道德教育重新塑造国民精神。

在新加坡,儒家伦理道德教育自20世纪80年代以来成为新加坡社会各界弘扬的主题并正式进入了教材。1982年9月,儒家伦理教育委员会提出了第一份课程大纲,随后即正式进入了教材编写流程。课程设计的特点是:"整个教学结构是以东方价值观念为内容,而以西方教育原理和方法为形式。"[②] 在教材编写上,首先编写的是中三、中四两个年级的课本,中三课本的具体内容包括五个单元,即绪论、儒学大师、修身的重要、生活之道、五伦;中四课本的具体内容包括取向、基本德行、君子之道、有道德的社会、儒家思想的主要演变及现代意义。1984年1月,华文版儒家伦理试用课本正式在南洋女中、德明、立化等15所选定的中学开始试验教学,第二年又扩大到所有中学。与此同时,英文版儒家伦理课本也在16所中学进行试验教学,1986年1月,英文版儒家伦理课本扩大到所有中学。在上

[①] 〔新加坡〕杨松年:《新马文学论争与社会变迁的关系:以战前新马文学论争为例的说明》,《传统文化与社会变迁》,新加坡同安会馆,1994,第68页。

[②] 李一平、周宁:《新加坡研究》,国际文化出版公司,1996,第181~182页。

第四章　经济腾飞主题下双语教育政策的修正与完善（1987~2007年）

述课程开课前，于1983年8月，儒家伦理课程编写组对教师进行了系统培训，设有中国历史与儒家学说、儒家思想、新加坡社会与儒家文化、日本与儒家思想、儒家伦理课程纲要与教学法等课程。[①] 开设儒家伦理课程的目的是"培养具有崇高品格的新加坡国民"。此后，儒家伦理精神进一步向社会各方面、各层面扩散，1987年11月，新加坡中华总商会组织了一次"《论语》中有算盘，算盘中有《论语》"的学术讨论会，来探讨儒家伦理精神与商业的关系。儒家伦理课程以及社会各界对儒家思想的弘扬支撑着新加坡度过了教育源流统一过程中出现的信心危机，重新塑造了国民精神。

第三节　效率导向下双语教育政策的分流与兼顾（1990~1997年）

　　进入20世纪90年代以来，伴随着经济的复苏与新的国家发展战略的出台以及经济发展步伐的进一步加大，新加坡进入了追求效率的阶段，1990~1997年这七年成为新加坡经济一飞冲天的助跑期。与此同时，新加坡的双语教育政策又进入了一个全新的发展时期。1990年11月28日，吴作栋上任后亲自主持制定了一个以《新的起点》为题的新加坡今后20年社会经济发展规划。该规划的第二章"教育：对国民的投资"，对新加坡未来20年的教育目标、教育方向、战略措施进行了总体规划。关于未来20年的教育目标，《新的起点》指出："加强国民教育的根基，使每一个年轻人都有机会享受至少10年的高素质的基本教育，使所有合格的学生都有机会享受更高水准的教育。"[②] 规划中还指出"我们的目标是通过正式教育及延续教育，尽量发挥每个国民的潜能"，并"希望新加坡成为一个国民受过良好教育的社会"。使"新加坡人将有机会'活到老，学到老'，可以不断发展……每个人的潜能将充分发挥，从而在教育的各个阶段或领域，取得卓越的成就。"[③] 从此，新加坡的双语教育政策进入了提倡效率的发展时期。

---

① 李一平、周宁：《新加坡研究》，国际文化出版公司，1996，第181~182页。
② 王学风：《新加坡基础教育》，广东教育出版社，2003，第14页。
③ 冯增俊、卢晓中：《战后东盟教育研究》，江西教育出版社，1996，第213页。

一 第三次基础教育改革与新的双语教育分流制度

自 1979 年首次实行双语教育分流制度以来,新加坡的基础教育始终处于不断调整深化的过程中,尤其是为振兴经济而实行优化教育以来,在不断反思中,新加坡的基础教育与双语教育分流制度逐渐走向成熟。20 世纪 90 年代初,第三次基础教育改革与新的双语教育分流制度同时开始,二者之间继续互为基础、互为补充地变革与发展着。

(一) 第三次基础教育改革

1990 年 7 月,新加坡教育部成立了教育考察委员会。该教育考察委员会在对现行的教育制度进行考察研究的基础上,于 1991 年 3 月正式向政府提交了《教育考察委员会报告书》,提出了改革建议。该报告书通过对基础教育特别是小学分流制度的检查与反思,认为双语教育分流制度在使学生的学习成绩提高的同时,也产生了新的问题,认为分流从小三开始过早,不利于学生潜力的发挥。为此,1991 年 7 月 5 日,新加坡教育部学校署署长黄庆新宣布初等教育制度改革正式开始。改革旨在为学生学习英语、母语和数学打基础。1991 年发布的《改革小学教育》报告书标志着第三次基础教育改革的正式开始。

1. 改革的基本内容

第一,改革学制。这次基础教育改革的结果是为每位学生提供 6 年小学教育和 4 年中学教育,共计 10 年的普通教育。这次改革使小学阶段分为三个阶段,包括 1 年学前教育,4 年基础教育,2 年定向教育,共历时 7 年。从小学四年级末开始正式分流,根据考试成绩进入五年级。五、六年级共有三种课程模式:一是英语和母语均为第一语文;二是英语为第一语文,母语为第二语文;三是英语为第一语文,母语仅限于会话水平。所有学生都要在小学六年级期末参加小学毕业考试(PSLE),其成绩将决定他们升入中学会修读特别、快捷或普通这三种课程中的哪一种课程。

第二,改革教育管理体制。所有的中小学都实行单班制教学,缩减班级学生人数。加强外文、艺术等方面的教育,加强道德教育,特别是共同价值观教育;把原来的小三分流改为小四分流,使分流制度更趋合理;将全国的"二部制"小学全部改为全日制学校，课程内容增加了课余活动，而课时却没有增加。

第三，改革课程和考试。这次改革对课程的时间分布也进行了修改，1~4年级小学生学习英语的时间占33%，数学占20%，母语和道德占27%，其他课程占20%；1991年改革后母语的课时数基本保持了1979年改革后的水平，而英语和数学的课时数分别提高了2~5个百分点；小四分流考试科目仍保持英语、母语和数学；为小学五、六年级定向阶段的学生提供三种不同的语言课程；在中学普通课程范围内开设普通、职业课程；为提高母语程度，开始实施"母语第一，英语第二"的双语课程，但后来的结果是没有学生去选修该课程。①

2. 实施教育保障制度，推行"教育储蓄计划"

这项计划是吴作栋"好政府"理念在教育政策上的具体体现，目的是使所有国民的子女，不论家境富裕或贫穷，都有一个相同的起点，为起跑做好充分的准备，并且能够在沿途得到帮助，以跑完全程。教育储蓄计划共分三大类，包括教育储蓄拨款、教育储蓄基金奖学金和教育储蓄基金。"教育储蓄拨款是协助学校推行这项计划的拨款，每年拨给130所中学，每所中学每年可获得10亿新元；教育储蓄基金奖学金只颁发给成绩优异的学生，用来缴付学费，奖学金分为自主学校和中学两种；教育储蓄基金则存放在每个学生的户头里，学生可在任何时候提款，支付参加学校主办的各类教育活动的费用。"② 这项计划使每个学生的教育储蓄户口每年平均有500新元存款，学生可以利用这笔存款支付部分学杂费等。这项计划保障了基础教育能够公平且顺利地实施，基础教育学生人数迅速提升，基础教育学校数量也迅速增加，"1998年，新加坡有188所小学，142所中学，14所初级学院和2所中心学院。1999年，小学增加到195所，中学增加到152所，初级学院和中心学院数未变。"③ 该计划使得在校学生人数迅速增加。从表4-1中可以了解到20世纪90年代新加坡中小学在校人数迅速增加的情况。

---

① 黄明：《新加坡双语教育与英汉语用环境变迁》，厦门大学出版社，2012，第227~228页。
② 王学风：《新加坡基础教育》，广东教育出版社，2003，第69页。
③ 王学风：《新加坡基础教育》，广东教育出版社，2003，第19页。

表 4-1　20 世纪 90 年代中小学在校人数

年　份	小学在校学生数	中学在校学生数
1991	2767	26252
1994	251005	174508
1995	261000	181400
1998	288311	178795
1999	300153	173007

资料来源：参照王学风《新加坡基础教育》（广东教育出版社，2003，第 19 页）整理。

3. 改革的成效及特点

与 1979 年开始的第二次基础教育改革相比，第三次基础教育改革主要有以下三个特点。

第一，体现和保障了教育的公平性。"教育储蓄计划"的推行使所有学童有一个共同的起跑线。1993 年 2 月修订的《新加坡教育法》提出的教育目标进一步明确规定了教育发展的方向。教育法提出要"充分发挥每一个学生的潜力，培养每一个学生的健康的道德价值观，使学生具备雄厚的基本技能基础以适应飞速发展的世界的需求"[①]。还分别具体化了小学、中学、初级学院的教育目标。法律的保证使双语教育实现了体制化，为 20 世纪 90 年代的教育改革打好了基础。

第二，新加坡基础教育建构的梯形结构为学生创造了更开阔的发展空间。新的教育制度为学生提供了 10 年基础教育，每一分流阶段都有三种可供选择的课程，使学生能够结合自身情况有更多的选择空间。

第三，紧密配合了经济发展需要。几十年来，新加坡建国之初就制定的配合经济发展的实用主义教育方针被始终如一地贯彻执行，这次改革是伴随经济优化调整而进行的，为满足资本经济对专业技能人才的需要，将之前单一的中学后教育调整为多种类型的教育模式，奠定了培养多元人才的教育基础。

（二）新的双语教育分流制度

新的双语教育分流制度是伴随第三次基础教育改革同时进行和完成的，改革后的基础教育共有三次分流，即小四、小六和中四分流，也就是沿用

---

① 王学风：《新加坡基础教育》，广东教育出版社，2003，第 26 页。

至今的双语教育分流制度。

1. 新分流制度的具体内容

第一,小四分流。新的双语教育分流制度将小学教育划分为学前、基础和定向三个阶段。学前阶段学制一年,招收5岁儿童,主要任务是掌握语言技能;基础阶段学制四年,主要任务是奠定双语能力,核心课程是英语、母语和数学。新的双语教育分流制度要求小学三年级末学校要对每名学生做出初步评价,向家长建议学生未来的教育方向。到小学四年级末进行小四分流,以英语、母语和数学这三门考试科目的校级统考成绩为基础,综合考察学生的能力标准分数,并分为四个等级进行评价。根据学生的成绩和评价等级标准,在征求家长意见的情况下决定学生进入三种不同的语言源流学习。

普通双语源流(EM1):英语为第一语文,母语为高级母语,只招收10%学习语言能力强的最好的学生。

延长双语源流(EM2):与普通双语源流(EM1)的区别只是母语程度略低。70%~75%的学生进入这一源流。

单语源流(EM3):英语为第一语文,母语仅为基础口语程度。双语能力较弱的15%~20%的学生进入这一源流。从表4-2中可以了解到新加坡双语教育分流制度下,小四分流的等级标准。

表4-2 小四分流综合能力等级标准

等 级	一等	二等	三等	四等
分 数	85~100	70~84	50~69	0~49
评 价	非常好	好	基本掌握	未达要求
升入课程	普通双语课程(EM1)	延长双语课程(EM2)	单语课程(EM3)	

资料来源:黄明:《新加坡双语教育与英汉语用环境变迁》,厦门大学出版社,2012,第229页。

第二,小六分流。新的小六分流是在小学六年级末的小学离校考试(PSLE)后进行。根据考试成绩,学生将分别进入中学的三种课程,即特别双语课程、快捷双语课程和普通课程。

第三,中四分流。中四分流也就是中学毕业分流。由于新加坡中学学制分为四年和五年两种,小学生可以根据成绩和能力进入中学的三种课程源流,并分别于四年或五年后分别参加不同的考试而开始中学后教育。三

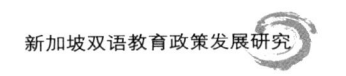

种课程如下。

快捷双语课程（Express Course）：学习能力最强的10%的学生，在学期间学习英语和母语均为第一语文的课程，中学四年级末可参加GCE"O"水准考试。之后，可升入初级学院或理工学院。

特别双语课程（Special Course）：50%的学生进入该课程源流，在学期间学习英语为第一语文，母语为第二语文的课程。也在中学四年级末参加GCE"O"水准考试。之后，可升入初级学院或理工学院。

普通课程（Ordinary Course）：约40%的学生进入这一源流，学制为四年或五年。根据学生的能力和意愿，普通课程又分为普通学术和普通工艺课程。普通学术课程是偏重于学术发展的普通班，有20%~25%的学生学习这一课程。在四年级末参加GCE"O"水准考试，通过考试的学生可以进入初级学院或理工学院；15%~20%分数较低的学生学习这一课程，在四年级末参加GCE"N"水准考试，通过后可继续接受职业技术教育，工艺教育学院将为他们提供商科实习与技术训练等全日制课程，为就业奠定基础。有潜力的学生也可以再学一年后选择参加GCE"O"水准考试，通过后将进入初级学院或理工学院。

2. 新分流制度的特点

作为新加坡教育领域最具特色的部分，1991年新的双语教育分流制度相比于1979年第一次双语教育分流制度有了更长足的发展和深化。对于推动新加坡教育的成熟与完善发挥了重要作用。新分流制度主要具有以下特点。

第一，新分流制度从小四开始，比1979年的分流制度延迟一年。主要是充分考虑学生的身体和智力发育能够更成熟一些的时候进行分流，可以更加合理科学。

第二，新分流制度在兼顾学生差异、因材施教的同时更加灵活。学生在定向阶段可根据期中和期末的考试成绩，由校长亲自审查后，可以转换课程源流，最大限度地使学生的潜能得到发挥和认同，避免了"一考定终身"的现象。

第三，新分流制度下英文的进一步偏重与华文程度的总体降低。英文成绩成为分流中最主要的标准和依据，小四分流后，母语不及格的学生依然可以升入EM2源流，而英语不及格的学生则只能进入EM3源流，体现了语言在教育分流制度中所占比重的不平等。对于华文来说，虽然中学阶段修读双语均为第一语文的学生由8%提高到了10%，但有20%的EM3源流的学生只修读华文口语，使得华文程度被总体降低。

第四，新分流制度对教育资源的使用更加合理，避免了浪费。通过改良教学，使学生扬长避短，充分发挥潜能，"用不同课程来让不同能力的学生学习。小学分流的标准就看学生学习语文的能力。"①

二 第一次华文教学改革

20世纪八九十年代中国实行改革开放以来，快速发展的经济引起了世界瞩目。这使新加坡政府高层迅速意识到华语的重要意义和作用，以及新加坡的双语教育在发展中新贸易中的潜在机会。之前不久教育源流统一过程中因华文问题而引起华人的一系列不满与信心危机再次引起了政府高层的深思，华文教育水平问题引起了政府的高度关注。1991年7月，政府成立了以时任副总理王鼎昌为首的"华文教学检讨委员会"，以负责检讨学校的华文教学。

在新加坡的历史上，从来没有任何政策像华文教学那样，经过那么多次的调整与改革。自实行强制性双语教育以来，华文教学和课程标准经过了多次调整。1979年以来，政府对华文教学问题愈加重视，且将华文教学改革放之于更加广阔和开放的背景下进行改革。至2011年的32年时间里，新加坡对华文教学共进行了4次检讨与改革，其中20世纪90年代的10年里就进行了2次，足以说明这10年里华文教学内、外部环境的多变性与敏感性。但有一点需要特别说明一下，那就是新加坡华文教学改革的目的不是要消灭华文，而是对华文更加关注。李光耀曾说过："我们不停地按社会发展改良华文教学，使它与时并进。不断的改进，意味着华文教学在新加坡永远被人关注，华文因此永远不会在新加坡消失。"② 而这才是新加坡华文教学改革的真正目的。

（一）改革的主要因素

1991年下半年开始的第一次华文教学检讨与改革的因素既有国际经济

---

① 〔新加坡〕李光耀：《我一生的挑战：新加坡双语之路》，联合早报出版社，2011，第181页。
② 〔新加坡〕李光耀：《我一生的挑战：新加坡双语之路》，联合早报出版社，2011，第182页。

形势发展变化的因素,也有国内教育本身调整改革与影响的因素。这次改革是紧随着新的双语教育分流制度和第三次基础教育改革进行的,是首次由国家高层直接领导而进行的教育改革。这次改革的主要原因有三方面。

1. **语言环境的变迁**

语言环境是语言生存发展的重要前提。关于新加坡华语人文环境的基本状况,1992年3月28日的《新加坡华文教学的检讨与建议》是这样说的:"1990年人口普查的结果显示,华裔新加坡人,以英语作为主要家庭用语的,已经从1980年的7.6%增加到1990年的18.2%。尽管英语的应用层面扩大,华族语言(华语和各种方言)仍旧是绝大多数华人所使用的语言。超过81%的华裔新加坡人以华语或一种方言作为家庭用语。……华语已逐渐取代其他华族方言。教育部的统计数据显示,1991年进入小学的新生当中,有66.7%来自讲华语的家庭,1980年只有25.9%。"① 广大华人的支持为华语的生存和发展提供了沃壤。

2. **华文的经济价值**

新加坡对未来华文经济价值的预见是明智的,在1992年《新加坡华文教学的检讨与建议》中明确指出了华文在未来的经济地位,即"对新加坡人来说,华文除了社会功能外,在亚太区的商业、贸易和外交领域里,也很重要。随着中国经济门户的开放和台湾经济力量的加强,华文在我国将越来越重要。"②

3. **传承华族优秀传统文化的需要**

1992年的《新加坡华文教学的检讨与建议》也提出:"在我国,今后将有许多人继续使用华文。大多数华裔新加坡人对华文有一种亲切感,因为这是他们的家庭用语,是他们所热爱的语言。他们通过华文了解自己的根,吸收自己的文化、传统风俗与价值观。"③ 这是解决华人精神家园的根本问题。

(二)改革的主要内容

语言和文化都不是静止不变的,而且会随着形势的变化和人们生活方式的变化而变化,这是语言和文化的基本生存方式。对华文教学的改革正

---

① 新加坡教育部:《新加坡华文教学的检讨与建议》,1992年3月28日。
② 黄明:《新加坡双语教育与英汉语用环境变迁》,厦门大学出版社,2012,第236页。
③ 新加坡教育部:《新加坡华文教学的检讨与建议》,1992年3月28日。

第四章　经济腾飞主题下双语教育政策的修正与完善（1987~2007年）

是顺应了时代发展需要。1990年，新加坡政府曾邀请了梅广、吴敏而、汤廷池和吴宏一等四位台湾教授赴新加坡考察华文教学，他们在新加坡举办的讲座和提呈的建议对于新加坡进一步营建华文改革氛围，坚定政府改革华文教学的决心具有重要意义。第一次华文教学改革的重点主要是把华文教学由重视书写能力转移到听、说、读。此外，还对不同程度华文的名称进行了规范。这是继1956年《新加坡立法议院各党派华文教育委员会报告书》之后第二份重量级的华文教育报告，它的提出将新加坡的华文教育带入一个新的时代。改革的具体内容如下。

1. 关于华文教学目标的调整

对于这次改革的预期，李光耀明确提出，"我们希望在华语已经普及的基础上，通过一些有效的途径和政策，逐步将华文程度，提升到适当的水平，以便提高华人对华族文化的认识和保留华人的传统价值观"。① 具体来说主要是两点：一是通过教导听、说、读、写的语文技能，培养学生的语文能力；二是向学生灌输优良的传统文化和价值观。

2. 关于华文教材、课程的改革

为配合华文教学发展形势和学生语文背景的变化，以及培养学生语文能力的教学目标，报告书建议华文课程内容的设置要在两个教学目标之间取得平衡。也就是既帮助学生掌握华文，也帮助他们认识文化。因此，在教材编写上更应注重均衡分配两大教学目标。新加坡课程发展署决定对正在使用的小学华文教材（CLIPS）和中学华文教材（CLIMS）两套多元媒介教材重新编写。教材内容应突出多样化的特点，收入民间故事、历史故事、传奇神话和诗歌戏剧等，教材的难易程度应秉持着循序渐进的原则。此外，还鼓励出版华文辅助读物。

在课程安排上，报告书提出三点修订意见。一是汉语拼音教学的提前；二是改进现有字表，并分为三组，即小一至小四为一组，小五至小六为一组，中一至中四/中五为一组，每一组都不再规定各年级应学的汉字；三是放宽学习高级华文的条件。允许华文程度高的快捷双语源流的学生修读高级华文和中华文学，教育部再次规定，除了允许小学离校考试（PSLE）成绩优异的10%的学生学习以外，成绩优异的11%~20%的学生，且华文考获A+或高级华文考获特优，英文也考获A的学生也可以修读中学高级华

---

① 〔新加坡〕李光耀：《我一生的挑战：新加坡双语之路》，联合早报出版社，2011，第182页。

文。在中学后教育中华文课程也有改变，教育部在两所初级学院开设了华文的"语文特选课程"，教授较高水准的华文和中华文学课程。此外，报告书还建议增加学生接触华文的时间，比如，可以用母语教授小学美术科、音乐科、小四至小六社会科学和中学的道德教育。

3. 关于华文科名称的规范

由于学校里华文科以"华文第一语文"和"华文第二语文"来区别语文水准的难易程度，但这样的名称很容易使家长和学生把"华文第二语文"看成是次要和次等课程，这对华文母语教学非常不利。报告书建议应正确反映它们在学校中的定位，把"华文第一语文"改为"高级华文"（Higher Chinese），把"华文第二语文"改为"华文"（Chinese）。

4. 关于华文师资和人才的培养

培养华文教师无疑是推行华文教学改革与实施的重要因素。报告书还建议设立语文中心或扩大现有语文训练中心，开办母语教师的培训与文凭课程。

5. 关于华文测试和考试

改革前新加坡的华文考试分为三个方面，即口语、理解与应用、写作，对于听的技能则重视不足，华文读与听的能力考试所占比重很小。报告书建议，在华文第二语文考试中增加听力理解；普通教育证书"N"与"O"水准华文第二语文考试中也增添听力理解；普通教育证书"AO"水准的考试应减少多项选择题，增加综合填空，理解考试应增加听力理解，口试应有等级的区别。

此外，在考试政策上也做了调整。一是报告书建议应打破之前华文第一语文的考试只允许特选学校或自主学校的学生参加的不合理政策，应允许学校选派华文第二语文成绩好的学生参加"O"水准华文第一语文的考试，成绩合格后也可以享有同特选中学学生一样的升入大学先修班时有2个奖励分的政策；二是开设"AO"水准华文理解与写作选修科目。为"O"水准华文第一语文或"AO"水准华文第二语文考试成绩优异的大学先修班学生提供继续学习华文的机会，并鼓励他们关注国内外时事。从表4-3中能够比较直观地了解到第一次华文教学改革前后华文考试中各考查项目在各类考试中所占的比重。

表4-3 华文考试各组比重建议（1992年）

考查项目	目前的比重（%）			建议的比重（%）		
	小学离校考试	"O"水准	"AO"水准	小学离校考试	"O"水准	"AO"水准
作文	20	35	35	20	35	35
长文缩短	—	—	10	—	—	10
阅读/听力理解	15	20	15	25	25	25
语文用法	45	30	40	35	25	25
口试	20	15	口试分数不算	20	15	5

资料来源：新加坡教育部：《新加坡华文教学的检讨与建议》，1992年3月28日，第23页。

（三）改革的特点

1991年华文教学改革是首次由政府高层官员直接领导的有关华文教学的改革，《王鼎昌报告书》也是针对华文课程改革的第一份报告书，是在"极力突出英语，适度保留母语"的双语教育政策的大前提下为华文学习开辟出的一个较为宽松的环境。这次改革的主要特点有五个方面。

1. 对华文科名称的规范有利于确立华文科的正确地位

在学校里所教授的华文科目被称为"华文第一语文"和"华文第二语文"主要是为了区分所教导的水平，而不幸的是，这样的名称让家长和学生曲解了意思，使"华文第二语文"被误解为次等或较不重要的语文。规范华文科的名称可以适当地反映它们在学校里的地位。

2. 放松了修读高级华文的条件，使华文教育在更大范围的人群中培养华文精英

1979年双语教育分流制度规定只有小学离校考试总成绩优异的10%的学生才能修读特别双语课程，也就是英华双语均为第一语文。《王鼎昌报告书》把有资格修读这一课程的学生扩大到了20%，让更多人可以修读高级华文，使华文教育能够在更大范围的人群中培养华文精英。

3. 增加了接触华文的时间和增强了学习的趣味性

在中小学用母语教导公民、音乐、美术等课程，增加了学生接触华语的时间，教材内容的多样化也进一步增强了学习华语的兴趣。

4. 提前学习汉语拼音减轻了华语学习和教学负担

报告书建议提早于小四之前学习汉语拼音，使学生尽早掌握和利用拼音工具，打好华语口语和阅读基础，对于今后减轻华语学习和教学负担是显而易见的。

5. 降低华文学习和考试难度，推动华文教育的普及

华文教学重点由注重听、说、读、写四种语言技能转向听、说、读，考试模式也更加注重听、说能力，这不仅降低了难度，减轻了负担，也打消了一些学生认为华语难学的顾虑，使华文教育得到了一定程度的普及。为贯彻报告书建议，教育部在几年内把开设了高级华文课程的学校由原来的9所特选中学扩展到了30多所。从1991年开始，在华中初级学院和淡马锡初级学院设立的语文特选课程的学生数量也逐年增加。

当然，这次华文教学改革毕竟是在"极力突出英语，适度保留母语"的大环境下进行的，必然会存在一些不尽如人意的地方。一是英文程度仍成为制约条件。报告书虽扩大了小学后修读高级华文的人群，但也规定了英文成绩必须达到一定标准，否则，也不能修读高级华文。二是修读高级华文的高标准、高起点使华文精英的培养局限在一个狭小的范围内。1979年双语教育分流制度规定，小六离校考试总成绩优异的10%的学生才能修读高级华文课程。然而，"根据历届小学离校考试，华文获得A等或以上的学生，高达70%，考获同等英文成绩的百分比，则不到一半。……然而，报告书限定修读高级华文的学生在小六会考中华文必须考获A+（即90分以上，满分为100）等，超高的起点要求，无形中将一大批华文程度不错，但也许达不到90分的孩子拒于高级华文的门槛之外。"[①] 剥夺了大批学生学习高级华语的权利和机会。很显然，在之后漫长的培养高级华文精英的进程中，新加坡只能从这10%或20%的狭小范围的学生中进行选拔培养，忽视了人的学习潜力，缺乏发展的眼光，完全是一种狭隘的培养模式。三是该报告书关于华文教学的改革并不是站在弘扬民族优秀传统文化的立场上，而是更多地从经济利益和外交的角度来考虑华文的利用价值，对华文教学特别是华文精英的培养表现出急功近利的特点。

---

① 陈之权：《新加坡教育分流下华文课程面对的问题与挑战及改革策略研究》，华中师范大学博士学位论文，2005，第35~36页。

三 讲华语运动的深化与"共同价值观"的培养

经过十多年对讲华语运动的推广和取得的成果,使新加坡的讲华语运动影响的范围不断扩大,社会影响力逐渐深化。讲华语运动不仅从语言推广的角度来看是成功的,从塑造共同价值观的角度来看也无疑是成功的。这既是华文文化在意识形态领域不断深化的结果,也凸显了讲华语运动对道德层面的影响力。关于讲华语运动的深化主要表现在三个方面。

(一)讲华语运动第二个十年目标的调整

20世纪90年代初,讲华语运动进入了第二个十年。此时的新加坡教育已经完成了教育源流完全统一的国民型教育改造。"极力突出英语,适度保留母语"的双语教育政策,以及"英语第一语文,母语第二语文"的双语教育模式已经被确立下来,而华文教学的改革使得华文程度逐渐走低。此外,新加坡刚刚经历了经济衰退,并通过调整教育,从文化中汲取力量而实现了再次起飞。本来,讲华语运动的初衷只是要解决语言问题,增强华族凝聚力。但进入20世纪90年代以来,华语的经济价值与文化价值引起了政府高层的重视,在经济和文化领域中又看到了华语新的潜能。因此,新加坡讲华语运动的新的目标也逐渐浮出水面。

1998年,杨荣文准将为讲华语运动主持开幕演讲时说:"讲华语运动接下去的目标不再只是推广华语,减少方言。更重要的是把华语提升为华族同胞的高层语言,与英语并驾齐驱,其他各族的母语也应该如此……因为新加坡是一个开放的城市,我们的年轻人容易受到好莱坞流行文化影响。有了民族的自我意识,就能产生一种内在的力量,使他们经得起灾难、政治动荡和战乱的考验。如果我们只注重英语,荒废了母语,我们的内在力量就会被削弱,我们也将沦为无根的浮萍。"① 杨荣文的讲话正式把讲华语运动的目标由"少说方言"转移至"认识文化"上来。事实上,早在1991年,文化就已经成为讲华语运动的目标了。从表4-4中我们能够比

---

① 〔新加坡〕李光耀:《我一生的挑战:新加坡双语之路》,联合早报出版社,2011,第167~168页。

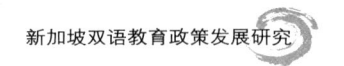

较直观地了解讲华语运动在第二个十年里运动口号的变化与主要针对的人群。

表 4-4　讲华语运动的口号及锁定对象（1990~2000 年）

年　份	口　号	对　象
1990	华人·华语	华族的高级公务人员和专业人士
1991	学习华语，认识文化	鼓励受英文教育者多讲华语
1992	用华语表心意	鼓励受英文教育者多讲华语
1993	讲华语·受益多	受英文教育的华人多讲华语，强调经济价值
1994	华语，多讲流利	受英文教育的华人多讲华语，推广商用华语
1995	华语，多讲流利	精通双语人士
1996	讲华语，开创新天地	精通双语人士
1997	讲华语，开创新天地	受英文教育或讲英语的华人
1998	讲华语，好处多	讲英语的华人
1999	讲华语，好处多	受英文教育或讲英语的华人
2000	讲华语，好处多	受英文教育的华人

资料来源：〔新加坡〕李光耀：《我一生的挑战：新加坡双语之路》，联合早报出版社，2011，第 166 页；汤云航、吴丽君：《新加坡/中国推广普通话比较研究》，辽宁民族出版社，2006，第 55 页。

在"讲华语运动"第二个十年里，其年度主题的文化味也日益浓厚，充分体现了"讲华语运动"由语言向文化的深化，而锁定的对象也由受华文教育者向受英文教育者延伸。

（二）讲标准华语

文化目标的调整，并不等于是对语言的放弃。第二个十年的主要任务和目标是在继续消灭方言的基础上，向认识文化过渡。这期间，重点对使用华语的规范性、标准性进行了有效治理。

新加坡多元语文的特点使得各种语言之间相互影响、浸濡和渗透，久而久之，语言都发生了变化，形成了"杂菜式"的语言，华语也不例外。尤其是 20 世纪 90 年代在新加坡很受欢迎的两部环境剧，即英语剧《同在屋檐下》和华语剧《敢敢做个开心人》，这两部剧里的"杂菜式"语言引起了社会的广泛争论，政府高层认为这种"杂菜式"语言影响了推行多年

第四章　经济腾飞主题下双语教育政策的修正与完善（1987~2007年）

的讲华语运动的效果，必须尽快"净化语言"。李光耀的意见是"我们应该尽量提升华语水平，而不是停留在'新加坡式华语'的层面上。这也是为什么我不赞成'新加坡式英语'的原因，它会使这个语言的错误使用方式持续下来。……我们应该尽量达到标准的水平，让所有的人，不管在中国香港、中国台湾、中国大陆还是美国的华人都听得懂，而不是保留一个只有新加坡人才听得懂的语言。"①　吴作栋总理对这个事件的处理是要求重新配音，删除方言词。他还建议讲华语运动重点要鼓励华人讲标准华语。

在第二个十年里，讲华语运动的对象由华族底层方言人群向受英文教育或讲英文的白领阶层转移。1991年3月，杨荣文准将在国会上明确提出讲华语运动转移对象的要求，他认为把推广华语运动的主要对象定位为以英文为第一语文的华族新加坡人，主要是出于这些华人正面临着丧失讲母语能力的危险的考虑，而这些人通常又对中华文化不感兴趣。为了推动受英文教育者学习好华语，政府自1994年起，每届推广华语委员会的主席都让英校生来担任，并且以英语为宣传媒介，在运动的宣传口号上也体现了这一特点。

（三）讲华语运动对共同价值观的培养

新加坡开展讲华语运动伊始，正值20世纪80年代经济全球化加深与西方文化影响日益严重之际，传统的亚洲价值观在西方个人主义和以自我为中心的价值观的引导下面临逐渐丧失的危险。1988年10月，时任副总理的吴作栋首次公开建议要制定一套各种族、民族与不同信仰的新加坡人都能够接受的共同价值观。而此时，讲华语运动的主要任务已经逐渐由语言转向文化，作为优秀传统文化和道德规范的有效载体，讲华语运动无疑成为培育和构建共同价值观最有效的培养基和孵化器之一。通过华文所附带和延伸的中华优秀传统文化的滋养，提取、培养和形成了新加坡的共同价值观，并成功应对了西方价值观的传播。

1. 人民行动党对意识形态的实用主义和民族主义态度

"一个政党在取得政权和执掌政权的过程中，会形成一套价值观念、理论体系和是非标准，即所谓政党的意识形态。"②　新加坡在意识形态方面的

---

①　〔新加坡〕李光耀：《我一生的挑战：新加坡双语之路》，联合早报出版社，2011，第169页。
②　孙景峰：《新加坡人民行动党执政形态研究》，人民出版社，2005，第92页。

态度与其治国方略一样,也是主张实用主义的态度。尤其是在新加坡立国初期,也是把意识形态作为国家政治最大卖点的时期。关于意识形态的实用主义态度,主要表现在政治倾向和贴近民生等问题上,早在1968年5月,李光耀在新加坡雇主联盟年度晚餐会上的演讲中说:"你不能要求老百姓只为一大堆观念奋斗,他们必须有提高生活水准的欲望,不论是添购摩托车、小汽车、公寓、冰箱、洗衣机、电视机、更好的皮鞋、更好的衣服、更好的住宅。"① 关于民族主义的态度,主要表现在维护新加坡各民族的文化传统与利益上,新加坡一方面庆幸以英语为共同语使国民掌握了基本生存技能,另一方面也担心国民因此而失去了自己的民族文化。李光耀认为:"我们一旦失去感情上和文化上的稳定因素,不再成为一个充满自豪的独特社会,而成为一个脱离亚洲人背景的'伪西方社会',那这个代价就太大了。"② 新加坡人民行动党在意识形态上的实用主义和民族主义态度,对新加坡意识形态的塑造提出了既要具有民族性,又要具有实用性的要求。而讲华语运动所具有的民族性、文化性、实用性的特点,成为构建新加坡特色意识形态的一个有力抓手。

2. 从亚洲价值观到共同价值观的转变

讲华语运动在第二个十年里虽然已经告别了方言,但民族文化和情感也出现了无所依托的现象。"告别方言时代之后,新加坡华族在语言感情方面便已走上了一条不归路。如再不掌握华语,我们便别无选择。"③ 这一阶段,讲华语运动的主要推广对象被确定为受英文教育者,目的是增强民族文化的认知。讲华语运动虽然表面上是针对华族开展的,但由于华族人口众多,每年持续一个月的运动,几十年坚持下来,不可能不对其他族群产生影响,而新加坡正是通过广泛推广讲华语运动而使儒家文化逐渐深入人心。对儒家文化的了解和认可成为共同价值观产生的基础和前提。

亚洲价值观是冷战结束后,在文化领域区别于西方价值观,并以儒家文化为主体建构的价值观,其作用凸显于东亚经济腾飞时期,在20世纪90

---

① 韩福光、华仁、陈澄子:《李光耀治国之论》,天下远见出版股份有限公司,1999,第121~122页。
② 〔新加坡〕李光耀:《我一生的挑战:新加坡双语之路》,联合早报出版社,2011,第166页。
③ 〔新加坡〕严孟达:《告别方言时代之后》,联合早报出版社,1992年9月6日。

第四章 经济腾飞主题下双语教育政策的修正与完善（1987~2007年）

年代引起了较为强烈的争论和关注。李光耀曾被认为是亚洲价值观的坚定旗手，但他自己却并不这样认为，他始终认为自己所倡导和维护的是儒家价值观。之所以这样说，是从新加坡整体利益来考虑的，一是儒家文化产生于中国，但不仅仅属于中国，它的影响力已经辐射了整个亚洲，形成若干个儒家文化圈，并得到了大多数亚洲国家的认同，其中包括东南亚各国。在新加坡这样一个多元民族与文化的国度里倡导儒家文化不会引起其他族群高度的政治敏感性。二是儒家文化自身倡导的内容所具有的包容性与中立性，有利于各族群的团结。三是儒家价值观促进了东亚经济腾飞，这成为得到各族群认可的重要前提。吴作栋在《勿因方便与经济价值抹煞亚洲文化传统》一文中说："促进东亚各国经济增长的主要正面文化价值观是'儒家思想动力'。这是指不包括那些妨碍革新的传统儒家思想，也就是儒家思想好的一面，其中包括节俭、毅力、合群和长幼有序等优良价值观。"[①] 儒家价值观的广泛推广推动了亚洲价值观的发展演进，也奠定了共同价值观的基础。

3. 共同价值观的提出

共同价值观既是以儒家价值观为基础提出的，又对儒家文化存在的不足进行了必要的补充。是基于现代工业社会发展的需要对传统儒家文化进行的改造与创新，是传统文化与现代文化的有机融合，也是对亚洲价值观的新发展和提升。1991年，吴作栋总理向国会提交了《共同价值观白皮书》，提出了五大价值观，即国家至上，社会为先；家庭为根，社会为本；关怀扶助，尊重个人；求同存异，协商共识；种族和谐，宗教宽容。共同价值观的提出，标志着新加坡主流意识形态的形成。共同价值观与亚洲价值观最重要的区别就在于其没有包含政治与宗教的价值观。如果从全面性来看，这或许是一种欠缺，但对于多元共生的新加坡来说，却是一种别样的完美。

在讲华语运动的第二个十年里，政府所采取的形式、宣传的重点以及运动的目标都与上一个十年不同。在形式上，不同于之前生硬的取代，而是采用更加机智幽默和轻松的引导方式，从文化入手，使华语推广运动与中华传统文化浸濡结合起来。为配合文化浸濡，华人社团积极帮助

---

① 〔新加坡〕吴作栋：《勿因方便与经济价值抹煞亚洲文化传统》，联合早报出版社，1991年7月27日。

华人了解中华文化，1993 年，新加坡宗乡会馆联合总会设立"华文课外读物理事会"，编写中英文对照的"认识中华文化"丛书，帮助华族学生了解中国历史文化；在宣传的重点上，除了文化，还突出华语的经济价值和作用；在目标上，由消灭方言转移至把华语提升为华族的共同语或高层语言，积极推广儒家传统文化，进而提出共同价值观，实现了主流意识形态的形成。1998 年，政府为了彰显推广华语的重要意义，把推广华语委员会更名为推广华语理事会，足见对讲华语运动的重视。90 年代以来政府重视对学生加强价值观教育，使新加坡的双语教育政策在道德领域发挥作用。

第四节 能力导向下双语教育政策的互补与平衡（1998～2003 年）

1997 年，连续十年的经济增长使新加坡一跃而成为亚洲经济"四小龙"之一，引起了世界的瞩目。1996 年已经进入发达国家行列的新加坡，为迎接 21 世纪的挑战与竞争，正在准备进行第四次经济战略调整，不仅对如何应对金融危机、复兴经济的能力提出了新要求，还重新确定了资讯科技与信息产业的经济发展目标。新加坡对教育的期望也有了更高的要求，社会所需要的人才不仅要具有信息技术能力，还要有创新能力和创造能力。1997 年 6 月，吴作栋总理在第七届国际思维大会上发表了题为"塑造我们的未来：思维型学校，学习型国家"的演讲，呼吁新加坡树立终身学习精神，让每个新加坡人最大化地发挥出才能。之后，新一轮的教育教学改革也随之跟进，在种种新的教育举措的影响下，世纪之交的新加坡双语教育政策将更加精彩，释放出更加强大的能量。

一 《理想的教育成果》与双语教育政策的深化

当吴作栋总理关于"被列为发达国家并不值得我们庆祝"的声音言犹在耳，且亚洲经济"四小龙"之一的新加坡传奇正方兴未艾之时，席卷东南亚的金融危机已经悄然降临了新加坡。在所有遭受金融危机的国家中，新加坡是抵御危机最成功、最早恢复元气的国家，而挽救危机的秘密武器仍然是双语教育。1997年4月，新加坡教育部颁布了《资讯科技在教育上的应用总蓝图》（*Master Plan of IT*），以促进师生以快速掌握资讯科技为目的，并以此推动教育革新。教育部还专门设立了"教育科技署"和监督委员会，负责相关计划的落实与协调。

为贯彻落实总蓝图精神，1998年新加坡教育部颁布了《理想的教育成果》的教育纲领。这个纲领对21世纪里中小学、初级学院毕业生及中学生、大专学生应达到的教育成果提出了要求，清楚地阐述了国家对每个阶段教育的期望，从表4-5可以了解到理想的教育成果的具体内容。

表4-5 理想的教育成果

小学毕业生	中学毕业生	初级学院毕业生
能分辨是非	刚正不阿	诱惑力、不屈不挠
愿与人分享，把别人摆在首位	关心别人	富有社会责任感
能跟别人建立友情	具有团队精神，重视个别贡献	懂得怎样激励别人
有强烈好奇心	具革新精神，进取心强	有创业精神，富有创造力
能独立思考，善于表达自己	奠定广泛基础，接受更高层次的教育	能独立及创意思考
以自己的学习为自豪	对自己的能力有信心	精益求精
培养健康习惯	具有审美能力	充满生命力
热爱新加坡	熟知、信任新加坡	了解领导新加坡应具备的要素

资料来源：王学风：《新加坡基础教育》，广东教育出版社，2003，第91页。

（一）课程与教材改革

为确保中小学课程设置与评估制度符合21世纪发展需要，落实资讯科技在教育上的要求，教育部部长张志贤提出了削减中小学课程内容10%~30%的要求。被削减的内容包括："①只强调背诵或技术性细节，而对学生了解课程帮助不大的内容。②跟实际不符的内容。③太难或太广的内容。④在同年级的不同科目，或在不同年级中重复的内容，这些重复的内容或许只在其中一个科目中保留。"① 根据课程改革时间表安排，到2001年后才

---

① 王学风：《新加坡基础教育》，广东教育出版社，2003，第17页。

能把绝大部分改革引进学校。从表4-6中可以了解到新加坡课程改革的发展进程。

表4-6 新加坡课程改革时间

时间	1999年	2000年	2001年以后
小一至高中课程大纲	绝大多数会削减10%~30%	照旧削减10%~30%	课程大纲全面修订
全国考试	完全不受影响	根据削减后的课程大纲出题	根据新大纲出题与测试

资料来源：王学风：《新加坡基础教育》，广东教育出版社，2003，第91页。

对于教材的编印，新加坡教育部也同时放开，允许私人出版商参与编写教材并建立有效的监督机制。从1998年起，教育部开发90%的教材给私人出版商，教育部对于私人出版商的要求是，必须是注册并有良好出版记录的，在编写母语等敏感课程时能保证听取教育部的指示。教育部还设立"课本核准程序"，严格监督教材的品质与价格。

与此同时，一种新的全民学习的办学思想由吴作栋总理提了出来。即抓住政府关注的焦点问题，设计一门单独的课程，鼓励学生成为独立与创新精神的思想者，并能够最终拥有长期有效的价值体系。这是对1986年开设"思考"课程的延续，为此，新加坡又提出了"教会学生如何思考而不仅仅是教思考的内容"的要求。在《理想的教育成果》的引导下，双语教育的效果进一步得到了强化，英语作为工具语文得以继续加强，华语的经济价值、文化价值不断攀升。

（二）信息教育的强化

《理想的教育成果》也提出了改革课程和加强信息教育的要求。信息教育，使教育从传统课堂向"无边界"学习延伸，为配合"总蓝图"的实施，1996年，教育部成立了教育科技署，下设三个处，分别是：教育科技发展处，负责多媒体教学资源开发；咨询科技培训处，负责实施学校咨询科技计划；媒体及基础设施支援处，负责审查推荐供学校使用的教育软件等。新加坡信息技术教育的实施共分为三个阶段，即1997年推行22所示范学校；1998年扩展到另外102所学校；2002年拓展到全国其他学校。

关于课程和教材开发，教育部与出版商合作开发课件。1999年，新加坡教育部开始推行"教育电子簿"实验计划。目的是扩展信息技术在教学方面的应用，用小巧轻盈的"电子书包"代替传统意义上沉重的书包，并增强学习乐趣。电子多媒体技术为新加坡中小学教育开创了一个理想的新境界。

关于教师培训，新加坡采取了层层扩展推进的培训模式。共分为四层，即 1996 年，培训 60 名高级资讯科技导师；1997 年，由这 60 名高级资讯科技导师培训第一批 22 所示范校的教师；1998 年，由高级资讯科技导师和 22 所示范校选定的教师共同培训第二阶段其他 102 所学校的教师；1999 年，由高级资讯科技导师培训第三阶段的学校教师。此外，新加坡教育部创办的"教育电子坊"网站也为培训教师、调整课程、开发资源提供了新的领域。

（三）《理想的教育成果》孕育华文教育新变革

《理想的教育成果》以更广阔的视野审视新加坡已经运行了 35 年的教育制度，对教育制度的培育个体和教育国民两大功能的要求进一步明确。继续提出"教育的基本任务就是培育一个人，使他能全面发展。……任何人都不能离群而居，社会能让每个人通过各自的贡献，找到适当的立足点及保障。他也肩负对社群的义务与责任，由此他能获得生命的意义，找到自己的定位。"[①] 教育的两大功能相辅相成，是不可分割的。而这两大功能的实现都离不开双语教育的支持和配合。

《理想的教育成果》在强化信息教育的同时，对信息化社会的双语教育提出了新的更高要求。特别是在 20 世纪 90 年代华文经济价值迅速升温的大背景下，华文高级人才出现了紧缺现象。1993 年，新加坡政府呼吁有识之士向国外发展，以扩张和巩固本国经济，而此时的中国也正在大张旗鼓地招商引资，两国经贸合作的顺利开展需要大量的华文人才，经济发展带动了整个社会华语文教育的价值取向。虽然新加坡在 1992 年初已经对华文教育进行了调整，但还不能满足新形势的需要。在基础教育的改革进程中，双语教育必须与时俱进，继续深化发展，双语功能作用被进一步开发。《理想的教育成果》在进一步深化双语教育政策的同时，也为第二次华文教学改革拉开了帷幕。

---

① 吴云霞：《新加坡小学教育考察》，南京师范大学出版社，2001，第 13 页。

二 第二次华文教学检讨与改革

20世纪90年代以来,华文的影响力逐步扩大,除了在政治、社会与文化的领域得到重视以外,经济因素的影响又增加了华文的实用价值,社会各界对华文教育的要求也随之提高,华文教学面临着再次改革。促成第二次华文教学改革的原因有三:一是华文教学改进与文化人才培养。在1997年的国庆群众大会上,吴作栋谈到了亚洲价值观的重要性,并特别提出了两个课题。他说:"首先,要培养一批与华族文化传统、历史、文学和艺术有深入认识的核心分子。他们将来可成为华文教师、作家、新闻工作者、社会领袖、国会议员或部长;其次,要为学校的华文科,制定一个切实际的水平,使学习能力一般的学生,特别是家里主要讲英语的学生,只要付出一定的努力,就能达到所定的水平。"① 二是改善华文学习环境。新加坡华文教师总会以"学习动机理论"为依据,提出了营造有力的华文学习环境问题,向政府提出了13条建议,希望能彻底改变华文式微的状况。该建议的绝大部分后来被教育部接受和采纳。三是华文的经济效益与经济竞争的需要。90年代中后期由于中国和新加坡经济合作日益深入,特别是中新合作开发经济区的成功,在新加坡引起了"华文热"。新加坡人在很快意识到华文经济价值的同时,也看到了竞争。吴云霞在书中对新加坡人这种语言竞争的心理描述得很到位,她说:"我们和中国大陆交往,还须和中国台湾、香港等华人竞争,没有了语言上的方便,就等于在竞争中少了一个重要的筹码。"②

1998年初,教育部成立了"华文教学检讨委员会",再次全面检讨华文教学。时任副总理的李显龙承担了这项工作。这次检讨结果并不是以报告书的形式公布,而是以声明的形式公布的。经过一年多的调研,1999年1月,李显龙在国会发表了《副总理声明》,宣布教育部实行"量体裁衣,因材施教"的华文教学新政策,并再次重申了双语教育的重大意义。他说:"政府长期以来对学校的双语教育和学习母语的政策保持不变。英文是全国人民共同的工作语言,现在如此,将来也是如此。英文是全球商业、贸易

---

① 〔新加坡〕谢泽文:《新加坡五十年来推行双语教育政策的一些措施》,新加坡华文研究会:《新加坡华文教学论文五集》,教育出版社,2008,第75页。
② 吴云霞:《新加坡小学教育考察》,南京师范大学出版社,2001,第78页。

和科技的用语。但母语是构成我们的价值观、根源和共识的重要部分。母语可以使我们直接接触我们的文化传统,使我们具有不同的世界观,与英语世界的观点相辅相成。尽管国家的双语策略目标不变,推行措施却是随形势的改变而改变。"①

(一) 华文教学的目标与模式

《副总理声明》(以下简称《声明》) 针对华文教学改革提出了两个预期目标。一是促进学生听、说、读、写的能力;二是通过华文教学灌输和传承华族文化与价值观。《声明》还对英语和母语在国家教育系统里的定位做了说明:"英语是学校的主要教学媒介语,必须作为第一语文来学习;至于母语,我们鼓励那些能力做得到的学生,也学习母语作为第一语文(或接近第一语文);其他的学生,所学习的母语必须是第二语文的水平。"②鼓励每名学生根据自身学习的能力,争取达到最高水平。《声明》还提出了"大幅度量身定制,因材施教"的改革模式。

(二) 具体改革措施与华文课程调整内容

第二次华文教学检讨与改革是在世纪之交,世界经济全球化进程日益加快,科技进步日新月异,人才竞争日趋激烈的形势下进行的。具体措施及课程调整内容主要体现在以下几个方面。

1. 继续放宽修读高级华文的条件,培养更多华文精英

《声明》建议,从1999年开始在小学阶段继续实施放宽修读高级华文的政策。小四分流后,原来只有英文和华文成绩都考到第一等的普通双语源流(EM1)的学生才有资格修读高级华文。现在,只要华文成绩第一等,英文和数学成绩至少第二等,也可修读高级华文。

从2000年开始,原来小六分流后,小学离校考试成绩最优异的10%的学生,以及成绩优异的11%～20%、华文成绩A+(或高级华文特优)、英文成绩至少A的学生才能够在中学修读高级华文。现在,成绩属于11%～20%优异的学生、华文和英文成绩达到上述要求的学生也可以修读高级

---

① 〔新加坡〕李光耀:《我一生的挑战:新加坡双语之路》,联合早报出版社,2011,第199页。
② 〔新加坡〕谢泽文:《新加坡五十年来推行双语教育政策的一些措施》,新加坡华文研究会:《新加坡华文教学论文五集》,教育出版社,2008,第76页。

华文。

为了培养学习华文的兴趣，鼓励更多的学生学习华文，教育部还采取了一些具体的措施。一是从2000年开始增设特选中学。在综合考查的基础上，将南华中学提升为第十所特选中学。二是从2000年开始扩大特选课程。南洋初级学院成为第三所开设语文特选课程的学院，使学习能力中等，但华文成绩优异的初中毕业生有机会修读高级华文。如果学生选择在某初级学院修读华文特选课程，他们在申请进入该院学习时，还将获得额外的两个奖励分。三是2000年开始在特选中学开设"中华文史知识"深广课程。让所有中一和中二的学生修读，以引发学习兴趣，中三学生选修"中华文学"课程。四是从2002年开始对于华文成绩好的大学先修班毕业生，在申请进入新加坡国立大学中文系或南洋理工大学国立教育学院专修华文的教育学士课程时，也会获得最高不超过2分的优待分。同样，对于修读母语（华文、马来文、泰米尔文）获得优良成绩的学生，在申请进入新加坡国立大学的马来文系、南洋理工大学的大众传播系也可获得上述的优待分。

2. 制定更加合理的华文课程标准，改进考试模式

为照顾到不同学习能力的学生，教育部根据《声明》的建议，从2002年起重新修订中小学课程标准，重新编写教材，并重新拟定考试方案。

一是重新修订中小学课程标准，降低难度，删减课本。对于各科成绩都很好，唯独华文学习有困难的学生，《声明》建议为他们设计注重口语能力并兼顾阅读的"华文B课程"。由于中三学生只要华文B及格，就可以达到进入初院或大学的最低要求，所以，"华文B课程"只是针对那些从小学开始学习华文，直到中二仍无法通过考试的学生而设计的，这些学生进入中三修读"华文B课程"的成绩不能计入申请初级学院或本地大学的总分内。从表4-7中可以全面了解新加坡大中小学各阶段设置的华文课程及其特点。

表4-7 新加坡大中小学各阶段华文课程一览

学习阶段	课　程	华文课程	特　点
小一至小四 （奠基阶段）	共同课程	高级华文	学生原则上修读共同课程

第四章　经济腾飞主题下双语教育政策的修正与完善（1987~2007年）

续表

学习阶段	课　程	华文课程	特　点
小四分流考试			
小五至小六 （定向阶段）	EM1	高级华文	华文课程因不同学习能力而学习不同的程度
	EM2	华文	
	EM2	基础华文	
小六分流考试			
中一至中二	特别课程	高级华文	华文课程因不同学习能力而学习不同的程度。而快捷源流的学生经过努力也可以修读高级华文
	快捷课程	华文	
	普通学术	华文	
	普通工艺	基础华文	
中三至中四	特别课程	高级华文	快捷课程中学习华文确实困难的学生在中三时可选读华文B
	快捷课程	华文/华文B	
	普通学术	华文	
	普通工艺	基础华文	
普通课程源流的学生参加新加坡——剑桥初级水准（"N"水准）会考			
特别/快捷课程源流的学生参加新加坡——剑桥普通水准（"O"水准）会考			
大学先修班 （预科）（2~3年）	文科 理科 商科	华文副修（AO水准）	一般学生修读华文副修
		华文主修（A水准）	对华文特别感兴趣的学生
		高级华文主修（A水准）	
		华文理解与写作（AO水准）	选修科目
学生参加新加坡——剑桥高级水准（"A"水准）会考			

资料来源：参照黄明《新加坡双语教育与英汉语用环境变迁》（厦门大学出版社，2012，第247~248页）整理。

二是重新编写教材。《声明》建议重新编写华文课本，"保留它的文化部分，但把难度定在大多数学生实际可以接受的水平；把课本的语言简化，使它的内容更容易理解。"[①] 注重听、说、读、写能力的培养与平衡教学，华文教材的编写基本上因循了前一套课程标准的基本框架。对于高级华文教材，虽然现行教材程度较高，但因为修读高级华文的学生程度较高，可

---

① 黄明：《新加坡双语教育与英汉语用环境变迁》，厦门大学出版社，2012，第253页。

以不降低难度。

三是改进考试模式。《声明》建议更加注重华文听说和阅读能力的考查,增加听力与口语在考试中所占的比重。

(三) 第二次华文教学检讨与改革的特点

第二次华文教学检讨与改革是在新加坡进入发达国家行列不久,科技密集型产业经济成功转型,以及迎接21世纪挑战的大背景下进行的。这次改革具有以下三个特点。

1. 华文课程的继续分流与母语两大使命的明确与强化

这次改革在延续1991年教育分流制度的前提下进行,《声明》对华文教学在华人价值观形成中的重要作用进行了进一步明确,提出了通过华文教学,灌输华族文化和传统价值观的目标,这是绝不能忽略的。相比于1992年第一次华文教学改革中提出的"向学生灌输有利于建国工作的亚洲文化和优良的传统价值观"的教学目标,第二次华文教学改革在华文课程的教学目标上体现出更加明确与强化的特点。

2. 更加客观务实地看待学生的语文学习能力与"因材施教"精神的体现

这次改革为不同语言能力的学生制定了合理的华文课程和转换机制,特别是华文B课程的设计,无疑为华文能力实在无法提升的中三快捷课程源流的学生准备了另一条出路。既突出了客观务实的改革思路,又体现了因材施教的教育精神。

3. 突出分流理念中学生的主体选择性

《声明》虽建议放宽修读高级华文的条件,增加了修读高级华文学生的人数,同时也赋予了学生主动选择的权利。为华文基础好的小学生在小四分流后的定向阶段提供了可以由学生自主选择修读高级华文的机会,体现了教育分流理念中主体选择性的特点。

三 讲标准英语运动的兴起与成效

自1979年《吴庆瑞报告书》出台以来,"英语为主,母语为辅"的双语教育政策的确立,奠定了英语在新加坡强势发展的趋势。而教育源流统一后实行的"极力突出英语,适度保留母语"的双语教育政策的推动以及全世界掀起的英语学习热潮，注定使 20 世纪 90 年代以来的新加坡进入一个英语时代，讲标准英语运动成为新加坡的英语学习进入高潮期的重要标志。2000 年 4 月 29 日，由吴作栋总理发起的讲标准英语运动在全国范围内正式开始了。

（一）讲标准英语运动的起因

新加坡为加强双语教育政策的发展与推进，充分宣传和应用双语，经常会以语言运动的形式来促进双语教育成果的深化。自建国以来，先后开展了讲华语运动、讲学校语运动和讲标准英语运动，均收到了良好的效果。新加坡开展讲标准英语运动的起因，主要有以下两个方面的原因。

1. 英语始终是新加坡立足世界的优势

20 世纪末至 21 世纪初，作为国际通用语的英语，伴随着全球化与国际化的发展，在世界的各个角落都掀起了学习英语的潮流，甚至在马来西亚这样一个曾经以清除英国殖民地文化余毒为由，在国内以法律形式消灭英语的国度里，英语的种子也在全球化经济之风的吹拂下，再度发芽了。而对于新加坡而言，国家的快速发展一直是得益于双语教育政策的推行，这种由语文所带来的优势是新加坡始终要保持的，该如何保持住这种优势是新加坡开展讲标准英语运动的起因。英语对新加坡的价值主要体现在三个方面。

一是英语是创造经济价值的硬件。无论是独立建国初期还是全球化大潮的 21 世纪，英语始终是新加坡参与国际竞争的强大优势；是外向型经济高速发展的基础和保障；是推动经济模式由劳动密集型向知识型转变，并促进新加坡顺利完成五次重大经济转型的最强有力的动力；是预测未来，迎接挑战的重要战略之一；是新加坡创造经济价值最根本的硬件。

二是英语是维系新加坡各民族间和谐共处的坚强纽带。英语作为新加坡各民族间交流沟通的唯一媒介语，为国家经济发展提供了稳定的政治环境。

三是英语是创造新加坡特色文化不可或缺的重要因素。当多元种族、多元文化共同汇合于新加坡时，这些文化都是个性鲜明、自成系统的。英文作为唯一不带有任何民族色彩的中介语，使多元文化在英文文化环境的作用下相互浸染、相互融合，共同构筑了新加坡多元融汇共生的特色文化。

2. "新加坡式英语"的泛滥

新加坡英文教育的历史是伴随着英国殖民统治而开始的,至今已经有近200年的历史。在新加坡这样一个多元种族和文化的国度里,英文教育发展的语言环境从来都不是单纯的,单就语言来说,无论是学习语言、家庭语言还是社会语言,都是与各种族语言相互影响而共同存在的状态。这种影响的结果就造成了语言间的相互渗透或借用,英语在长期受到华语、马来语和印度语的影响下,逐渐形成"新加坡式英语"。

所谓"新加坡式英语"是与"标准英语"相对而言的。无论其语法结构还是句法、词汇的使用都不能称之为标准的英语,带有明显的变体痕迹。这种具有变体色彩的"新加坡式英语"虽然在新加坡无人不懂,大行其道,但是在国际经济往来、外交礼仪、文化交流中却非常不妥,甚至会造成重大失误。新加坡政府认为,这种"新加坡式英语"的泛滥,是不利于国家在国际上继续发展的。这也是新加坡政府开展"讲标准英语"运动的重要原因之一。

(二) 讲标准英语运动的开展

同讲华语运动一样,讲标准英语运动也是由政府发起和组织,并在全国范围内展开。在运动的形式上,也与讲华语运动相似。吴作栋总理在首届讲标准英语运动的开幕式上的讲话中说道:"如果新加坡需要保持一流世界经济的地位,就需要讲标准英语。如果新加坡的劳动力讲的都是(外国人)难以理解的南腔北调英语方言,就不可能吸引外国人到新加坡投资,新加坡也不可能成为世界金融和教育中心。"① 新加坡的讲标准英语运动一般配合有多项社会活动,比如"英语周"活动、电话英语课程、英语竞赛以及教师培训等。

(三) 讲标准英语运动的成效

讲标准英语运动的逐年举办,在全社会营造了讲标准英语的大环境,使人们对讲标准英语运动的意义有了更深入的认识,收到了良好的效果。一方面,有力地配合了双语教育政策的推行和英文教育水平的提高。新加坡政府高层预见到,英文将在迎接全球化与21世纪的挑战中承担更加重要

---

① 黄明:《新加坡双语教育与英汉语用环境变迁》,厦门大学出版社,2012,第261页。

的任务。特别是2000年开展讲标准英语运动以来,英文教育水平大幅度提高,1984年全国"O"水准会考英文及格率为52%,到2009年已经达到86.9%,如果再加上被豁免参加"O"水准会考的莱佛士书院、莱佛士女中、德明政府中学、立化中学、南洋女中、华侨中学、英华中学、国立大学数理中学,英文及格率的总成绩应该会更好。另一方面,推动整个社会的英文环境变得日益浓厚。使用英语的家庭、媒体越来越多,在电视频道使用的4种语言的节目中,英语和华语总共占播放时间的80%,凡是非英语的节目,都配上英文字幕,此外,英文报的发行量也占四大语言之首。[①]相比于讲华语运动,讲标准英语运动则更突出语言使用功能的正确性,而对于文化则没有过多的要求。

第五节 价值导向下双语教育政策的修正与完善(2004~2007年)

新加坡资深教育记者潘星华曾经说过:"回首50年,新加坡教育景观最引人注目之处,就在于小国寡民,必须'配合时代前进'而不断求变。"[②] 的确,新加坡教育的每一次改革都是为了配合时代前进的步伐。面对21世纪全球化大潮的影响,思考新加坡该何去何从的问题从1997年金融危机之后就已经开始了,由于金融危机复苏后的新加坡仍然要面对许多问题,因此,在李显龙总理的积极倡导下,2002年2月14日,以"调整国民心态,重造新加坡经济"为目的的重造新加坡委员会正式成立了。经历了2003年的非典危机,新加坡再次面临新一轮调整,且经济的调整再一次与政治转型相重合。2004年李显龙接棒吴作栋继续领跑新加坡。李显龙关于政治治理的理念突出了君子执政的"德"与精英治国的"能"的结合,体现了德能兼备的精英价值。2005年他再次提出"重造新加坡"理念,并将他在国庆群众大会上的讲话题目定为"重塑我们的家园",他说:"我的主题一直是一起重新打造新加坡,并善用每个国民的贡献,充分发挥每个人的才华,为所有的人开创

---

① 胡光明:《新加坡华语生存环境及前景展望》,《云南民族大学学报》(哲学社会科学版)2004年第2期,第129页。

② 宋若云:《新加坡教育研究》,经济科学出版社,2013,第2页。

机会。"① 以这个讲话为标志，新加坡进入了价值导向时期。

每当政治经济或社会环境发生重大变化的时候，教育的及时跟进是新加坡最大的特色。新的形势下，新加坡的双语教育更加注重能力的培养，继续为培养不同能力的学生提供不同的课程和中学后教育。

一 第三次华文教学检讨与改革

进入21世纪以来，中国的崛起与综合国力的日益强大，以及中国与世界联系的深广发展，已经使华文成为越来越重要的国际语言，华文的国际地位迅速提高，正像《南德意志报》在2004年12月1日刊发的《巨人长臂膀》一文中所说的，"突然，全世界都想讲中文"。而嗅觉敏锐的新加坡已经把这一年作为华文教改动作最大的一年，从年初开始就拉开了第三次华文教学检讨与改革的大幕，前总理李光耀全程参与了这次改革，足见对这次改革的重视程度。

（一） 第三次华文教学改革的目标与任务

2004年2月，教育部前提学司黄庆新领导的12人"华文课程与教学法检讨委员会"宣告成立。这次改革的主要目标和任务是："探讨如何改进华文课程、教学法和评估方式，更好地激发学生学习华文的兴趣，致力使华文在新世纪继续成为新加坡华人生活上常用的'活'语文。……建立一套灵活的教学制度，让不同语文学习能力、不同家庭用语背景的华族学生都能尽量掌握华文，尽可能取得最佳华文学习成果。我们一定要尽量营造一个使用华文的环境，让华文成为在课室以外实际应用的语文。"② 此外，在教学策略上，也希望改变过去的填鸭式教学，寻找到更灵活轻松的教学方式。

（二） 具体改革措施与华文课程调整内容

关于华族对华文学习的态度，新加坡《联合早报》于2004年的一项调查显示，95%的华族学生认为华人应该掌握华文；97%的华族学生以能说华文为荣。73%的华族学生表示，即使华文不再是必修科目，他们也还是

---

① 吕元礼：《鱼尾狮智慧：新加坡政治与治理》，经济管理出版社，2010，第132页。
② 〔新加坡〕李光耀：《我一生的挑战：新加坡双语之路》，联合早报出版社，2011，第210页。

第四章　经济腾飞主题下双语教育政策的修正与完善（1987～2007 年）

愿意继续修读华文。[①] 检讨委员会的万人调查结果也显示，"尽管华文难学，却有 92% 讲英语的家长、87% 的学生认为学习华文很重要。"[②] 调研的结果更加坚定了政府进行第三次华文教学改革的信心。九个月后的 11 月 15 日，被称为"前所未有、深谋远虑、朝向明天"的全方位改革华文教学的《黄庆新报告书》（以下简称《报告书》）出台了。在方案出台一个多月前的 10 月 11 日，李光耀在总统府召集了新加坡各媒体、华人社团和华文教师代表，针对《报告书》提出的建议进行了一场对话。这场对话既是广泛征求意见，也是一场改革的说明会和新闻通气会。在这场对话中，李光耀首先阐明了新加坡将继续以英语作为主要工作语言这一重要前提；其次，说明了改革华文教学的形势的迫切性；最后，对改革的成效做出了展望。

《报告书》发表后的第九天，国会进行了专题辩论，以进一步听取议员们的意见。在这次国会辩论中，出现了前所未有的变化。在国会辩论会中竟然难得地做出了一致的表态，如李光耀所说的，"我们听不见过去受华文教育议员与受英文教育议员辩论华文课题时的针锋相对，取而代之的是冷静的讨论。大家都肯定了英文最重要，同时也没有人高调反对学习华文。评论员认为这个微妙的变化具有重大的政治意义，这显示讲华语和讲英语的华人之间所存在的差异逐渐模糊，这其实是我们很早就预期的，是双语教育实行多年的果实。"[③] 这次改革是新加坡华文教学改革史上各方意见最统一的一次改革。具体的改革措施和调整内容如下。

1. 拟定四种不同的教学目标

《报告书》指出，教导语文技能，灌输华族文化与传统价值观仍是华文教学的目标。但由于考虑到学生的学习能力、家庭语言不同，《报告书》提出了四个不同层次的教学目标。其一，激发每名学生对华文的兴趣，使他们在离开学校后仍能对华文和华族文化感兴趣；其二，教学的重点是听、说、读，对写的教学也应适当重视；其三，修读高级华文的学生必须很好地掌握听、说、读、写技能，特选学校的学生将有更有利的环境和条件达到这一目标；其四，语文特选课程与双文化课程将培养一批精通华文且了解中国历史文化及现代政治经济社会发展的精英。

[①] 张永兴，新华网，http://www.moe.gov.sg/media/speeches/2004/sp20040717b.htm. 2004 年 8 月 7 日。
[②] 〔新加坡〕李光耀：《我一生的挑战：新加坡双语之路》，联合早报出版社，2009，第 211 页。
[③] 〔新加坡〕李光耀：《我一生的挑战：新加坡双语之路》，联合早报出版社，2009，第 212 页。

上述四个难度逐步递进的教学目标的特点是，一方面是对大多数学生教学难度的逐步降低，另一方面是对培养少数华文精英难度的逐步加大和深化，做到了华文教学的兴趣与学习、普及与深化的结合与统一。

2. 具体课程、教材改革和调整内容

这次改革继续贯彻"因材施教，量身定制"精神，提出了如下具体建议。

一是采用单元制课程教学。把华文课程分为导入单元、核心单元、强化单元、深广单元四个阶段，主要体现在小学阶段华文课的调整。对于在入学前很少接触华文的小一、小二学生，先进入导入单元阶段，提高他们听、说的能力；对于入学前已经接触过华文的学生，在小一、小二阶段必须修读基本的核心单元课程；小三、小四阶段继续修读核心单元，对于需要额外帮助的学生可以进入强化单元，而对于华文程度比较高的学生可以修读深广单元；在小五、小六阶段，修读华文（华文为第二语文）的学生将修读华文核心＋华文深广单元的课程，修读高级华文（华文为第一语文）的学生将修读高级华文核心＋高级华文深广单元的课程。而中学阶段已有的基础华文、华文B、华文（普通学术）、华文、高级华文这五种华文课程基本能够满足不同学习能力学生的需求，所以《报告书》建议予以保留。

二是更加灵活的课程与转换机制。《报告书》提出更加灵活的课程转换机制，在小学阶段修读不同单元课程的学生根据成绩可以相互转换，在中学阶段对于修读华文有困难的学生可以不必等到中三，从中一就可以修读华文B课程。

三是更灵活的教学时间。《报告书》建议根据学生的学习能力和语言背景，灵活地分配双语课时。为了弥补两种语言能力的不足，还建议延长英语背景学生的华语课时，延长华语背景学生的英语课时，并规定两种语言学习时间要适当平衡，两种语言上课时间的比率应为60∶40。

四是重新编写教材。根据单元制教学的改革建议，《报告书》还对重新编写教材提出了三点意见。其一，减少课文分量，让学生有更多的时间交流互动；其二，赋予课文的编写者在使用字表、选择题材和主题上有更大的灵活性，但原则上课文不宜过长；其三，鼓励教师根据学生需求，开发校本教材（School Based Materials）。

五是建议试行特选学校附加计划（SAP Plus Programme）。在特选小学安排更多的以华文为教学媒介语的科目，这样小一、小二学生接触华语的时间由目前的33%增加到60%，在中学也可提供更多的与华文相关的科目供学生选读。①

3. 教学方法、考试模式以及师资培训的调整

这次改革在教学方法与考试模式上主要包括如下内容。

一是充分利用科技资讯教导学生学习华文。这是《报告书》的一项重要的建议，开发语音识别软件帮助学生学习华语口语；教育部与工业界合作开发掌上华文电子字典；允许学生利用软件写作。

二是借鉴中国大陆华文教学中的"先认字，后写字"教学法。认为这种教学法可以帮助学生尽快进入阅读状态，提升学生的学习兴趣。《报告书》虽然没有提到双语教学法，但是，从2002年起，试行"双语并用教华文"的教学法已经开始了，这种在华文课本上加上英文注释，并用双语来教授华文的办法，减少了学生学习华文的初期障碍，突破了华语文教学法的瓶颈。

三是采用"综合式"与"交流式"的考试模式。为避免学生死记硬背地应付考试，《报告书》建议取消关于字、词、句的填空等零碎考试项目，采用"综合式"与"交流式"的考试模式。将学生平时评估成绩作为会考成绩的一部分。在实施新的考试模式前，先实行过渡期间的考试模式，注重口语表达和阅读能力的考查。

四是扩充华文教师培养渠道。在新的华文教学改革方案实施前，进行华文教师的培训，为教改做好充分的准备。通过扩展"华文特选课程"，颁发奖学金等，鼓励更多的初级学院的学生修读高级华文，以扩充华文师资队伍的来源。此外，还需要培养一批专业的华文课程开发与教材编写的人才。

（三）第三次华文教学改革的特点

这次改革是一次全方位、多角度的华文教学改革，是一次标志着新加坡华人重新回归华语世界的改革，也是一次毫不犹豫、异常坚定、空前统一的一次改革，所取得的成效也是前所未有的。这次改革铺设了华文教学普及与深化的不同轨道，它不仅把华语从书本里带到了生活中，成为"活生生"的语言，而且赋予华语更加重要的历史使命，在华文教学程度普遍降低的同时，华文文化的影响却在逐步深化，对华文精英的培养模式也更

---

① 新加坡教育部：《华文课程与教学法检讨委员会报告书》，2004，第15~16页。

加合理。第三次华文教学改革主要具有以下特点。

1. 把华语由书本语言变成鲜活的生活语言

《报告书》中对小一新生家庭用语调查的数据显示:"英语为家庭用语的小一新生人数(占比)从1988年的20%增加到1994年的36%,1999年又增加到40%,2004年再增加到50%。"① 这些数字说明,以华语作为家庭用语的华人家庭正在逐年减少,新一代学生中对华文的使用机会越来越少,在此改革前,华文经常被看作课本中的文字。这次改革的目的之一就是使华语不仅停留在教室里,还必须使它在人们的生活里成为"活"的语言,成为有机会听到、看到和用到的语言。为此,特选小学从2005年起,以华语教导低年级音乐、美术、体育、舞蹈、书法等课程;2007年9月4日,教育部课程规划与发展司举办了"策划、实践与反思:小学校本课程研讨会",主题就是如何增加学生接触华语的时间。从2008年起,德明政府中学成为第五所开办"华文特选课程"的学校。

2. 突出灵活性与兴趣性

这次改革摒弃了"一刀切"的策略,努力贯彻因材施教精神,更加注重各源流间转换的灵活性和启发学生的兴趣性。依据学生的学习能力和语言背景,本着因材施教的原则,为学生设计不同的学习轨道,使他们达到能够企及的程度。

3. 华文精英的培养模式更加合理

虽然华文教学程度在逐渐降低,但是与之前华文精英的培养模式相比,此次改革更趋合理,最突出的一点就是华文精英的选拔范围更广泛。之前有资格修读高级华文的学生占比只能是8%,后来扩大到20%,把华文精英的选拔培养限定在最多20%的极少数学生中,既忽略了学生生理成熟的因素,也忽略了学生学习能力与潜能的提高与发挥。此次改革实行的单元制教学以及灵活的转换机制,使华文精英的培养能够多轨道进行,华文精英教育的选拔范围更加广泛。

4. 华文教学程度的降低与华族文化的逐步深入

尽管华文教学由听、说、读、写四大能力逐渐降低到听、说、读或者听、说能力的培养,但是政府努力在全社会营造华文文化环境,在学校增

---

① 〔新加坡〕谢泽文:《从报告书看近年来新加坡华文教学的改革》,新加坡华文研究会:《新加坡华文教学论文四集》,Panpac Education Private Limited,2006:25.

加以华文教导的课程，开发资讯科技型华文教学软件，规定英华双语教学时间的合理比例等，使学生接受华族文化浸濡的程度不断加深。此外，华文考试模式的改变，也使学生置身于一个没有压力、更加轻松的华文学习环境，更能激发他们的学习兴趣，在潜移默化中加深对华族文化的认知。

二 讲双语运动与双语运用能力的提升

新加坡的讲双语运动主要指的就是讲华语运动和讲标准英语运动。发展至今，已分别走过了34个和13个年头。作为配合双语教育政策实施的一项全国性社会活动，为培养双语人才、推动语言交流、提高双语运用能力发挥了重要作用。

（一）讲华语运动的第三个十年及成效

20世纪末至21世纪初以来，新加坡的讲华语运动进入了第三个十年。华语在新时期又被赋予更多的时尚元素。新时期的推广对象主要是新加坡独立建国以后出生的，接受英文教育的华人。这时期在宣传形式上主要借助新兴媒体，更多地体现出自然时尚与互动的特点，这在讲华语运动的宣传口号上体现得非常明显（见表4-8）。

表4-8 讲华语运动的口号及锁定对象（2000~2009年）

年 份	口 号	对 象
2000	讲华语，好处多	受英文教育的华人
2001	华人·华语·华文	新加坡华人学习华语和华文文化
2002	华人·华语·华文	新加坡华人学习华语和华文文化
2003	能用华语是福气，别失去	新加坡华人学习华语和华文文化
2004	讲华语 cool	1965年后出生，受英文教育的新加坡华人
2005	讲华语 cool	1965年后出生，受英文教育的新加坡华人
2006	讲华语 cool	1965年后出生，受英文教育的新加坡华人
2007	讲华语，你肯吗？	1965年后出生，受英文教育的新加坡华人
2008	讲华语，你肯吗？	1965年后出生，受英文教育的新加坡华人
2009	华文？谁怕谁？	1965年后出生，受英文教育的新加坡华人

资料来源：参照〔新加坡〕李光耀《我一生的挑战：新加坡双语之路》（联合早报出版社，2011，第166页）；汤云航、吴丽君《新加坡/中国推广普通话比较研究》（辽宁民族出版社，2006，第55页）整理。

从上述十年讲华语运动的口号中不难看出，运动的形式更加轻松活泼，运动的内容更偏重于文化的深化，但是针对的对象却是受英文教育的人群，这说明讲华语运动的难度进一步加大了。

讲华语运动经过了三个十年的推广，新加坡华人讲华语、传承华族传统文化和儒家文化的观念已经深入人心，对华语的运用能力也在不断提升。一是讲华语的家庭保持一定的合理比例。在第一个十年里从1980年的25.9%上升到1989年的69.1%。在第二个十年里由于受到全球化大潮的影响，这一比例从1990年的67.9%下降到1999年的54.1%，但也维持在一半以上的家庭使用。在第三个十年里的2004年，这一比例已经下降到48%，华族小一学生讲英语家庭的比例开始反超讲华语家庭。但这一比例也恰好与新加坡的"英语第一，母语第二"的双语教育政策相吻合，这说明新加坡的双语教育政策与讲华语运动是相辅相成的，始终是在一个合理的范围内运行的。如果讲华语的家庭比例继续持续升高的话，反而说明双语教育的失败。只有在双语教育政策下双语维持在一定的合理的比例，才能说明双语教育与讲华语运动都是成功的。二是华人的华语交际能力得到普遍提高。考量华语交际能力的指标应该是华语和方言的比较，而不是华语和英语的比较。事实上，华语和方言的较量在讲华语运动的第一个十年就已经取得明显效果，在第一个十年里小学一年级华族学生家庭用语中，方言的使用已经从1980年的64.4%下降到1989年的7.2%，到第二个十年结束时的1999年更下降到了2.5%，之后更是微乎其微了。在第三个十年里，方言几乎消失了，华语成为华人唯一的母语和交际工具。讲华语运动改变了新加坡华族的语言环境，从多种方言的语言环境改变为统一的华语环境。三是华人社会对学习华文的认知程度普遍提高，并达成共识。这正如李显龙于2005年11月15日在讲华语运动开幕式上的讲话中所指出的，新加坡华人学华语、说华语是有其深刻的文化和经济原因的。掌握华语使华人了解自己的根，有了身份认同。反之，"如果我们只使用英语，导致母语失去它应有的定位，我们将逐渐流失价值观和文化遗产。社会本质将退化，最终人民会失去信心。我们会觉得自己像二等公民，永远都在模仿他人。"[①] 在经济方面，由于中国的崛起，使世界经济东移到亚洲，掌握华文有助于新加坡人进一

---

① 〔新加坡〕李显龙：《讲华语运动开幕式上的讲话》，《华声报》2005年11月24日。

步开拓商机。

（二）讲标准英语运动及成效

开展讲标准英语运动有两方面的原因，一是为了配合双语教育政策，二是为了巩固英语语言优势，摒弃"杂菜式"不规范的英语。在迈入21世纪的开局之年开始的讲标准英语运动，所取得的成绩是比较显著的。这从表4-9中就可以了解到讲英语人士在各种族、年龄段中所占比例。

表4-9 2000年新加坡各年龄层家庭英语使用情况

单位：%

	5~14岁		15~24岁		25~39岁		40~54岁		55岁及以上	
	1990年	2000年	1990年	2000年	1990年	2000年	1990年	2000年	1990年	2000年
华族	23.3	35.8	19.9	21.5	24.6	25.2	16.1	25.1	5.3	9.9
马来族	8.3	9.4	7	8.2	7.3	10.5	3.4	6.1	0.7	1.7
印度族	39.6	43.6	37	37.9	36.3	35.5	25.7	35.5	13.4	20.5

资料来源：参照Census of Population 2000 Advance Data Release（Singapore Department of Statistics, 2000: 6）整理。

此外，双语教育政策取得的成果使家庭英语使用比例与受教育程度息息相关。使用英语的比例在受过大学教育的人群中的比例最高。从表4-10中可以了解到不同种族、不同教育程度的新加坡人以英语作为家庭用语的比例。

表4-10 2000年受教育程度与以英语为家庭用语情况

单位：%

种族	总比例	未受教育	小学	中学	中学后	大学
华族	21.3	1.3	6.8	27.3	32.5	47.1
马来族	7.2	0.6	2.8	9.4	15.7	38.1
印度族	32.7	6.5	19.4	39.9	48.7	42.6

资料来源：参照Census of Population 2000 Advance Data Release（Singapore Department of Statistics, 2000: 7）整理。

这说明，双语教育政策的推行与教育源流的统一，已经逐步把英语打造成为社会顶层语言。讲标准英语运动协助双语教育政策的实施，进一步提高了新加坡人的国际交往能力，推动了英语在新加坡人家庭和社会中使用比例的上升。与此同时,讲标准英语运动还净化了新加坡的英语使用环境。

新加坡的双语运动在全社会层面有力地配合了双语教育政策的顺利推行以及不断地改革与调整的需要,在全社会创造了双语并重的浓厚氛围。

三 "直通车计划"与双文化课程

"直通车计划"（Integrated Program）是一项专门为即将升入大学的学生准备的无须参加剑桥"O"水准会考,而直接从中四升读高中的课程计划。这项计划从2002年已经开始酝酿,2004年正式启动。这项计划的目的是让大约10%的成绩优秀的学生从应对中四会考的负担中解放出来,豁免他们的"O"水准会考,踏上中学和高中的六年直通车。截至2009年,共有11所学校开设了直通车课程,2004年有7所,分别是莱佛士书院、莱佛士女中、南洋女子中学、华侨中学、英华中学、华中初级学院和国家初级学院。2008年1月,原教育部部长尚达曼又批准了立华中学加入直通车学校行列。从2009年1月起,又增加了国大数理中学、淡马锡初级学院和维多利亚初级学院。

"直通车计划"是开办双文化课程的先决条件。在这一计划下,一批优秀的学生脱颖而出,成为培养双语双文化人才的基本队伍里的成员。教育部于2004年9月3日宣布,从2005年开始将开办"双文化课程"。双文化课程的实验首先在华侨中学、南洋女子中学、德明政府中学和立化中学四所中学进行,旨在培养具有两种语言能力和东西方文化基础的精英,截至2006年,开办双文化课程的学校增加到五所。双文化课程从中三开始到初级学院二年级结束,共历时四年时间。在这四年时间里,学校将为学生准备一系列有关中国的政治、经济、外交、文化、社会等专题,增加学生对中国的认知。为了奖励双文化课程的优秀生,政府还会颁发特别辅助计划（SAP）奖学金,除了现金,还会免除学费,甚至于资助他们到国外参加浸濡活动。随着双文化课程的成功发展,学生浸濡活动的地点也从国内扩展到国外,从中国扩展到了英国、美国、澳大利亚和新西兰等国家。

如果说"直通车计划"是一个输送渠道的话,那么,"双文化课程"就是一个培养基或孵化器,最终孕育出既能与西方沟通,又能与东方交流的双语双文化精英人才。从"直通车计划"到"双文化课程",是新加坡

第四章 经济腾飞主题下双语教育政策的修正与完善（1987～2007年）

双语教育在21世纪里的精英培养模式之一，是配合新的华文教学报告书出台的一套辅助措施。这套措施是相对于20世纪90年代新加坡精英都是从英校毕业的事实而制定的，也是基于培养通晓中华历史文化的华文精英的需要而制定的。

本章小结

从1987年到2007年的20年里，新加坡一如既往地奔波在双语教育政策深化发展的路上，从教育源流的完全统一到三次华文教学改革，从讲华语运动的推广到方言的消失和华语成为华族高层语言，从基础教育改革到华文教育的转型。在这20年里，新加坡的双语教育政策在与政治、经济、文化的成功互动中自我检讨、自我更新、自我完善，并相互汲取力量共同成长。主要表现出以下五个方面的特点。

第一，双语教育始终坚持一个主导语言。新加坡"英语为主，母语为辅"的双语教育政策的基调是伴随着教育源流的统一而进一步明确的。一直以来，新加坡的双语教育政策始终坚持一个主导语言——英语。即使是在中国迅速崛起，强力拉动世界经济发展的21世纪里，新加坡都丝毫不会动摇英文的地位。原因只有一个，那就是"新加坡的双语教育是一项政治决策，要符合政府制定的政治方向，这样的性质也证明了语言教育的政策规划功能和语言的可管理性，也就是，政府的政策可以决定语言的使用、推广和保存。"[1] 在政治决策下，新加坡的英文教育作为国家得以安身立命和发展的根本保障，其特殊的地位是毋庸置疑的。

第二，双语教育理念的更新。双语教育理念的更新主要体现在对华文"乐学善用"的愿景上。新加坡政府高层一方面对华文越来越重要的地位和作用有着高度认识，另一方面却在1991年、1999年和2004年连续三年对华文教学进行改革并持续降低程度，甚至在2004年还废除了自1981年起进入大学前必须有华文母语分数的要求，这在当时引起了很大争议，初级学院的华文教师甚至非常气愤，认为这是把"没有实用价值的华文边缘化"

---

[1] 〔新加坡〕李光耀：《我一生的挑战：新加坡双语之路》，联合早报出版社，2011，第253页。

的举措,是政府发出了母语不重要的信息。① 政府的种种举措,看起来似乎是非常矛盾的。但如果深入了解和探究这三次改革背后的因素则不难发现,这似乎是一种策略,也更像是一场"欲擒故纵"的计谋。李光耀后来对此做了说明,他说:"教育部决定接受大学入学委员会的建议,不再强制以副修母语成绩作为进大学分数,理由是不要让欠佳的母语成绩,成为学生未来事业的障碍。……如果华文是唯一一科需要政府用政策来强迫学生学习的话,这对华文并不是好事。……鼓励学生对华文母语保持长期兴趣,不能单靠奖励措施,教育部还必须做更多工作,如需要一套能让华文'活起来'的教学提纲、教学方法和测试方法。"② 以"乐趣"和"灵活"为原则,引发学生领会华文文化,认识到学习华文的优势与机会,最终达到使学生热爱学习华文、享受学习华文的目的。这20年,新加坡一直走在让华语"活"起来的路上。而华语"乐学善用"的愿景在之后的第四次华文教学检讨报告书中终于得以系统阐述。

第三,双语教育政策实施过程中精英教育与大众教育兼顾。培养双语双文化精英人才虽然是新加坡双语教育的重要任务之一,但学生的能力和天分各有不同,不可能做到对所有学生实行整齐划一或"一刀切"的教育标准。20世纪80年代末以来,新加坡双语教育政策非常注重体现"量体裁衣"和"因材施教"的精神。比如,第二次华文教学改革提出的高级华文、华文、华文B、基础华文等不同难度等级的华文课程,第三次华文教学改革提出的单元式教学等都体现了精英教育与大众教育的兼顾特点,配合了不同学生的学习能力,也使华文教育的自身发展更趋完善。

第四,以文化力促进双语教育政策的生态发展。新加坡双语教育政策的发展过程是一个充分发挥主观意愿与尊重自然规律相统一的过程,也是逐步生态化发展的探索过程。在英文这一主导语文的大前提下,华文教育体现出学校教学程度与考试模式的逐渐降低,以及社会华文文化影响日益深入的特点。也就是说,一方面在学校教学中充分考虑学生能力和天分的不同而制定不同程度的课程以及考试标准;另一方面在全社会努力营造华文环境,体现了华文教育策略由语言向文化的转型。这种转型促使新加坡华人在一种自然的社会文化环境中对于要不要深入学习华文等问题自主地

---

① 〔新加坡〕李光耀:《我一生的挑战:新加坡双语之路》,联合早报出版社,2011,第209页。
② 〔新加坡〕李光耀:《我一生的挑战:新加坡双语之路》,联合早报出版社,2011,第209页。

第四章 经济腾飞主题下双语教育政策的修正与完善（1987~2007年）

做出选择和判断，进而促使新加坡的双语教育政策走上生态健康的发展道路。俗话说"强扭的瓜不甜"，新加坡营造浓厚的华文文化氛围要发挥的作用正是要把"强扭的瓜"转变为"瓜熟蒂落的瓜"，也就是以文化力促双语教育政策生态发展。这也是新加坡华人不会变成"香蕉人"的最好的办法。

第五，"双语并用教华文"——突破了华文教学法的瓶颈。2002年开始试行的"双语并用教华文"是改革华文教学法的一项新尝试。但这种方法并非产生于21世纪，而是源自1981年，由美国夏威夷大学东亚语言系郑良伟教授提出的，当时他正兼任新加坡教育部小学华文教材组的顾问。根据他的观察，新加坡小一至小四学生双语水平相当，但自小五起，英文的掌握能力越来越强，分析原因，他认为是华语的适用范围越来越窄造成的。为了加强华语的使用，他提出了在华文课本中加上英文注释和翻译的建议。这本来是一项扩大华语范围、加强华语使用的建议，进入21世纪以来，这项建议转化为一种新的教授华语的方法。教育部在圣弥额尔、圣安德烈、英华、美以美四所小学和英华中学这五所来自讲英文家庭学生高达90%的学校进行了试验。经过一年的试验，这种方法除了在英华中学不成功以外，在其他4所小学的确能协助学生掌握华文。具体分析在英华中学不成功的原因，教育部认为，主要是使用双语必须尽早，越晚越困难。之后，新加坡对这一方法进行了推广，"'双语并用教华文'证明对来自讲英语家庭、学习华文有困难的学生有效后，2004年我们把它推广到另外七所小学的小一、小二中。这七所学校分别是花菲卫理小学、恒力小学、玛丽蒙女校、蒙福小学、圣安东尼小学、圣加俾尔小学、圣斯德望学校。连同2002年开始的四校，这11所小学有66.96%至95.8%的学生来自讲英语家庭。后来，特选学校如南华小学和道南学校，华文教师也在教学上采用适量的英语"。[①] 这种方法被认为对刚入学的小一新生和插班的外国学生特别有用。这种新加坡首创的双语教学方法，的确有效提升了双语教育的效果，不仅丰富了新加坡双语教育方法，更成为世界双语教育的一朵奇葩。

---

① 〔新加坡〕李光耀：《我一生的挑战：新加坡双语之路》，联合早报出版社，2011，第208页。

第五章 重造新加坡主题下双语教育政策的深入推进（2008 年至今）

21 世纪的全球化大潮日益高涨，迈入 21 世纪的新加坡面临的是更加复杂多变的形势。21 世纪初的新加坡开始进入全球化时期，2004 年后进入快速全球化与重造新加坡的时代，并致力于成为亚洲首要的全球化城市。并在多次国际会议中显示出了胸怀世界的气魄，2006 年，新加坡举办了国际货币基金会和世界银行年会，主题就是"环球城市，偌大机遇"；2009 年 11 月，亚太经济合作组织领导人会议在新加坡举办，会议的主题就是"新加坡：世界在这里相聚"；2010 年世界城市峰会在新加坡召开，在这次会上，新加坡展现了未来发展的宏伟计划，那就是这次会议的主题："迎接未来的新加坡"。

根据 2008 年 10 月 8 日世界经济论坛（WEF）公布的《全球竞争力报告（2008—2009）》，新加坡在新兴工业化国家和地区中，教育、公民素质指标、研发国际合作程度以及未来研究与开发经费等方面均名列世界第一，在国际竞争力排名为全球第五，至 2012 年则跃升为第二。国家的竞争来源于人才的竞争，而人才的竞争力则仰赖于教育。面对新的更为猛烈的全球化大潮，新加坡仍然秉承着永远让教育走在经济转型之前，坚持教育创新，在变中求发展的教育理念，在"重造新加坡"的时代要求下，深入推进双语教育政策，推动经济的再次转型与腾飞。

在 21 世纪里，新加坡的教育体制继续改革发展，并迈入了新的阶段。2010 年 11 月 29 日，国际咨询公司麦肯锡公布了一份探讨全球各教育体制如何持续进步的报告，这份报告指出新加坡教育体制正从"优良"迈入"卓越"阶段。"该报告非常认可新加坡为提升教育团队的整体素质所实行的一系列措施。比如说，教育部为教师和校长制定了领导、教学和教育专家的不同事业跑道；只录取每一批大专毕业生中，最优秀的三分之一加入教师行列；

第五章　重造新加坡主题下双语教育政策的深入推进（2008年至今）

把在籍教师每年的培训时间增加至100小时；为学校管理人才制定导师制等。"① 报告还对新加坡教师的成长机制赞赏有加，"在新加坡有潜质成为校长的教师很快就会获得擢升，在学校担任中层管理的工作。为了确保他们能够胜任新职位，他们会在国立教育学院接受为期四个月的课程。副校长人选则参与长达半年的课程。课程重心虽离不开教育，其内容的深度和广度却和商业管理课程不相上下。校长们则会接受'公司总裁式'的培训。"② 在重造新加坡主题下，新加坡的双语教育政策进入了深入推进的历史时期。

第一节　双语强国战略保证重造新加坡目标的实现

2005年，李显龙在国庆群众大会的讲话中正式提出了重造新加坡的执政理念，他说："我的主题一直是一起重造新加坡，并善用每个国民的贡献，充分发挥每个人的才华，为所有的人开创机会。"③ 2007年，李显龙为深圳大学新加坡研究中心吕元礼教授的《新加坡为什么能》一书所作序中再次重申了这一理念："新加坡完全沉浸在环球化的大潮中。我们必须重新打造，才能成为全球网络的一个高效枢纽：一个四通八达又能为世界增值的国家。"④ 事实上，"重造新加坡"就是在新的国家政治形势下对新加坡的一次自我省思与重新完善，是一种在稳中求变、变中求新的执政理念。而双语教育政策仍然是推动变革的重要力量，是新加坡繁荣发展的强大优势和动力之源。只有在双语强国战略下"重造新加坡"，才能迎接未来的新加坡。而双语强国战略是为配合重造新加坡的执政理念而提出的，是实现重造新加坡的前提和保证。这一战略包括一系列围绕重造新加坡这一主题而进行的双语教育政策改革措施。

一　"重造新加坡"的执政理念

在"重造新加坡"的理念下，2004年5月出任新加坡总理的李显

---

① 〔新加坡〕陈能端：《麦肯锡探讨全球20个教育体制报告》，联合早报出版社，2010年12月1日。
② 〔新加坡〕陈能端：《麦肯锡探讨全球20个教育体制报告》，联合早报出版社，2010年12月1日。
③ 〔新加坡〕李显龙：《李总理国庆群众大会演讲》，联合早报出版社，2005年8月22日。
④ 吕元礼：《新加坡为什么能》（上卷），江西人民出版社，2010，第2页。

龙，带领新加坡在短短 5 年内实现了成为亚洲经济"四小龙"之首的目标，这被誉为"新加坡的第二次起飞"。关于"重造新加坡"的具体内涵，李显龙在之后的一系列讲话中进行了阐述，主要包括三个方面的内容。

一是延续改变。李显龙在 2004 年国庆演讲中讲得很清楚，即"要取得成功，我们必须在延续性和改变之间取得平衡，保留制度里还可行和优良的部分，我们也必须改变已经过时的，并摒弃不合时宜的部分。常言道：'如果它还好好地，就别去改变它。'但我认为，如果它没有出现问题，最好维修它，给它添加润滑剂，检查它，替换它，提升它，尝试采用更好的，使它做得比以前更好。"①

二是重新思考。2008 年 4 月，李显龙在接受《联合早报》采访时说："具体政策我们都愿意重新考虑。不管是控制车辆，或医疗保健，或消费税的调整，你都要问：会有什么负作用？可以用什么办法尽量减少这些负作用，尽量使人民在面对新政策的时候不会误解、不会恐惧，或者感受到不必要的压力？这样实行政策非常不容易。"②

三是择机而动。2007 年，李显龙接受《远见》杂志采访时说："新加坡并不是一个博物馆，我们是个活生生的城市，需要不断地改变。这不是在 20 世纪 50 年代的新加坡，这是处于 21 世纪的新加坡，政府的政策必须做出相应的调整。"③

在延续中重新思考而后择机而变，新加坡就是在这样一个过程中被重新打造起来的。这种重造是一种自我更新，也是凤凰涅槃，体现了人民行动党治国的大智慧和大气魄。

二 双语强国战略的具体措施

新加坡的双语双文化教育不仅为新加坡人的思想多开了一扇窗，而且也为经济发展战略多开了一扇窗。进入 21 世纪以来，全球化竞争力已经成为新加坡经济生存与发展的重要软实力，双语双文化也继续为经济发展开辟多元

---

① 〔新加坡〕李显龙：《李总理国庆演讲全文》，联合早报出版社，2004 年 8 月 22 日。
② 〔新加坡〕李显龙：《总理访谈全文》，联合早报出版社，2008 年 4 月 13 日。
③ 〔新加坡〕李显龙：《赌场不会成为我国经济重心》，《新加坡不会变成澳门》，联合早报出版社，2007 年 9 月 11 日。

第五章 重造新加坡主题下双语教育政策的深入推进（2008年至今）

领域与更广阔的市场，以助力经济的高速增长。使新加坡形成以金融、交通、制造、贸易、建筑业为支柱的多元化经济结构以及国际航运中心，成为全球最具竞争力的国家。截至2010年，新加坡有66000多家企业已将业务扩展到了海外市场。① 亚洲仍是其直接投资的主要目的地。在重造新加坡主题下，新加坡要实现二次腾飞的基础依然是教育改革先行。双语强国战略就是在全球化国际形势与国内"重造新加坡"时代主题的共同作用下出台的。这一时期新加坡面临的主要问题和任务就是配合未来经济发展要求，培养国家未来发展所需要的学贯中西的精英人才。就像李光耀所说的："我们的教育，不只是应付今天，教育是要估量孩子10年、15年、20年后所面对的是一个怎样的世界。他们需要什么，教育就要为他们准备什么。我因此提醒年轻一代，新加坡必须为中国起飞的时代做好准备，必须深入认识中国。我们必须拥有一批对当代中国有深厚认识的精英，他们不只要兼通双语，而且必须精通中西文化。"② 为此，新加坡在2004年已经设立了"双文化课程"并计划每年培养200名双文化人才，之后，名额逐年增加，至2011年增加到了每年450人。2007年，还在初级学院增设"中国通识"课程，主要学习中国改革开放以后的"社会与文化""统治与权力""发展与挑战""中国与世界"等，让学生认识现代中国。对于这门课程，学生可以自由选择用英文还是华文来选修。

三 "少教多学"的双语教育政策与教学改革

为了培养全球化人才的需要，重新调整双语教育方针就显得非常必要了。进入21世纪后，为适应知识经济时代对教育的要求，新加坡的教育方针也进行了相应的调整。2004年8月，李显龙提出："我们得少教一点，让学生多学一点。成绩诚然重要，考试一定要及格，但成绩不是生命的唯一大事，在学校里，还有许多生活上的事物值得我们学习。"③ 据此，新加坡教育部提出了"少教多学"的教育指导方针，其目的是为学生的学习、

---

① 《新加坡货物和服务出口、海外投资去年取得双位数增长》，中新经贸合作网，http://www.csc.mofcom-mti.gov.cn/csweb//csc/info/Article.jsp?a_no=248226&col_no=137.2011_01_21。
② 〔新加坡〕李光耀：《我一生的挑战：新加坡双语之路》，联合早报出版社，2011，第202页。
③ 张海燕：《东南亚教育改革与发展（2000～2010）》，广东高等教育出版社，2010，第205页。

探索、创新能力留有足够的空间，改进传统教育模式，以适应21世纪经济发展要求，培养学生终身学习的能力。其内涵的重点并不是让教师少教，而是要促进学生主动学习，为未来多做准备。这一方针把教育的重心转移到学生身上，变被动受教育为主动学习。反对机械学习，注重学生自主学习能力的开发。

为贯彻落实"少教多学"教育方针，教育部重点做了以下四个方面的工作。

一是逐渐减少中学和大学先修班课程的教学内容，资助创新计划和校本课程。2006年7月，又有21所学校的校本课程获得政府资助，教育部政务部部长吕德耀说："这些学校正尝试采用新鲜、有趣的方式来迎合学生的不同需求，包括制定灵活和个人化的课程，利用资讯通信科技推动学习上的合作，以及重新设计课程来促进跨学科的学习以及对课题的认识。"[①]

二是成立了考试及评核局，专门加强对考试的管理。2004年，不仅专门成立了考试及评核局，还修订了"O"水准马来文、泰米尔文的考试模式。突出学生听说能力，减少死记硬背的成分。

三是参考三种外国华文水平鉴定模式，改革华文课程与考试方式。2010年，新加坡华文课程与教学法检讨委员会通过对中国汉语水平考试、国际中学会考（IB）和全美高中生大学先修课程考试（AP）三种考试模式的研究，推出华文课程和考试方式新的改革方案。

四是进一步提升师资素质，增加教师数量。至2010年共增加3000名教师。启动"辅助教师计划"和"教育协作人员计划"，以留住优秀的教师和教育协作员。加强教师培训，建立"卓越专业培训中心"，加强教师在教学方法、课程和评价等方面的专业培训，从2006年起减轻老教师1/3的工作量，使他们腾出时间和精力指导新教师。也给予教师更多的专业提升时间，从2010年起，教师每周都会有2个小时教学设计与合作交流的时间。

第二节 全球化导向下双语教育政策的深入推进

当21世纪的曙光照耀在新加坡这个神奇的小岛的时候，新加坡恰好正

[①]〔新加坡〕王慧容：《落实"少教多学"方针 教育部资助另21学校课程》，《联合早报》2006年7月8日。

第五章　重造新加坡主题下双语教育政策的深入推进（2008 年至今）

奔跑在全球化的跑道上。李光耀曾经这样畅想过 21 世纪新加坡的前景，"新加坡将成为一个全球性现代化大都市，越来越多外国人在这里从事商业活动。我们应该成为本区域的工艺大都会。但更重要的是，我们也应该成为本区域的文化与康乐中心。"① 在迅速融入全球化大潮的过程中，教育的跟进与助力为新加坡提供了强大动力与支持。在全球化导向下，新加坡的双语教育政策更加突出为经济发展服务的特点，教育与经济的关系也更加紧密。"通商中国"，就是一个很好的双语教育政策与经济发展完美结合的实例。2007 年 8 月，中华总商会发起通商中国活动，目的是通过鼓励年轻一代华人学好华语，熟悉和热爱中华文化，在经济活动中进一步证实华文的价值，这是一个兼有语言和经济目的的活动。11 月，李光耀与中国前总理温家宝共同主持了"通商中国"（Business China）的启动仪式，李光耀说："为了加强同中国的联系，新加坡即使不能改变现有'以英文为主，华文为辅'的双语政策，也要调整教学计划，以确保每年能培养约 1000 名无论在语言或文化上都能同中国联系的学生。"②

一　建立新加坡华文教研中心

2009 年 2 月正式启用的新加坡华文教研中心是专门为培训华文教师的专业素质而设立的。"致力培养华文教师成为华文教学变革的推进者，成为华文教学的知识中心，为创新教学理念提供实验平台。它短期的五年目标是每年培训在职华文教师 1000 人，五年培训全国 4000 名华文教师，全面提升他们的教学素养、教学法和专业水平。"③ 其长远目标则是把新加坡打造成为一个华文为第二语文的世界教学中心，为讲英语国家的华文第二语文教师提供优质的培训。除了培训教师以外，华文教研中心的另一个任务就是利用高科技手段改进华文教学的研究与开发工作。

2012 年 11 月 24 日，华文教研中心正式推出了为小学生设计的《小飞鱼》分级读本，共分为六个年级，每个年级 6 本，共 36 本，华文教研中心还配合读本研发了网络平台和点读笔。收录的故事有一半以上是华文故事大奖赛中获奖教师的作品，经过在 8 所小学小一和小三学生中进行试教，

---

① 〔新加坡〕《联合早报》编《李光耀 40 年政论选》，联邦出版社，1993，第 220～221 页。
② 〔新加坡〕李光耀：《我一生的挑战：新加坡双语之路》，联合早报出版社，2011，第 203 页。
③ 〔新加坡〕李光耀：《我一生的挑战：新加坡双语之路》，联合早报出版社，2011，第 203 页。

收到比较好的效果。

二 小六会考母语比重风波与第四次华文教学改革

2010年前所进行的三次华文教学改革的特点是教学程度的持续降低。然而，随着华语经济热潮的到来，华人对华语的学习也日益重视起来，对政府继续降低华文教学的难度感到不理解。母语教育的风波成为第四次华文教学改革的前奏。

（一）小六会考母语比重风波

2010年4月，教育部部长黄永宏在接受记者专访时说，谈到要调整小六会考母语占分数的比重，目的是不让学生因为母语成绩影响升学。然而，这项改革意图一经报道竟一石激起千层浪，引起了家长的强烈反对。一些家长于5月9日，在芳林公园举行了"母亲节挺母语"的签名活动，短短2个小时内就有了2518个签名。与此同时，互联网等新兴媒体上反对之声也铺天盖地地袭来。直到5月11日，总理李显龙和教育部部长黄永宏在联合记者会上重申母语教育的重要性，政府无意降低母语社会地位，也无意削减母语占小六会考分数比重后，这场持续了三个星期的风波才逐渐平息。这场风波还引发了政治高层对于双语教育政策中双语地位的思考。李光耀认为，对于新加坡双语教育政策中双语教育的不平等性问题是全体新加坡人都必须接受的现实，也是不可改变的现实。他说："我们的双语政策，从理论上双语看似平等，实际上英文和华文母语根本是不平等的。在小学，英语教学占七成，华语教学只占三成；中学英语教学占八成，华语教学只占两成；大学英语教学占百分之百。怎么平等呢？我们应该面对事实。新加坡人英文必须掌握得好，不然很难过活。华文固然重要，可是它始终只是第二语文，新加坡人必须接受这个现实。"①

这场风波不仅引起了新加坡高层对双语教育与未来华文教学的深思，甚至还掀起了母语教育大讨论。对于这场风波，李显龙的感觉却是欣慰的，他认为这反映了多年来推行双语教育政策的成功以及人们对双语教育政策的认可。这次大讨论的焦点主要集中在两个方面：一是母语教育的重要程

---

① 〔新加坡〕李光耀：《我一生的挑战：新加坡双语之路》，联合早报出版社，2011，第217页。

度不容削减。新加坡华文教师总会于 5 月 3 日晚与教育部部长黄永宏的一个半小时的对话中表达了对于调整比重的忧虑，并于次日提出了三点声明，希望保留母语科目在会考中的比重。声明中提出："第一，小学离校考试中母语科的同等比重，对家长和学生传达了一个重要的讯息，任何不利于母语比重的改变，将直接影响学校与家长对教育资源的调配与投入，以及学生对母语科的学习态度；第二，我国教育体系强调双语教育的重要性，肯定了双语学习的积极作用；第三，考试是促进学习的推动力，考试的作用不容忽视。"[①] 此外，一些母语教育的支持者也以个人名义提出了见解和看法。21 岁的华中国际学校代课教师苏奕达以个人名义在 5 月 20 日举办了一场对话会，收集年轻人对改进母语教学的建议，他在接受采访时说："与其他组织举行的对话会不同，我们锁定的参与者是学生和年轻人，希望借此收集年轻人对母语课题的看法。毕竟任何对母语教学的改变最终影响的都是学生，而教育部正在拟定的新母语教学影响的，很可能是我们这代人的孩子。"他还说："双语政策是新加坡的特色，也是我们的竞争优势。美国人都在努力学习华文，如果身为华人的我们不懂得把握我们的强项，那是非常可惜的。"[②] 二是小六会考母语所占比重问题。支持调整比重的家长认为在新加坡孩子要应付两种语文，最后（两种语文的水平）只能是"半桶水"。反对的家长认为学生的华文拿到 A 并不难。在充分了解民众意愿的基础上，教育部提出将母语教学重心转移至应用能力上来。教育部部长黄永宏给全体母语教师发出一封信，信中说："我们需要趁早开始检讨工作，因为提出的建议需要许多年来实施。教育部需要发展新教材，并且和老师密切合作一步步做出修改。"[③] 他还提出教育部即将开展的第四次华文教学检讨委员会将制定一个 10~15 年的教育路线图，重点加强学生的应用能力。至此，这场风波以新一轮教改的开始而落下帷幕。

（二）第四次华文教学改革

21 世纪以来，新加坡社会的语言环境发生了很大变化，不仅小一新生

---

① 〔新加坡〕李光耀：《我一生的挑战：新加坡双语之路》，联合早报出版社，2011，第 217 页。
② 赵琬仪、林诗慧、王珏琪：《总理表态支持反响广　新加坡掀起母语教育大讨论》，中国新闻网，2010 年 5 月 13 日。
③ 赵琬仪、林诗慧、王珏琪：《总理表态支持反响广　新加坡掀起母语教育大讨论》，中国新闻网，2010 年 5 月 13 日。

中以英语为家庭用语的比重从 2005 年的 50% 上升到了 2010 年的 59%,而且华文教师自身的语文教育背景也发生了很大变化,"70% 本地华文教师的学生时代是以英文为第一语文,比 2005 年的 56% 又增加了很多。"① 这是一个阻挡不了的趋势,也是双语教育政策发展的必然结果。在这种形势下,为了延续"因材施教"理念,实现华文"乐学善用"的愿景,新加坡又开始了新一轮华文教学检讨。

2010 年,教育部成立了由教育总司长何品领导的"母语教育检讨委员会",任务是预测未来 20 年新加坡华文教育将面对的挑战,并做出必要的调整与改革,并且在华文越来越重要的形势下,让学生有兴趣、有能力修读到更高程度的华文。为了探寻更科学的教改道路,委员会展开了广泛调研,在近一年的时间里,"向 3799 名教师、9543 名学生和 8815 名家长进行了调查。母语检讨委员会也举行了 19 次小组对话会,229 名教育工作者、85 名家长和 22 名社区领袖受邀出席提意见,为母语教育'对症下药'。"② 此外,委员会还学访了美国洛杉矶的黎明中文学校、华盛顿一所公立双语特许学校育英学校以及马州理查蒙哥利高中三所不同性质学校。

在充分调研的基础上,《何品报告书》于 2011 年 1 月正式公布,这次改革引入了"活学活用"的教育理念,鼓励学生活学活用华文。为了确保教学和考试的内在联系更加紧密,教育部还准备制定一套有关"语言能力描述"的母语能力鉴定指标。教育部部长黄永宏表示,这次改革的目的主要是创造更有利于使用母语的社会环境,不会导致母语水平下降。教育部将继续采取"保底不封顶"的政策,给予学生较大的上升空间。他说:"我们知道新加坡的家庭用语一直在改变,所以一些家长需要更有意识地做这件事。比如说,父母当中一个若有能力,就应该多讲母语,或者让孩子报读一家能多用母语的幼儿园。"③

1. **改革的主要内容**

早在检讨委员会成立之初,教育部部长黄永宏就明确了母语教学重心将转向应用能力的培养,华文教育在未来的两大方针是"因材施教"和

---

① 〔新加坡〕李光耀:《我一生的挑战:新加坡双语之路》,联合早报出版社,2009,第 218 页。
② 陈能端:《新加坡母语教育检讨报告出炉 教学考试方式将调整》,中国新闻网,2011 年 1 月 20 日。
③ 陈能端:《新加坡母语教育检讨报告出炉 教学考试方式将调整》,中国新闻网,2011 年 1 月 20 日。

"活学活用"。他指出,"因材施教"是为来自不同背景的学生制定差异教学法和课程内容,"活学活用"的概念则是更精确、更有效地评估及奖励达到不同母语水平的学生。①《何品报告书》提出的建议主要包括五个方面的内容:一是提升母语沟通能力,教材贴近日常生活;二是加强资讯科学技术在教学考试中的应用,以录像进行口试,中学和高中华文B课程部分试卷可以用电脑文字输入;三是加大对修读高级母语的学生的投入,使他们拥有更多的资源和机会;四是打造有利于母语学习的社会环境,政府将每年投入4500万元举办"母语双周"活动;五是增聘500名母语教师,充实教育队伍,并设立母语教学奖学金。

2. 改革的成效

这次改革取得的最大成效是基本实现了母语学习"乐学善用"的愿景。通过调整教学方法,改变考试方式,提升了学生对母语的应用能力。尤其是这次改革是在全社会广泛讨论的基础上进行的,充分吸收了各方的意见和建议,实现了最大程度的共识,因而在实施中得到了广泛支持。比如,在2011年3月底,教育部课程发展署要求当年落实"母语双周"计划时,各校都予以积极配合。所谓"母语双周"计划,就是在学校举办为期两周的母语活动,使学生有机会深入接触和感知母语及文化。但由于当时正值年中,在已经规划好的全年学校安排中找出一个时间段已经是不可能的。一些学校就与语文中心联系,让他们来学校摆上书法、剪纸、泥塑等文化摊位,让学生可以在课间休息时间顺便拜访。这种"触手可及"的母语文化氛围拉近了学生与母语文化之间的距离,使学生对母语学习不再有陌生感和畏难心理。

3. 改革的特点

这次改革的特点主要有以下几个方面:一是广泛调研,参与面广。从教师到学生以及家长共对22000多人进行了调研,还与华文教师总会等华人社团进行了沟通,征求了社会各个层面的意见。二是这是一场基层民众改变政治高层决断的改革。由小六会考母语比重风波引起的这场改革,最终不仅保留了之前母语在会考中的比重不变,还增加了由教育部投资的"母语双周"计划。三是充分吸收、借鉴和引进先进国家双语教育政策的经

---

① 〔新加坡〕母语教育总理记者会:《黄永宏:成立母语教育检讨委员会是重视而非削弱双语政策》,《联合早报》2010年5月12日。

验和做法。美国洛杉矶的黎明中文学校实施的"实用中文"教学特色对于这次改革具有很大的启发。

三 从中央课程到校本课程

从中央课程到校本课程是教学内容和方法的改变，也是新加坡华文（母语）教育的特色所在，体现了双语教育从语言到文化教育的发展过程。

（一）对中央课程与校本课程的定义

所谓中央课程，顾名思义就是由国家统一设置的课程标准。所谓校本课程的概念，首先是由福绿马克（Furumark）提出的。中国大陆的王斌华教授对校本课程的定义是："校本课程是某一类学校或某一级学校的个别教师、部分教师或全体教师，根据国家制定的教育目的，在分析本校外部和本校内部环境的基础上，针对本校、本年级或本班级特定的学生群体，编制、实施和评价的课程。"中国台湾的杨龙立对校本课程的定义是："校本课程是一种提升教育品质的方式，也是学校内人员（校长、教师、学生、行政人员）与校外人员（家长、社区人士、地方人士、行政官员、学者、专家……）共同努力，针对学校内部的需要、学生学习、教师教导、社区地方需求、上级单位要求及国家与中央之要求等因素加以综合考虑，并以研究、设计、发展、实施、评鉴及修正等途径建立恰当的适用的教材与方案……"①

上述两个概念虽然都突出了校本课程的设置权归学校，教师是课程设置中的主体，强调了学校个性特点。但对于新加坡来说，这个校本课程的定义尚有不全之处。笔者认为，新加坡的校本课程主要指的是母语文化课程，是为了让学生学习母语和传承母语文化与价值观，弥补中央课程中对母语课程的不足而由学校设置的具有独创特色的课程。

（二）校本课程的实施

自独立建国以来，新加坡施行的中央统一的课程设计理念已经无法满足形势发展的需要，特别是在教育分流制度实行以来所形成的英校与特选

---

① 陈之权：《大题小做——新加坡华文课程与教学论文集》，南京大学出版社，2011，第43页。

学校等不同的教育模式，对课程设置又提出了更新的要求。但这时期出现的不同的课程主要表现在母语教学程度在两类学校中的差别，而同类学校的课程设置则完全一样。而课程设置出现真正意义上的校本课程则是 21 世纪以来的事情，特别是教育部连续放宽修读高级华文的条件，特选学校优势不再的情况下，由特选学校首创的。与由官方首倡而开办的"华语文特选课程"和"双文化课程"相比，校本课程更具有学校的特色，因此，也可以被称为"旗舰课程"。

2008 年，在教育部的支持下，新加坡的特选中小学校都开始设置具有校本特色的旗舰课程以浸濡中国传统文化。公教中学是"深濡文化，驰骋神州"课程，德明政府中学是"文史华艺鉴赏"课程，华侨中学是"华中戏剧课程"，圣公会中学是"中国通"课程，南华中学是"文史哲与实用翻译"课程，南洋女中是"量身定制"课程。圣婴小学推出"圣婴新语"，让不同年级小学生学习相声、快板、戏剧和辩论知识，以强化华语表达能力。此外，15 所特选中小学还于 2009 年推出了道德教育辅助配套课程，使学生在古人的忠孝节义与勤奋刻苦的故事中培养高尚的道德情操。

特选学校所推出的一系列旗舰课程提升了学生对中华文化的认识，增强了应用华文的能力和信心。对于特选学校的旗舰课程，教育部课程规划与发展司副司长余立信认为："早期特选学校的校风、特色，与校长长年掌校有关。到了现代，校长经常轮换，特选学校有必要通过设立与众不同的旗舰项目，建立不受校长人事变动而改变的品牌。"[①] 他还对特选学校提出了希望，他说："我们希望每所特选学校的旗舰项目是独树一帜，与众不同的。在具有校本特色的旗舰项目熏陶下，各特选学校将培养出面貌不同的毕业生。各校毕业生身上，将各有不同教育特色的烙印。"[②]

（三）开设校本课程的意义及特点

校本课程的开设是新时期新加坡双语教育落实"因材施教"与"活学活用"原则的具体体现，是华文课程的重要组成部分，也是教学权力下放的必然结果。由最了解学生需求与中央课程缺陷的一线教师来开发校本课

[①] 〔新〕潘星华、杨雪慧：《新加坡特选学校设旗舰课程让学生体验中华文化》，中国新闻网，2009 年 9 月 7 日。

[②] 〔新〕潘星华、杨雪慧：《新加坡特选学校设旗舰课程让学生体验中华文化》，中国新闻网，2009 年 9 月 7 日。

程，可以最好地做到补充中央课程的不足，并照顾到不同学习能力与个性化发展的学习需求，起到培养学习兴趣，增强学习信心的作用。校本课程的开设是时代的进步，也是教育的进步。对于校本课程所取得的成绩，教育部予以充分肯定，2009年9月4日，教育部兼国家发展部高级政务部长傅海燕出席第三届特选中学研讨会时，提及了特选学校的旗舰课程，她说："特选学校已经走过30年漫漫长路，30年所取得的成就是有目共睹的。第一批双文化课程学生今年毕业，就有了骄人的成绩。10名获得公共服务委员会中国奖学金的学生，就有七名来自双文化课程。他们将到中国知名大学修读法律或国际关系。其中毕业自德明政府中学双文化课程的学生陈葆佳，还是今年总统奖学金得奖人。未来30年，各特选学校应就其双语双文化的优势，积极推展旗舰项目，为国家培养更具国际竞争力的下一代。"[①]校本课程具有以下特点。

1. 校本课程的拾遗补缺，既丰富和充实了中央课程的内容也满足了不同学生的学习需求

校本课程从学校的办学特色与师资力量出发，结合学生的学习需求来设置课程。长期坚持在教学一线的教师最了解学生学习的实际情况，也最清楚中央课程在共性教育上的统一与学生个性教育及潜能挖掘上的不足。而校本课程恰恰是从学校与学生的个性出发设计课程，弥补了中央课程的不足。

2. 校本课程体现了双语教育政策中量体裁衣、因材施教的基本原则

由于学生来自不同语文背景的家庭，对华文的兴趣和关注点不同，学习能力不同，校本课程依据教师的专长，对教材内容进行适当的调整，采用不同的教学策略来照顾学生的学习需求。在教学中注重个性发展，凸显了量体裁衣、因材施教的基本原则。

3. 校本课程赋予新时期特选学校以新的活力与生命力

特选学校是双语教育分流制度的产物，是为了传承华族优秀传统文化与培养双语双文化精英人才而由传统华校转型而来的。多年来，经过国家、学校与师生的共同努力，特选学校已经成为新加坡国民教育体系中最具特色和潜力的部分，是家长和学生争相追逐的名校。然而，随着华文教学程

---

① 〔新〕潘星华：《突显各自特点 2012年发展完成所有特选学校将各有旗舰项目》，《联合早报》2009年9月5日。

度的降低与修读高级华文条件的一再放宽,以及开设"华文特选课程"与"双文化课程"学校的增多,一度使得特选学校陷入窘境。在特选学校不再"特"的困扰下,充分利用传统华校优势,开设了不同内容的华文旗舰课程,使特选学校一举打破了之前的困扰,重新显示了特选学校的优势,使新时期的特选学校重新焕发了活力与生命力。

四 第三语文教育

新加坡的双语教育政策明确双语是英语+母语。但是,对于第三语文的选择与学习也早已有之。由于新加坡曾经加入过马来西亚联邦,有过长达6年的以马来文作为第一语文的历史,之后虽然独立建国,但由于与马来西亚始终有着千丝万缕的联系,且马来文仍然是东南亚区域的重要语文,所以马来文一直受到政府的高度重视,被作为第三语文供学生选修。

关于第三语文的修读是从1979年教育分流制度实施之后开始的。小学离校考试成绩优异的10%的学生升入中一后可以选择修读第三语文。关于第三语文的选择,教育部于1978年制定了"外国语文学习计划",把德文、日文和法文作为第三语文的选择,目的是为外交与工商界培养一批通晓第三语文的人才。但是,1985年,教育部长吴庆瑞认为这样选择会造成对母语的忽视,于是,教育部常任秘书吴金龙提出了把马来文作为第三语文的建议,并被内阁采纳。这样,第三语文又多了一个选择。非马来族学生也可以修读"马来文特选课程"作为第三语文。2002年3月30日,教育部再次宣称将从2004年起增加华文作为第三语文选择之一,非华族学生也可以选择"华文特别课程"作为第三语文,并放宽修读第三语文的条件,对于小六会考成绩优异的11%~30%的学生,如果母语考获A+或高级母语考获特优的,而英文至少考获A的也可以选修。之后,从2007年开始取消了所有限制条件,中一学生只要感兴趣,都可以选择非母语的华文或马来文作为第三语文修读。

"生活在马来人海洋,又是中国崛起的年代,新加坡人必须掌握好英文,加强学习华文,也最好懂些马来语。"[①] 这是当前新加坡实行第三语文教育以应对未来的语文战略的具体内容之一。目前,新加坡还在继续扩大

---

① 〔新加坡〕李光耀:《我一生的挑战:新加坡双语之路》,联合早报出版社,2011,第220页。

第三语文选择的范围,2008年,又把印尼文和阿拉伯文列入第三语文的选择范围之内,这样,可供学生选择的第三语文已经达到了七种之多。这一年,新加坡教育部还在莱佛士书院、莱佛士女校、英华中学和维多利亚中学开设了"区域通识课程",学生修读马来文和印尼文为第三语文,"这是我们要培养能说流利马来语,熟悉东南亚区域文化和最新发展状况精英的计划,我们每年为其中100名优秀生提供奖学金。"①

第三语文的选择是新加坡应对未来挑战的语文战略之一,是在双语教育政策稳定发展,取得丰硕成果基础上的发展方向。在新加坡这样一个具有开放思维与胸怀的国度里,语文教育既是战略也是策略,学习语文关乎政治、关乎经济、关乎文化、关乎和谐、关乎个人前途,但无关种族。第三语文将是新加坡语文教育政策的未来发展趋势。

本章小结

19世纪末以来,全球化成为世界的主题。这对于新加坡这个以语文立国的国家来说,实行了多年的双语教育政策又迎来了新的发展机遇。特别是中国的崛起,意味着新加坡人的双语能力有了更为广阔的用武之地。对语文特有的敏感度以及敏锐的经济嗅觉使新加坡迅速做出一系列政治经济和教育调整。这个谨慎而又异常聪明的小国,在经济利益的驱动下直到1990年才与中国建立正式的外交关系,作为新加坡总体中国战略中的一部分,这是新加坡在20世纪90年代欧美、日本等主要发达国家经济发展速度放缓后,期望通过加强与中国的经贸往来以重振国内经济所采取的最主要的经济战略。这对双语教育政策来说是幸运的,在这个令人振奋的渐入佳境的华语时代里,新加坡的语文优势将更加突出,双语教育的成就也将铸就新的里程碑。当然,中国战略仅仅是新加坡未来发展规划中的一部分,华文优势仅仅是新加坡诸多语文优势中的一种,新加坡正在积极努力教导未来的新加坡人具有更多的语文优势。融入全球化大潮中的新加坡将在世界舞台上有更精彩的表现,正像2006年新加坡举办的国际货币基金会和世界银行年会的主题所说的那样,"环球城市,偌大机遇"。成为一个真正的

---

① 〔新加坡〕李光耀:《我一生的挑战:新加坡双语之路》,联合早报出版社,2011,第222页。

第五章 重造新加坡主题下双语教育政策的深入推进（2008年至今）

环球城市国家是新加坡真正的目标所在，而双语教育政策和语文优势将使它走得更远。在重造新加坡主题下，新加坡双语教育政策进入了深入推进阶段，在这一阶段里，双语教育的外部大环境与政策本身都发生了比较大的变化，主要表现为以下三点。

第一，中国崛起的大气候凸显华文优势。李光耀曾说："这些年来，我也常常收到在中国经商的新加坡人的电邮，感激我当年'逼'他们学华语，他们今天在中国才占了一个双语的优势。"① 进入21世纪以来，伴随着中国崛起的大气候，为了更好地教导和学习华文，教育部对华文教学进行了2004年和2011年两次改革。考试形式和内容更加贴近日常生活需要，学生的华语沟通能力逐渐提升。尤其是各特选学校旗舰项目的开设，使华文教育更富有文化气息和道德教育内涵，更贴近学生的兴趣和爱好，实现了华文教育"乐学善用"的愿景。对于华文在新加坡应对全球化挑战中的重要作用，前总理吴作栋在世纪之初已经清楚地指明了方向。他说："因为我们在经济上要能够生存，就必须越来越国际化。然而，在国际化的过程中，我们需要新加坡一个构成部分作为中流砥柱，这个部分必须来自华人，因为他们占大多数。如果他们不能充当支柱和基石，我们的社会就会不断地随时间改变。这会影响到新加坡长远的结构，甚至影响我们的生存。"② 李显龙总理对新加坡在全球化浪潮中的国家民族教育文化发展道路问题作出回答。他说："在全球化的浪潮中，我们的社会已经来到了十字路口。我们可以选择随波逐流，全盘接受最新的国际趋势和潮流。但是，我们会成为无根的一群，没有明确的自我认同，我国将失去存在的意义。为此，我们必须保留我国移民先辈的历史和文化。"③ 中国崛起的大气候为新加坡语文优势的发挥搭建了世界舞台。

第二，双语教育全球化程度日益提高。在全球化的趋势下，新加坡双语教育政策的全球化程度也在日益提高。一方面，政府继续实行"英语第一，母语第二"的双语教育政策，英语的突出地位仍然稳固。这是由英文所能创造的经济与社会价值决定的。为了配合国际化与现代化的发展要求，在2000年由吴作栋总理发起了"讲标准英语"运动，促进全社会摒弃了

---

① 〔新加坡〕李光耀：《我一生的挑战：新加坡双语之路》，联合早报出版社，2011，第224页。
② 〔新加坡〕吴作栋：《不用华语新加坡将变质》，《联合早报》2000年6月10日。
③ 李莹：《新加坡华文不太景气》，人民网，www.people.com.cn/GB/paper68/11354/1025188.html，2004年2月18日。

"杂菜式"的英语，教育部还专门对8000名教师进行了专门培训。另一方面，母语教育进入了文化深化阶段。新加坡各族学生通过母语教育保留和延续了民族文化，也通过母语教育保留了与原住国沟通交流的通道，特别是在中国崛起的大气候的启示下，新加坡政府高度重视华文发展动态，努力培养华文精英人才的同时，也在积极培育其他语文精英，关于"第三语文"的选择，充分显示了新加坡政府未雨绸缪、高瞻远瞩的发展思路和全球视野。

第三，双语教育的创新性进一步强化。作为全世界华文第二语文教育最大的实验室，新加坡对双语教育的创新性进行了探索。在新加坡这样一个多元语文与文化和谐相处的生态环境里，双语教育进行了多次改革。特别是对母语教育的改革创新，使双语教育更趋完善，更加适应时代发展要求。以华文为例，新加坡双语教育的创新性主要表现在三个方面。一是新加坡的华文作为第二语文教学已经成为一个品牌走向了世界。新加坡华文教研中心董事会主席胡以晨曾说："华文教研中心就在这活生生的、难能可贵的双语环境中，以创新方式研究华文二语教学。我们的研究必能在世界华文二语教学占一席之地，甚至居前沿之地。"[①] 他还提出了华文教学"先研、后证、再教"三步法，使学生不再惧怕华文。二是特选学校旗舰项目突出特色。通过整合学校和教师特长，结合学生学习需求，特选学校从中华传统文化入手，设置了不同内容的华文旗舰项目，让学生在文化浸濡中产生学习兴趣。三是研究运用电子媒体和资讯科技教导华文。华文教研中心研发的小学华文读本《小飞鱼》，配合开发了网络平台和点读笔，受到欢迎。在学校华文考试中也更多地采用资讯科技手段。四是教育部鼓励小学教师设计教材。开发校本课程是为了给学校开拓多元化课程的空间，弥补中央课程的不足而设置的。2009年由13所小学华文教师联手编写的校本教材《18度空间》正式出版，受到学生和家长的欢迎。该教材包括儿歌、短篇故事、小活动等，图文并茂的文章还标上了汉语拼音和英文词汇，使小学生能够在双语并用中独立学习和阅读，教材还设计配合教材的活动纸，上传到网站免费供教师下载。总之，科技发展不止，新加坡双语教育政策的创新发展不停歇。

---

① 〔新加坡〕潘星华：《华文二语教学法新加坡是最大实验场》，《联合早报》2009年5月24日。

第六章　新加坡双语教育政策的作用及历史经验

在已经成为历史的那段时光里,新加坡的双语教育政策彰显出的教育的本质和力量、特点和规律,甚至成为世界教育发展的时代坐标。毫无疑问,新加坡的双语教育政策是成功的,是世界教育体系中独树一帜的成功典范。1997年2月23日美国教育记者理查德·李卡文（Richard Lee Colvin）刊登在美国《洛杉矶时报》上的《教育是新加坡生存之道》一文,对新加坡教育赞誉有加,他认为在国际上美国学校的表现一般,而那些在新加坡被认为是最低的两种源流的学生的水平,仍然高于世界水平,领先于一般的美国学生。① 骄人的教育成果的背后一定有一整套科学的教育体制,总结新加坡双语教育政策的作用与历史经验是学习和借鉴它的重要前提。李光耀也说过,新加坡是个特殊的国家,独特的地理位置和历史造就了新加坡特有的国家形成与发展的道路与模式。在新加坡独立建国后的短短半个世纪里,如果一定要找出一个与新加坡联系最紧密的词汇来的话,那这个词一定是"双语教育政策",亦如"新加坡"与"李光耀"一样,它们都将是新加坡历史上被紧紧捆绑在一起的两个词,成为一个时代的丰碑。如果要总结新加坡的国家发展经验,双语教育政策就是最重要的因素之一,如果要总结新加坡双语教育历史经验,则离不开国家发展的时代背景。新加坡与双语教育之间彼此包容、相互促进,总结新加坡双语教育政策的作用和历史经验不仅对实行双语教育的其他国家具有极其重要的借鉴意义,更能启迪未来,为教育全球化发展探索道路。

---

① Richard Lee Colvin：《教育是新加坡生存之道》,http://club.lanyue.com/view/48/251389.htm,2014年2月16日。

第一节　新加坡双语教育政策的作用

新加坡作为东南亚地区社会最稳定、经济发展最活跃的国家，其双语教育政策功不可没。当我们面对新加坡所创造出的一个又一个奇迹时，在惊叹其成功的同时，总是想探究其小国寡民、资源匮乏、多元共存等诸多不利因素下反败为胜的奥秘。或许仅仅依靠双语教育培养人才这一主要因素来推动国家发展并获得巨大成功，对于世界上绝大多数国家来说是不可能的事情，但是新加坡却做到了。这或许是上苍对这片贫瘠土地的一种补偿。英国伦敦大学教育学院教授安迪·格林曾经这样说过："新兴国家在使用教育作为民族形成的工具时并不总是成功的。然而，给人以深刻印象的是，成功的民族形成与教育发展规划往往是耦合的。"[①] 但我们相信，在一个国家的发展进程中，所谓耦合的概率是多么的微小，如果一定要把新加坡的成功归因于某种耦合的话，那么，这种耦合的背后一定是新加坡人自强不息的奋斗精神和双语教育政策的成功实施。新加坡正是这样一个教育与国家形成紧密结合起来的新兴国家，探寻新加坡双语教育政策在国家形成与发展中所发挥的重要作用，对于世界其他国家双语教育政策的制定与完善具有重要的意义。

一　培育国家文化特质

现代汉语词典中所谓文化，是指人类在社会历史发展过程中所创造的物质财富和精神财富的总和，特指精神财富，如文学、艺术、教育、科学等。学者刘小枫认为："如果从形态的角度来看，所谓'文化'有两个层次，其一是指精神文化，亦即哲学、宗教、艺术所体现的某种精神意识；其二是指社会文化，亦即某一民族的历史中具体的生活方式、行为结构、社会组织、实用技术、民俗习惯、礼制宗法等。"[②] 对于一个国家来说，文化是国家特质的具体体现。毫无疑问，新加坡最突出的文化特质就是多元

[①] 〔英〕安迪·格林：《教育、全球化与民族国家》，朱旭东、徐卫红等译，教育科学出版社，2004，第156页。
[②] 刘小枫：《中国文化的特质》，生活·读书·新知三联书店，1990，第6页。

民族文化和语文。当然，这种多元文化既是历史的沿袭，也是新加坡政府极力维护的结果。无论是精神文化层面还是社会文化层面，作为新加坡多元文化载体的多元语文始终顽强地生存在国家文化的各个层面以及各民族的生活里，为新加坡实行双语教育提供了有利的社会语文环境。

首先，宽松的语文环境成为民族大融合的重要前提。新加坡建国后，务实的执政理念在民族问题上的体现，主要表现为多元族群和谐政策。具体内容和特点是承认民族文化差异，倡导民族文化相容，并力求在多元民族文化基础上建立统一的国家文化。一方面在政治和法律上保障各民族一律平等。新加坡的华人虽然占总人口的绝大多数，但并不享有任何特权，《联合早报》的一篇报道曾对此进行过评论说："不像大马的土著，新加坡华人在教育、就业以及商业活动等方面，并没有受到特别保护。……尽管华人占人口的绝大多数，但是他们没有使马来人或印度人沦为'二等公民'。"[①] 另一方面在全社会推行共同语，为各民族搭建沟通桥梁，并赋予其学习西方先进科技知识的基本能力。新加坡的双语教育政策创造了民族和谐的社会环境，促进了民族大融合，既尊重了各民族语文传统，保留了民族传统文化，也为各民族语文的发展与融合创造了宽松的环境。

其次，全球化视野与包容东西的胸怀与气魄，确立了新加坡教育的独特景观。作为东西方文化交流与经济贸易的中心，新加坡在历史上一直在与东西方不同的文明与文化打交道。后现代教育理论家爱德华和厄舍曾经说过，全球化的到来将预示着民族性的国家教育和民族性的国家教育体系的终结。而在地理位置上正处于全球化转变过程的中心区域中的新加坡，在这一转变过程中无疑已经将双语教育置于核心的位置。事实上，新加坡双语教育理念与实践无论在时间上还是在空间上都已经提前登上了教育全球化的列车，并建立了独特的多语文教育景观，为双语教育开创了有利环境。

最后，依托语文，平衡民族社会与全球化国家。面对全球化大潮，新加坡的理想状态就是既要融入世界，又能保有自己独特的民族文化特质，并以一个坚定的民族国家的形象矗立于世界民族之林。新加坡的各民族语

---

① 韦红《新加坡解决民族问题的有效途径——多元一体化》，《中南民族学院学报》（哲学社会科学版）1999年第1期，第76页。

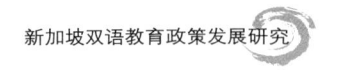

文平等的教育政策，使国家的多元民族特质得以保留，以英语为共同语则使新加坡延续历史上与世界大国、经济强国往来的传统，在民族化与全球化中寻求平衡。

二 深化教育改革

新加坡的双语教育政策自实行以来，就始终处在一种不断调整与改革的状态之中。这种调整与改革主要是围绕着国家政治经济发展需要而进行的，从双语教育政策到双语教学改革，围绕新加坡双语教育的方方面面都体现了与时俱进的改革创新精神，成为深化教育改革的重要推动力。

首先，务实的双语教育政策奠定教育底色。新加坡的双语教育政策虽然有着深刻的历史渊源，但作为一种教育政策被确立下来还是从"二战"以后开始的。1956年自治政府发表的《各党派报告书》基本奠定了新加坡现代双语教育政策的雏形。人民行动党上台执政后从政治高度来认知双语教育，发表了教育政策宣言《我国青春的泉源》，明确表示要以英语为共同语文，奠定了当前英语+母语的双语教育格局。这是为了配合执政初期团结各民族、消除种族摩擦的政治目的而提出的，这种英语+母语的教育模式成为建国之后双语教育的基础蓝本。在建国后国家政治经济发展的每个不同的时期，双语教育政策及时调整，随时跟进，成为新加坡最具活力的国策之一。

其次，为深化教育改革提供了新视角和新思路。新加坡的双语教育理念是在纷繁复杂的历史发展进程中锻造出来的，具有尊重客观事实、联系历史与未来的特点。一方面，在配合国家生存与发展战略上双语教育理念体现出了务实的特点。建国之初就明确了教育必须配合国家经济发展的指导思想。在语言上具体表现为突出以英语为共同语的重要性兼顾民族语文官方地位平等。双语教育为建国之初达到对内政治上团结，语文上平衡民族心理，对外避免遭受国际上两大阵营的冲击的目的发挥了重大作用。进入中等发达国家行列以后，以英语为共同语的双语教育继续成为新加坡经济腾飞强有力的引擎。李光耀后来对这一务实的双语教育理念进行了简短的说明，他说："以英语为工作语言是独立后数周，我们最早订定的几项建国基本决策之一。我们是务实的，需要最实用的语言。从前，为了能与联合邦合并，我们用马来语做共同语，但今后，需要跟外国接触，我们选择了英语为共同语。"①建国后的短短十年时间，新加坡在经济上已经完全独立并迅速发展成为中等发达国家，政治经济上的迅速转身确立了双语教育政策在新加坡的重要地位。作为一个依靠双语教育立国与建国的初生小国，双语教育的务实理念成为引航正处于惊涛骇浪中的新加坡的唯一灯塔。在之后的40多年里，其意义早已经超越了教育的范畴。另一方面，双语教育自身改革体现出了新加坡对语言的敏锐嗅觉和超前的创新精神。关于英语成为世界通用语不过是第二次世界大战之后的事情，源于1946年在纽约举办的第一届联合国大会，参会国家多选择英文为文件翻译和交谈的媒介语，这迅速推动了英文的广泛发展和传播。新加坡迅速捕捉和意识到了这一重要信息，在脱离马来西亚联邦后迅速做出了以英语为共同语的决定，并在1987年达到全国各种族人民认识上的统一和实现教育源流的统一。此外，双语教育分流制度改革提高了双语教育效率，创造性地提升了基础教育整体水平，促进了因材施教教育理念的实现。双语教育还为新加坡引进国外知名学府的优质教育资源和成果，占有最新的研究成果与科学技术，在世界教育领域处于领先地位提供了保证，成为新加坡全球化教育取向的根本所在。

最后，双语教育文化逐步深化。新加坡双语教育实施半个世纪以来，随着人们双语能力的提高和整个社会双语环境的浓郁，双语教育逐渐由语言向文化延伸，学校、社会、家庭都成为双语教育的课堂。从1979年伊始每年一度的"讲国语运动"到"讲标准英语运动"，从运动口号的演变就可以看出文化分量的逐渐渗透和加强。尤其是中国的崛起，带动了世界华语学习的热潮，新加坡从"华语热"中看到了巨大的经济价值和自身独有的优势，进一步了解中国文化和当代中国国情既是华人文化寻"根"的需要，也是新加坡双语教育政策在21世纪里继续服务经济发展的迫切任务。1991年进行的四次华文教学改革，虽然对华文教学程度的要求逐渐降低，但对华文文化的要求则日益提升。新加坡相信在未来的发展中，文化将是新加坡提升GDP的最大推动力量。

---

① 〔新加坡〕李光耀：《我一生的挑战：新加坡双语之路》，联合早报出版社，2011，第52页。

三 开放的教育理念统一独特的民族性国家教育体系

教育总是带有一定的民族性的,但是其民族性的浓厚与否会带来不同的教育结果。在"二战"前的一个世纪里,民族主义在世界范围内甚嚣尘上,并且以各种不同的方式在教育领域表现出来。一些国家的教育理念很快屈从于狭隘的民族主义,形成了狭隘的民族主义的教育体系,间接导致了"二战"的爆发。比如日本,在教育理念中极力突出日本传统价值观而排斥西方,在某种程度上表现为一种封闭的自我循环与更新。安迪·格林对日本在这一时期极端的教育民族性进行了评价和说明,他说:"在日本,1868年明治维新之后创建了民族性国家教育体系。开始时教育在改革者通过现代化和吸收西方科学技术以保卫日本的驱动力中发挥作用,不久很快就屈服于民族主义激烈反应以寻求抵制西化和恢复日本传统价值。"① "二战"后,许多脱离殖民地统治的新兴国家纷纷力图摆脱殖民教育体系,开始探索民族性教育,无论新旧国家,教育的重要作用的凸显已经足以成为国家形象的代表。当然,在世界和平的主题下,战后的民族主义会继续与教育相结合并被赋予新的意义,日益在国家发展中占据更加重要的地位。在西方发达国家中,教育与民族主义的结合在利益一致的形势下表现得并不明显。而在东方国家或者是发展中国家中,教育与民族主义的结合则是显性的,新兴的民族国家的教育体系已经快速形成并蓬勃发展起来。而新加坡就是这样一个在全球化教育理念指导下,民族国家认同与民族国家教育体系同时形成的国家。

毫无疑问,新加坡是一个以教育立国和建国的国家,在教育与国家形成发展的互动过程中,以全球化视野为基础的开放性的双语教育理念不仅打造了独特的民族性国家教育体系,也为双语教育政策良性发展奠定了坚实的基础。

首先,开放的教育理念塑造新加坡全球化文化环境。新加坡的特殊性在于国史短却充满了移民色彩,多民族多语言文化却不具有本土性。如何把这些各自有着不同祖籍国,归属于不同民族、宗教和文化的人们

---

① 〔英〕安迪·格林:《教育、全球化与民族国家》,朱旭东、徐卫红等译,教育科学出版社,2004,第150页。

会聚在一起，形成认同新加坡的具有很强凝聚力的和谐社会与坚固的国家，是对新加坡人民行动党上台执政以来最具挑战和考验的事情。教育，特别是民族性国家教育充当了新加坡此岸与彼岸之间的桥梁作用，而全球化开放的教育理念则成为塑造新加坡民族性国家教育体系的重要前提。正处于世界全球化转变中心的新加坡，其全球化的开放的教育理念是其独特的地理位置和历史命运决定的，主要表现为世界即新加坡，新加坡即世界的关系，在文化上体现出二分文化模式，既引进西方先进文化又极力延续优秀民族文化。这种多元交织的文化经过传播、渗透与交融，在新加坡形成了一种独特的"全球文化"，并影响着包括教育在内的国家意识形态的各个层面，为塑造新加坡民族性国家教育体系提供了全球化文化环境。

其次，新加坡民族性国家教育体系的建构始终贯穿双语教育这条主线。特别是在基础教育阶段，新加坡的教育体系充分体现了以双语教育为基石的特点。在小学阶段，小四和小六两次分流都是以双语成绩为依据的，而中学期间无论是"N"水准、"O"水准还是"A"水准考试，双语仍然是决定学生能否升入更好学校的主要决定因素。经过基础教育阶段扎实地经过"英语为主，母语为辅"的双语学习后，进入大学阶段则更加突出英语为主的特色。

最后，新加坡民族性国家教育体系的开放性与国际化特点为不断创新完善双语教育政策提供了条件。新加坡的民族性教育体系从来不是狭隘的和封闭的民族主义，而是从世界的角度来考量本国教育。一方面以开放的胸怀包容东西方教育文化，吸收东西方教育精粹，让世界走进新加坡，继续丰富和发展民族教育；另一方面也鼓励本国教育走出国门，寻求国际化合作发展道路，以期在国际合作中取长补短，增强工具竞争力。国立大学明确提出了以培养全球化公民为导向，与30个国家，180所优秀大学建立合作伙伴关系，已经建立了6个海外校园。2009年，新加坡采取新、美、中三国大学合作模式，美国的麻省理工学院和中国的浙江大学参与共同建设新加坡科技设计大学，在教育体制上从英式向美式转变，增强国际影响力和竞争力，而中国作为未来最具国际政治经济影响力的东方大国，融入东方办学理念，对于提升新加坡高等教育未来的国际竞争力同样具有重要的意义。正如宋若云所说的："新科大以其跨国界、跨学科、重实践、重实用的办学特点引人注目,把新加坡政府面向全球、开放办学的理念推向极致。"① 无论是教育的开放性还是国际化,都为新加坡双语教育政策的创新发展创造了有利的条件,成为双语教育政策成长的沃壤和活力之源。

四 准确定位双语,奠定和谐稳定根基

新加坡的双语教育政策兼顾了国家、社会与人的生存、发展和情感的需求。在新加坡双语教育政策一路走来的半个多世纪里,新加坡准确把脉各民族的语文态度,通过认真分析双语的地位、价值和用途,形成了以英文为谋生工具,以母语保留传统文化价值观的双语定位模式。或许,这种定位模式对于新加坡这样一个处于多极文明世界的中心,多元文明共存的小国来说是一种比较简单和有效的语文处理方式,但在具体实施过程中也经历了一段曲折。虽然林德宪制下的自治政府于1956年《各党派报告书》中已经明确提出了以英语为共同语的主张,而且该报告书对1959年后人民行动党政府的语文政策产生了重要影响,报告中许多建议都成为日后人民行动党政府语文教育政策的主要内容,成为新加坡双语教育政策出台的重要渊源。但是,在1959年人民行动党上台执政到1966年这六年里,对共同语的态度因与马来亚合并的政治目标的调整而走过一段弯路。这期间,在对以英语为共同语的态度上明显表现为学校语文教育与国家政治目标的不一致以及不甚明朗的犹豫。虽然在学校中仍然以英语为共同语文,但在政治上倡导以马来语为各民族共同语,之后,伴随着新加坡与马来亚合并步伐的加快与合并的实现,马来语被定为国语,学校里的共同语也随之转变。直到新加坡脱离马来亚独立建国后,双语教育才又重新走上英语+母语的轨道。在随后的半个世纪里,新加坡的双语教育在科学定位的轨道上不断与时俱进,创新发展。无论是国家意义、教育本身还是人的全面发展都取得了卓越成就。对双语准确而科学的定位成为新加坡双语教育政策战略成功的根基。

首先,以英语为谋生工具的定位,解决人民生存问题。虽然在人民行动党上台执政的初期出现了短时期的以马来语为共同语的双语教育时期,但马来语只起到了政治象征性的作用,其在经济、文化等方面所起的积极

---

① 宋若云:《新加坡教育研究》,经济科学出版社,2013,第99页。

作用远远不能与英语相比。而"二战"后英语地位的不断提升以及在经济领域所发挥的作用的凸显，也不容新加坡政府忽视。特别是新加坡建国初期以转口贸易为主的经济结构也使英语的重要性更加突出，在这种情况下，英语被定位为谋生工具以解决人民生存问题就成为自然而然的事情。然而，在新加坡这个新生的国家里，最普遍的冲突和最敏感的政治问题，并不是经济利益的纷争，而是来自于分属不同语文文化体系的族群之间，是不同文明之间的敌对与冲突，而这种冲突甚至随时可以导致不同文明的血缘国之间的敌对与冲突。塞缪尔·亨廷顿说过："文化既是分裂的力量，又是统一的力量。"[1] 新加坡多元文明、多元种族汇聚，多元民族杂处的人文景观同样也存在着文化的二分性问题，建立统一的新文化并在此基础上凝聚新的国家意识形态是人民行动党政府面临的最艰巨的任务。在这一目标的总体要求下，经过对政治、经济、文化等多项指标考量，英语成为新加坡最具中立性与融合性的语文。英语在新加坡这个特殊的语文国度里逐渐演化成为一种具有融合力量的中性文化，并深刻影响着其他语文文化，成为培养国家意识和把握双语教育的实施方向的重要力量。此外，各种族人民混居在一起的状态也使英语作为沟通桥梁以及黏合剂的作用得以充分发挥。"特别是自从 HDB 组屋大量兴建后，过去各种族隔离居住的状态被打破，是新加坡种族史上第一次大量地融合在同一住区中。"[2] 对英语的准确定位、使用以及发挥的积极作用，使新加坡双语教育政策在全社会树立了良好形象。

其次，母语作为文化联系的纽带，维系各民族情感，塑造民族性。如果说英语的任务是为了培养新加坡人的共同意识，那么，母语的任务则是为了塑造联系历史、今天与未来的民族性，以保证民族文化的延续与发展。在新加坡这个多元文明的国度里，那些在地理上从不相连的中华文明、印度文明、伊斯兰文明和西方文明在这里相遇。当这些文明相互碰撞之后，作为文明内核的文化之间必然表现为冲突或对抗，随后在外部环境的影响下各自发生一些本土化的量变，这应该就是新加坡国家内各种不同的文明或文化相互博弈共生的基本状态。在这一过程中，每一种文明或文化都会强调自己的独特性并挖掘新价值，为了延续优秀民族文化，解决"我是谁"

---

[1] ［美］塞缪尔·亨廷顿：《文明的冲突与世界秩序的重建》（修订版），周琪等译，新华出版社，2010，第6页。
[2] ［新］宋明顺：《新加坡青年的意识结构》，教育出版社，1980，第243页。

的问题,作为民族文化最基本的承载体——母语,必然成为延续民族文化的重要纽带。李光耀曾经说过:"东亚文化所特有的价值观,比如集体利益高于个人利益,支持团体努力,对于迅速发展是必要的。"[1] 这是新加坡对亚洲文化的肯定,也是对保留文化民族性的态度。在文化博弈与新加坡本土化中塑造文化的民族性,既让各民族的文化情感有所归依,又使母语有了用武之地。在依靠母语塑造文化民族性的过程中,民族文化得以延续,母语作用得以充分发挥,双语教育政策的社会效应得以体现。

最后,双语双文化构建共同价值观,增强国家和社会凝聚力。从文化的角度来看,只有具有共性的文化才能相互合作并具有一定的凝聚力。新加坡的文化虽然复杂多元,但他们依靠双语双文化的力量,很巧妙地在由各种族人民组成的社会中构建了一种核心文化,也就是以母语在各个种族中建立起民族核心文化,又在各个种族核心文化之上建立起各种族、民族共同的核心文化——共同价值观,各民族的核心文化必须服从于这一共同文化。共同价值观是由亚洲价值观发展而来的,在儒家思想的基础上汇聚了东西方优秀文化精髓。新加坡各民族不同的传统在共同价值观的整合下,实现了核心文化的统一,增强了社会凝聚力,也实现了新加坡文化的新融合,双语双文化教育作为国家和社会发展进步最主要的推动力量而得到全社会的认可。

第二节　新加坡双语教育政策的历史经验

新加坡双语教育政策的成功实施,归根结底是由其政治、经济、文化等因素综合促成的。独立建国后,全社会整体发展进步的要求对双语教育政策与教育模式的快速构建发展提出了紧迫要求,也提供了有利环境。新加坡之所以能以独立建国半个世纪而走过欧美百余年的路程,除了政治、经济、文化等因素以外,其双语教育政策起了重要的导向作用。深入探究其中的符合人类教育发展的一般客观规律,对于学习和借鉴其成功经验非常有必要。

---

[1] Mahathir bin Mohamad, *Mare jirenma*（*The Malay Dilemma*）, Imura BunkaJigyo, trans. Takata Masayoshi, 1983: 267.

第六章　新加坡双语教育政策的作用及历史经验

一　视双语教育政策为立国之本

第二次世界大战后，世界上出现了许多摆脱殖民统治的新兴国家，仅亚洲就有中国、朝鲜、韩国、越南、马来西亚、印度尼西亚、菲律宾、老挝、柬埔寨、新加坡、印度、巴基斯坦等20多个国家。半个多世纪之后的今天，只有新加坡和韩国跻身于世界发达国家之列。在这些国家中，除了中国、朝鲜、韩国等国以外，其余国家都位于东南亚。相同的地理位置、相似的国家命运，在40多年之后产生了不同的发展结局，这不能不引起研究者的深思。新加坡发展的一枝独秀的背后，与国家高度重视教育，视教育政策为立国、建国之本有着密切的关系，这是新加坡双语教育取得成功的重要支持力量和前提。

首先，双语教育政策是政治决策。双语教育政策对新加坡而言绝不是单纯的教育政策，用国家的"大政方针"来形容它绝不为过。对于这项政策的出台，是综合国际国内政治、经济形势以及各民族长远利益的考虑做出的，是一项关系国计民生的治国大计。回想新加坡建国前后出台的每一项语文政策都与政治息息相关，反之亦然。从《林德报告书》到"五一三"学潮，从福利车厂暴动到《1956年华文教育报告书》，从马来亚时期的政治突变到华文所带来的敏感局势，双语教育与政治的关系始终是你中有我，我中有你。双语教育作为国家的一项重大政治决策，在得到政府大力支持的同时，也为新加坡带来了政治稳定、经济高速发展、民族社会和谐发展的良好局面。

其次，把双语教育政策定位为国策，并以足够的耐心引导和统一各民族的认识。人民行动党成立之初就清醒地认识到小国寡民、资源严重匮乏的新加坡唯一的资源就是"经过教育的人"，教育被摆在国家形成与发展的头等重要的位置上。半个世纪以来，这个定位从没有改变过，即使是在不被人民理解的情况下，人民行动党政府也从未动摇，坚持用"等待"的方式来坚持自己的远见卓识。比如，对教育源流统一这个问题的处理就是这样，以英语为国家工作语文是1965年建国时就被确立的国策之一，但是当时人民行动党刚刚上台不久，为了稳定国内形势，不可能采取强硬的行政手段强迫全国的学校都只以英文为教学媒介语，那样只能在"语言即政治"的新加坡进一步激化民族矛盾，人民行动党政府当时的选择只能是"家长可以选择任何语文让孩子学习"。这也是双语教育政策出台的原因之一。1975年3月,政府正式委任教育部部长李昭明出任南大校长改组南大,1978年,南洋大学的教学媒介语终于转变为英语,这标志着华文源流教育在中学后的终结,也带来了基础教育的重新调整,教育源流的统一工作才正式开始进入倒计时,在这期间政府要做的只有"等待"。李光耀曾经说过:"政治是一门'只做可能做的事'的艺术,所以当时我唯一的办法是'等',等到绝大多数的家长都看清形势,都把孩子送进英校,以英文为主导语文。这样一等,就等了13年,没有办法,有些事情必须耐心,假以时日,不然不可能做成。"① 从1965年到1987年,整整用了22年的时间,新加坡双语教育源流才实现了完全统一。

最后,双语教育政策坚持正确导向,维护全体新加坡人的共同利益和平等受教育权利。新加坡的双语教育不是哪一个民族的教育,而是全体新加坡人的教育,任何妄图在这个小岛国上栽培狭隘的民族主义的行为都不可能行得通。南洋大学改组就是一个活生生的例子。1956年正式开学的南洋大学是由华族商人创办的,创办之初,只为团结和培养东南亚华人子弟,弘扬中华文化,以华文为唯一教学媒介语的华文大学,它从诞生之日起就备受各方质疑,因为它的创建所引起的紧张气氛甚至引起了马来亚的马来民族主义政治挑战。然而,后冷战时期东南亚的种族冲突与华文的政治敏感性并没有唤醒南洋大学的执迷不悟,一直到20世纪70年代,南洋大学仍拒绝成为一所双语并重的大学。这促使南大改组势在必行。李光耀提出:"南大办校的原来宗旨,当然是在马来亚创办一所马来亚人的大学,主要是照顾受华文教育的人口。但是,最终的宗旨,必须是一所马来亚人的大学,以照顾所有马来亚人,不论是华人还是非华人。"② 1980年,南洋大学与新加坡大学合并为新加坡国立大学之后,才使新加坡的诸邻国放松了对新加坡所谓中国认同感的对抗,新加坡也从此放下了政治和精神上沉重的包袱,为发展经济赢得了更为宽松的国际国内环境。

---

① 〔新加坡〕李光耀:《我一生的挑战:新加坡双语之路》,联合早报出版社,2011,第99页。
② 〔新加坡〕李光耀:《我一生的挑战:新加坡双语之路》,联合早报出版社,2011,第83~84页。

二 中央集权的教育投资紧密配合经济发展

投资教育是新加坡人力资源开发的最重要的途径之一。自1959年提出"发展实用教育以配合工业化和经济发展需要"这一基本教育方针后,政府加大对教育的投入,教育支出在政府行政支出中所占比例仅次于国防,且年年增长,1959年教育经费是6000多万新元,1986年是17.8亿新元,1994年是31.7亿新元,1997年达42.6亿新元,1998年是57亿新元,1999年是59.53亿新元,2000年则达到了60亿新元。新加坡的巨额教育投资政策是实施以教育开发人力资源战略的一部分,在实施中主要有以下特点。

首先,教育投资与经济发展通盘考虑。新加坡的第一代领导集体中不乏与经济学相关的专家,他们"极富前瞻性的教育投资政策和创造性的组织、协调工作使其教育发展要素得以迅速组合,以极高的效率培养了经济发展所需要的各种人才"[1]。新加坡的几任教育部长都是资深经济专家,副总理兼教育部长吴庆瑞毕业于英国伦敦经济学院,曾被誉为"新加坡经济发展之父",之后的教育部长兼贸工部长尚达曼也曾毕业于英国伦敦经济与政治学院。因此,在思考教育问题时,通常会与经济问题通盘考虑,这种思考问题的方式是多元的、全面的和深刻的,不会造成就教育谈教育的现象,形成独具特色的新加坡教育经济模式。

其次,教育投资紧密配合经济发展步骤。新加坡政府始终认为教育投资是最有效的投资方式,国家对基础教育的投资额仅次于国防。新加坡至今已经进行了五次经济结构的调整和转型,但无论是发展哪一类经济,政府对教育的投资都只会增加而不会减少。即使是在遭受严重的经济衰退或金融危机的情况下,教育投资的不断增长都是雷打不动的事情。在建国初期的劳动密集型经济时期,教育的任务主要是满足学龄儿童的就学需求,政府对教育的投资增长缓慢,20世纪60年代教育经费支出占GDP的比例由2.8%上升到3.6%,70年代平均保持在3%左右。这一时期新加坡教育投资相比于发展中国家来说已经是略高了,但是与同期的美国、德国的

---

[1] 曹惠容:《新加坡教育投资政策研究》,中国社会科学出版社,2012,第29页。

4.5%、6.4%相比则明显偏低。① 从70年代末到80年代初,经济进入资本密集型时期,教育要培养出高质量的人才来满足经济发展的需要,在80年代的10年中,教育经费增长率每年以30%左右的速度递增,特别是吴庆瑞提出"追求卓越是新加坡教育的目标"后,每年国民生产总值的3%以上投入教育,经费数额在1989年以后每年都呈稳步上升趋势。② 这时期新加坡公共教育投资比例与发达国家相比仍然偏低,但是在高等教育领域从1978年至1988年经费年均增长比例却高达22.1%,足见国家对培养高素质的精英人才的迫切需求。20世纪90年代以来,新加坡进入知识密集型经济快速发展时期。电子产业成为支柱产业,为配合经济发展,1991年,吴作栋总理提出了《新的起点》的经济策略计划,并且在《教育:对国民的投资》这章中明确提出了要发挥每个人的潜能,让每个年轻人都有机会接受至少10年的高素质教育的目标。教育投资也随之跟进并逐年提高,一方面教育投资比例提高到4%~5%,加大对公共教育经费投入力度;另一方面从1993年起实施教育储蓄计划。1990年为19.7亿新元,1991年为22.6亿新元,1995年达34.6亿新元,如果再加上政府拨出的5亿教育储蓄基金,该年度的教育经费总数达到42.1亿新元,当年的人均教育经费约合1000美元,居世界发达国家前列。③ 事实上,新加坡1991年的公共教育经费年均8%的增长率已经超过美国、英国、德国和日本,从1997年到2001年,公共教育投资占GDP的比例由3.1%稳步提升到了4.1%,很好地配合了经济发展需求。

最后,教育投资的高效率与超前适应性。教育投资与其他经济运作具有同样的道理,也有投入与产出的问题。"在教育过程中所消耗的人力、物力和财力称为'教育投入',把教育成果即所培养一定数量、质量的学生称为'教育的直接产出'。而教育投入与教育的直接产出之比就是教育投资或教育经费的使用效率,也称教育的经济效率。"④ 这也是新加坡政府非常关注的问题。对于教育的投入和产出,新加坡政府的经验是教育投资的高效

---

① 曹惠容:《新加坡教育投资政策研究》,中国社会科学出版社,2012,第64页。
② Bruce M, Mitchell & Robert E. Salsbury, Multicultural Education an International Guide to Research, Policies and Programs, First Published by Greenwood Press, 88 Post Road West, Westport. Ct 06881 An Imprint of Greenwood Publishing Group, Inc., 1996:286.
③ 曹惠容:《新加坡教育投资政策研究》,中国社会科学出版社,2012,第85页。
④ 曹惠容:《新加坡教育投资政策研究》,中国社会科学出版社,2012,第183页。

率源自发展性教育投资。在每年的教育支出经费中都有一部分发展性开支，且年年增长。1969~1970年度的发展性教育经费约0.18亿新元，约占年度总经费的8.53%；1979~1980年度为0.54亿新元，约占年度总经费的9.71%；1989~1990年度为1.5亿新元，约占年度总经费的8.33%；1999~2000年度为22亿新元。发展性教育经费主要用于添置和改善最新的信息技术教育设备与研究机构。为推动"智能岛"进程，尽快实现新加坡信息技术教育总体规划，1996年，政府投资8200万新元开发被誉为"Singapore One"（新加坡一号计划）的宽带信息高速公路项目。2002年政府提出每两名学生拥有一台电脑，每位教师拥有一台电脑，并实现了所有学校的校园联网，所有教师和小学四年级以上学生每人一个电子邮件账号，初步具有了"智能岛"的雏形。[①] 早在新加坡信息技术教育总体规划开始之前的1991年，新加坡国立大学就启用了连接全校的光纤网络，成为亚太地区覆盖范围最广的校园网，并与世界上大约三千所教育研究机构连线，大大提高了大学的研究效率。[②] 新加坡这种对未来的发展性教育投资，提前把新加坡教育带入了未来的时代，使教育在超前运行中，尽快适应新的环境，提高教育效率。而政府所要做的就是竭尽所能地预见到新加坡教育的下一个急转弯并做好充分准备。

三 以开放的思维与创新的精神规划双语教育

新加坡双语教育政策发展的道路并不是一帆风顺的，但无论时代如何变迁，道路怎样崎岖坎坷，双语教育的方向从未改变。新加坡今日的发展成就充分证明了半个多世纪前双语教育决策的远见卓识。

首先，东西方文化的共同滋养造就了新加坡务实开放的语文教育态度。新加坡在历史上就是一个东西文化交汇点，在语文上有着多元传统，在人民行动党政府建国之前，语文从没有统一过。马来语、印度语、华语、英语以及方言等都缤纷复杂地共存于这个小岛。由于各族群在国家意识与文化方面分别认同各自的原住国，所以各族群相对聚族而居，各说各话。但长达一百多年的殖民统治，使得各族群不得不接触到以英语为主的东西

---

① 曹惠容：《新加坡教育投资政策研究》，中国社会科学出版社，2012，第153~154页。
② 曹惠容：《新加坡教育投资政策研究》，中国社会科学出版社，2012，第154页。

各种语言和文化，特别是以港口贸易为主的经济结构也促使居住在岛上的各族群具有在语言文化上沟通世界的能力。此外，港口贸易所带来的世界各地不同的风景文化也使新加坡人开阔了眼界，并且在东西方文化的共同滋养下，形成了新的具有开放务实与包容精神的语文文化特点和沟通东西、中和东西的能力。这种在殖民文化、港口贸易与民族文化传统共同作用下建立起来的语文文化特质，从某种意义上看就是新加坡人的共同文化特质。

新加坡从没有想过它应该属于哪一个民族，它所思考的是新加坡属于世界，世界也属于新加坡的问题。在实用主义原则下，新加坡以英语为共同语，明确了四种官方语言的平等地位，实行双语教育制度以解决生存发展与传承民族优秀传统的问题。并把建设"一个民族，一个国家，一个新加坡"的优雅、昌盛的社会确定为新加坡的奋斗方向。正是这种开放务实的语文态度，打造了新加坡堪称世界典范的双语教育政策。

其次，共同价值观让多元语文和谐相处。20世纪80年代，新加坡集中开展了国家意识大讨论，并专门成立了由李显龙担任主席的"国家意识委员会"。李显龙提出："如果我们要避免被西方价值观所淹没，我们就得有自己的国家意识。新加坡人应该自问，要随波逐流，还是自己决定未来的方向。我们的领袖很明显地希望新加坡社会继续保持亚洲人的基本价值观，而不是沦为一个邯郸学步的伪西方社会。"[①] 1991年1月，新加坡政府在"受西方影响的巨大压力下"发表了《共同价值观白皮书》，提出了"国家至上，社会为先"的五大共同价值观并明确上升为国家意识。共同价值观以儒家文化为基础，汇集了多元种族的多元优秀文化，还包括马来文化、印度文化和西方文化精髓，在传统的形式下寻找适宜新加坡生存发展的内涵，努力均衡东西方文化并赋予现代意义，在世界四大文化共同交织的基础之上重新建构新加坡文化。在多元文明和谐融汇的环境里，新加坡的多元语文也得以和谐共处。

最后，面向未来的"第三语文"。依靠双语立国的新加坡，因为在发展中不断体会到掌握语文所带来的好处，对语文的关注与规划也逐步深化，并引领新加坡迈向新的未来。对国民的语文要求从国内的四种语文扩展到国外的多种语文，1978年，在新加坡晋升为中等发达国家不久，教育部就拟定了"外国语文学习计划"，把德文、日文和法文列为双语之外的"第

---

① 李一平、周宁：《新加坡研究》，国际文化出版公司，1996，第183页。

三语文"来学习。21 世纪以来,"第三语文"逐渐增加到七种之多,并与"区域通识课程"相互配合与促进。虽然到目前为止,新加坡的语文教育政策还是双语教育,"第三语文"只是自愿选读的科目,但是在全球化浪潮中,在人力资源与语文优势继续成为新加坡应对未来的最大优势的形势下,新加坡语文教育的未来走向将必然是三语或多语教育。"第三语文"是新加坡后双语教育时代的主题,也标志着双语教育政策逐渐成熟。

新加坡在双语教育政策上的开放思维与创新精神,立足当前,包容多元,放眼未来,努力在现实发展中探寻与超前践行着语文教育的未来之路,为新加坡的社会发展引路。正如李光耀所说的:"语文政策会是一个永无休止的旅程。新加坡的双语教育政策已经进行了多次改进,未来还会继续这样做。尤其现在面临的是一个持续变化中的世界,新加坡与外部世界发展的联系益加广泛,语言政策不可能一成不变,必然会不断地相应调整。"①

四 创造"活"的双语生存环境

新加坡的双语教育政策并不仅仅存在于校园里,而是活生生地根植于各民族人民生活的各个层面之中。无论是构筑共同的意识形态还是政党竞选,无论是作为各民族和谐相处的"黏合剂"还是充当促进经济发展的"救生筏",双语教育政策促使新加坡在各个方面都从两极向中和转型,并创造"活"的双语生存环境,保持与世界沟通渠道的畅通。

首先,全球化背景下,语文成为一种新的国家生存文化。20 世纪 90 年代以来,世界各国之间政治经济整体相互依存关系日甚,任何超脱于世界秩序之外的国家都不可能很好地生存下去。要在国际关系更加复杂、竞争更加激烈的"地球村"中胜出,既要有全球意识,也要有独特的生存能力和技巧。在文化已经成为国家发展核心战略的时代大背景下,新加坡以双语优势构建了一种新的国家生存文化。新加坡语文文化的培育与发展是伴随着国家的独立而共同成长的,是新加坡独特的历史命运、地理环境以及多元民族与语文共同创造出来的,是新加坡人才立国战略独有的文化特性。新加坡的语文文化是在双语教育政策基础上建立的包括双语人才、双语环

---

① 〔新加坡〕李光耀:《我一生的挑战:新加坡双语之路》,联合早报出版社,2011,第 260 页。

境、双语教育体系、语文与政治经济的关系等在内的整个系统。双语教育政策紧密配合政治、经济发展需要，为国家培养双语精英人才，在这一过程中逐渐形成的新加坡的语文文化，成为新加坡和新加坡人生存发展的优势，是走向世界的前提，也是让世界在这里相聚的基础。美国匹兹堡大学教授许倬云曾说："我甚至敢于做这么一个梦：新加坡，一个小小的城邦很可能成为世界其他地方令人瞩目的一个未来全球性文化的种子。这样一个伟大的全球性文化将代表许多伟大传统的融合。"① 新加坡的确是世界双语教育景观中最具特色的一处。

其次，配合经济发展需要，助推语文实用功能的提升。新加坡务实的双语教育政策促进了经济的高速发展，反过来，经济发展也强化了语文的实用功能。新加坡在历史上就是一个自由港，独立建国后，外向型经济不断发展提升，特别是五次经济转型，每一次都对语文教育提出了相应的改革要求，而每一次教育改革都能配合经济发展需要，不断加强语文的实用功能。新加坡政府的实用主义语文观，突出语文教育服务经济的功能。无论是何种语文，只要它所代表的国家经济能够影响世界，新加坡都会去学习它。对于英文第一语文的使用，李光耀曾这样分析道："只要世界继续以经济为主导，只要美国还能在创新科技领域中保持领先的地位，那么欧盟也好，日本或中国也罢，相信谁也取代不了美国当今所拥有的超凡地位。"② 伴随着中国经济的崛起，华文从经济价值的角度而被提倡，外交部部长杨荣文于2005年9月8日在《海峡时报》上发表文章，提出东盟必须适应中国经济高速发展，因为它正在改变全球景观。李光耀也认为："华语是一种充满活力的语言，它不但能传递文化价值观，同时也能为我们带来无数的新机遇。"③ 同样，印度经济的蓬勃发展也引起了新加坡政府的高度重视，或许，泰米尔语也会在不久的将来成为新加坡热门的经济语文。对于泰米尔语的推广，从2008年开始，新闻、通信和艺术部都增设了泰米尔语电视频道，且播放时间由每周29小时延长到了65小时。

最后，全社会的语言运动，让标准语文扎根生活。新加坡2000年的人口普查结果显示，已经推广了21年的"讲华语运动"基本完成了

---

① 李一平、周宁：《新加坡研究》，国际文化出版公司，1996，第170页。
② 〔新加坡〕李光耀：《李光耀回忆录（1965～2000）》，联合早报出版社，2000，第557页。
③ 〔新加坡〕李光耀：《我一生的挑战：新加坡双语之路》，联合早报出版社，2011，第148页。

最初的以华语取代方言的目标任务,从这一年开始每年一度的讲华语运动的指导方向调整为"生活的语言",以进一步扩大华语的使用空间和范围,提升华语水平。这一调整方向把华文教育引向了整个社会和人们的生活之中,为语文扎根生活创造了条件。2000年,新加坡针对影视作品中存在的"杂菜式"英语及其产生的不良影响,开展了"讲标准英语"运动以倡导正确使用英语。21世纪以来,新加坡的讲双语运动都更多地关注"语言净化"的问题,通过对双语标准规范的推广,如今的新加坡已经成为一个讲英语和讲华语都能行得通的社会,并正在从一个"低语境文化"社会向着"高语境文化"社会过渡。在这个过程中,每一个新加坡人都需要了解和认识到双语的价值,并促进标准双语扎根生活。

要求学生同时学习两种以上不同语系的语文的确不是一件容易做到的事情,新加坡的双语教育政策也走过一些弯路。但是,在没有任何榜样可资借鉴的情况下,新加坡依靠自己的努力,在半个世纪的时间里,以近400万新加坡人为研究和实验对象,构建了世界上最大、最复杂、也是最成功的语文实验室。这是一场高敏感度的语文实验,更是对国家生存发展出路的创新探索。双语教育政策坚持与时俱进,改进创新,并保持高度灵活性,兼顾工具语言与文化语言的共同发展,基本实现了"乐学善用"的美好愿景。语文政策作为基本国策之一,其鲜明的可操作性特点,成为新加坡治国理政最具实用性的工具。李光耀认为:"对于新加坡这样一个多元种族、多元文化的社会来说,要实现国家利益以及政府有效的管理,语言政策是重要而实用的工具。"[1] 作为一个依靠语文教育而飞黄腾达的东南亚小岛国,新加坡在双语教育方面积累了丰富的经验,学习和借鉴新加坡双语教育成功经验,研究其发生发展的历史过程,对于同样实行双语教育政策以应对全球化挑战的其他国家具有宝贵的借鉴意义。

新加坡双语教育政策的成功有着深刻的社会历史渊源,是独特的历史命运与社会发展共同打造的结果,是务实的教育理念与科学合理的教育体制通力合作的结果,是在新加坡这块土壤里经过特殊的培育方式而结出的果实。我们学习新加坡双语教育政策的成功经验,不能总是看到其光鲜亮

---

[1] 〔新加坡〕李光耀:《我一生的挑战:新加坡双语之路》,联合早报出版社,2011,第254页。

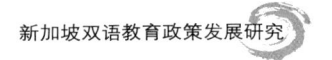

丽的果实，更要把关注点放在这果实成长的环境、培育的过程和方法上，才能探究其成功的真正奥秘。随着中国经济全球化程度的日益深化以及人才国际化程度的逐渐提高，双语教育政策也成为教育改革领域里的重点课题，吸收和借鉴新加坡双语教育政策的成功经验对于我国实施双语教育政策具有重要的借鉴意义。

参考文献

一 中文专著

[1]〔德〕弗劳利安·康马斯:《新亚洲》,中央编译出版社,1998。

[2]〔法〕G.赛代斯:《东南亚的印度化国家》,蔡华、杨保筠译,商务印书馆,2008。

[3]〔马〕郑良树:《马来西亚华文教育史》(第二分册),马来西亚华校教师总会,1999。

[4]〔美〕塞缪尔·亨廷顿:《文明的冲突与世界秩序的重建》(修订版),周琪等译,新华出版社,2010。

[5]〔美〕汤姆·普雷特:《李光耀对话录》,张立德译,现代出版社,2011。

[6]〔日〕松浦章:《明清时代东亚海域的文化交流》,郑洁西等译,江苏人民出版社,2009。

[7]〔新加坡〕王秀南:《星马教育泛论》,东南亚研究所,1970。

[8]〔新加坡〕蔡志礼主编《学语致用——李光耀华语学习心得》,汕头大学出版社,2006。

[9]〔新加坡〕陈志锐:《新加坡华文及文学教学》,浙江大学出版社,2011。

[10]〔新加坡〕崔东红:《新加坡的社会语言研究》,北京出版社,2011。

[11]〔新加坡〕郭振羽:《新加坡的语言与社会》,台湾正中书局,1985。

[12]〔新加坡〕行动报编委会:《人民行动党四周年纪念特刊》,1958。

[13]〔新加坡〕李光耀:《经济腾飞路——李光耀回忆录》,外文出版社,2001。

[14] 〔新加坡〕李光耀:《李光耀回忆录 1965—2000》,联合早报出版社,2000。

[15] 〔新加坡〕李光耀:《李光耀四十年政论选》,现代出版社,1994。

[16] 〔新加坡〕李光耀:《风雨独立路——李光耀回忆录(1923~1965)》,外文出版社,1998。

[17] 〔新加坡〕李光耀:《我一生的挑战:新加坡双语之路》,联合早报出版社,2011。

[18] 〔新加坡〕《联合早报》编《李光耀 40 年政论选》,联邦出版社,1993。

[19] 〔新加坡〕刘松涛:《新加坡可以更繁荣》,新华出版社,2012。

[20] 〔新加坡〕卢绍昌:《华语论集》,新加坡国立大学华语研究中心,1984。

[21] 〔新加坡〕潘星华:《新加坡教育点评》,创意圈出版社,2006。

[22] 〔新加坡〕潘星华:《新加坡教育特写》,诺文文化事业私人有限公司,2008。

[23] 〔新加坡〕潘星华:《新加坡校长访谈录》,创意圈出版社,2006。

[24] 〔新加坡〕特选学校委员会:《师说——特选学校成立三十周年纪念论文集》,特选学校委员会出版,2009。

[25] 〔新加坡〕人民行动党惹兰加由支部(张合德)编《人民行动党建党宣言》(1954 年 11 月)/惹兰加由支部庆祝成立八周年纪念特刊——我党政治斗争发展史料集(1954~1967),新加坡。

[26] 〔新加坡〕宋明顺:《新加坡青年的意识结构》,教育出版社,1980。

[27] 〔新加坡〕宋旺相:《新加坡华人百年史》,Oxford University Press,1984。

[28] 〔新加坡〕苏瑞福、薛学了:《新加坡人口研究》,王艳等译,厦门大学出版社,2009。

[29] 〔新加坡〕王秀南:《东南亚教育史大纲》,东南亚研究所,1989。

[30] 〔新加坡〕吴元华:《华语文在新加坡的现状与前景》,创意出版社,2004。

[31] 〔新加坡〕吴元华:《母语:打开文化宝库的钥匙》,新加坡莱佛士书社,1999。

[32] 〔新加坡〕吴元华:《务实的决策——新加坡政府华语文政策研究》,

当代世界出版社，2008。

[33]〔新加坡〕谢泽文：《从报告书看近年来新加坡华文教学的改革》，新加坡华文研究会：《新加坡华文教学论文四集》，Panpac Education Private Limited，2006。

[34]〔新加坡〕谢泽文：《新加坡五十年来推行双语教育政策的一些措施》，新加坡华文研究会：《新加坡华文教学论文五集》，教育出版社，2008。

[35]〔新加坡〕谢泽文：《教学与测试》，新加坡华文教师总会，2003。

[36]〔新加坡〕新加坡华文研究会：《新加坡华文教学论文四集》，EPB Pan Pacific，2006。

[37]〔新加坡〕新加坡华文研究会：《新加坡华文教学论文二集》，莱佛士书社，2001。

[38]〔新加坡〕新加坡教育部：《华文课程与教学法检讨委员会报告书》，2004。

[39]〔新加坡〕新加坡教育部：《新加坡教育法》，新加坡，1993。

[40]〔新加坡〕新加坡教育部：《新加坡华文教学的检讨与建议》，1992年3月28日。

[41]〔新加坡〕新加坡政府：《新加坡：新的起点》，新加坡报业控股华文报集团，1991。

[42]〔新加坡〕新明日报（新加坡）有限公司：《从李光耀到吴作栋》，新明日报（新加坡）有限公司，1991。

[43]〔新加坡〕许甦吾：《新加坡华侨教育全貌》，南洋书局，1949。

[44]〔新加坡〕许通美：《无论如何良好的政府最重要》，《探索世界秩序》，中央编译出版社，1999。

[45]〔新加坡〕杨松年：《新马文学论争与社会变迁的关系：以战前新马文学论争为例的说明》，《传统文化与社会变迁》，新加坡同安会馆，1994。

[46]〔新加坡〕叶钟玲、朝晖编著《林惠祥南洋研究文集》，民族出版社，2009。

[47]〔新加坡〕周清海：《华文教学应走的路向》，南洋理工大学中华语言文化中心，1998。

[48]〔新加坡〕周清海：《文化、智力、性别与双语能力——以新加坡双

语教育为例》，谢泽文编《新加坡华文教学论文集》，北京语言学院出版社，1994。

[49]〔英〕W. G. 赫夫：《新加坡的经济增长——20世纪里的贸易与发展》，牛磊等译，中国经济出版社，2001。

[50]〔英〕安迪·格林：《教育与国家形成：英、法、美教育体系起源之比较》，王春华等译，教育科学出版社，2004。

[51]〔英〕哈·弗·皮尔逊：《新加坡史》，新加坡史翻译小组译，福建人民出版社，1972。

[52]〔英〕科林·贝克：《双语与双语教育概论》，翁燕珩等译，中央民族大学出版社，2008。

[53]〔英〕亚历克斯·乔西：《李光耀》，上海人民出版社，1976。

[54]〔英〕亚历克斯·朱熹：《新加坡第一》，台湾金陵图书有限公司，1982。

[55]曹惠容：《新加坡教育投资政策研究》，中国社会科学出版社，2012。

[56]曹云华：《新加坡的精神文明》，广东人民出版社，1992。

[57]曾玲：《越洋再建家园——新加坡华人社会文化研究》，江西高校出版社，2003。

[58]陈翰笙主编《华工出国史料汇编（第二辑）》，中华书局，1980。

[59]陈嘉庚：《南侨回忆录》，岳麓书社，1998。

[60]陈锡礼编《他山之石——前新加坡驻日本、南朝鲜特命全权大使黄望青教授论日本、新加坡经济发展之奥秘》，西南师范大学出版社，1987。

[61]北京大学南亚东南亚研究所编《南亚东南亚评论（第1辑）》，北京大学出版社，1988。

[62]陈育崧：《椰阴馆文存第二卷》，陈荆、陈育崧编《新加坡华人碑铭集录》，香港大学出版部，未署出版日期。

[63]陈之权：《新加坡教育分流下华文课程面对的问题与挑战及改革策略研究》，华中师范大学，2005。

[64]陈之权：《大题小做——新加坡华文课程与教学论文集》，南京大学出版社，2011。

[65]陈志锐：《新加坡华文及文学教学》，浙江大学出版社，2011。

[66]陈岳、陈翠华：《李光耀——新加坡的奠基人》，时事出版社，1993。

[67] 崔东红：《新加坡的社会语言研究》，北京出版社，2011。

[68] 陈荆、陈育崧编《萃英书院募捐芳名碑记》，《新加坡华文碑铭集录》，香港大学出版部，未署出版日期。

[69] 董霄云：《文化视野下的双语教育——实践、争鸣与探索》，上海教育出版社，2008。

[70] 冯增俊、卢晓中：《战后东盟教育研究》，江西教育出版社，1996。

[71] 傅政罗、王锐、庞荣谦：《亚洲"四小龙"与外向型经济》，中国对外经济贸易出版社，1990。

[72] 郭建军：《新加坡外向型经济全球化进程（1965—2010）》，社会科学文献出版社，2012。

[73] 郭梁主编《战后海外华人变化国际学术研讨会论文集》（中英文论文），中国华侨出版公司，1990。

[74] 韩福光、华仁、陈澄子：《李光耀治国之论》，台北：天下远见出版股份有限公司，1999。

[75] 黄明：《新加坡双语教育与英汉语用环境变迁》，厦门大学出版社，2012。

[76] 暨南大学东南亚研究所广州华侨研究会：《战后东南亚国家的华侨华人政策》，暨南大学出版社，1989。

[77] 暨南大学华侨研究所：《华侨教育》（第二辑），暨南大学出版社，1984。

[78] 孔建勋等：《多民族国家的民族政策与族群态度——新加坡、马来西亚和泰国实证研究》，中国社会科学出版社，2010。

[79] 李大光、刘力南、曹青阳编著《今日新加坡教育》，广东教育出版社，1996。

[80] 李一平、周宁：《新加坡研究》，国际文化出版公司，1996。

[81] 梁英明：《战后东南亚华人社会变化研究》，昆仑出版社，2007。

[82] 林远辉、张应龙：《新加坡马来西亚华侨史》，广东高等教育出版社，2008。

[83] 刘小枫：《中国文化的特质》，生活·读书·新知三联书店，1990。

[84] 卢艳兰：《新加坡高等院校人文素质教育研究》，人民出版社，2012。

[85] 鲁虎：《新加坡》，社会科学文献出版社，2004。

[86] 吕元礼：《新加坡为什么能》（上、下），江西人民出版社，2010。

[87] 吕元礼等:《鱼尾狮智慧 新加坡政治与治理》,经济管理出版社,2010。

[88] 潘懋元:《东南亚教育》,江苏教育出版社,1988。

[89] 彭伟步:《新马华文报文化、族群和国家认同比较研究》,暨南大学出版社,2009。

[90] 强海燕:《东南亚教育改革与发展》,广东高等教育出版社,2010。

[91] 宋若云:《新加坡教育研究》,经济科学出版社,2013。

[92] 孙景峰:《新加坡人民行动党执政形态研究》,人民出版社,2005。

[93] 汤云航、吴丽君:《新加坡/中国推广普通话比较研究》,辽宁民族出版社,2006。

[94] 汪怿:《引进海外高科技人才比较研究——以新加坡和我国香港、台湾、上海为例》,上海社会科学院出版社,2012。

[95] 王斌华:《双语教育与双语教学》,上海教育出版社,2005。

[96] 王学风:《新加坡基础教育》,广东教育出版社,2003。

[97] 王永炳:《挑战与应对——全球化与新加坡社会伦理》,友联书局,2005。

[98] 魏炜:《李光耀时代的新加坡外交研究(1965~1990)》,中国社会科学出版社,2007。

[99] 吴英成:《汉语国际传播:新加坡视角》,商务印书馆,2010。

[100] 吴云霞:《新加坡小学教育考察》,南京师范大学出版社,2001。

[101] 许通美:《探究世界秩序:一位务实的理想主义者的观点》,中央编译出版社,1999。

[102] 许小颖:《语言政策和社群语言——新加坡福建社群社会语言学研究》,中华书局,2007。

[103] 姚寿广、经贵宝:《新加坡高等职业教育——以南洋理工学院为例》,高等教育出版社,2009。

[104] 余定邦、黄重言:《中国古籍中有关新加坡、马来西亚资料汇编》,中华书局,2002。

[105] 余强:《国外双语教育的理论和实践》,陕西人民教育出版社,2006。

[106] 赵慧:《双语教学纵横谈》,天津教育出版社,2006。

[107] 郑维川:《新加坡的治国之道》,中国社会科学出版社,1996。

[108] 周健、彭小川、张军：《汉语教学法研修教程》，人民教育出版社，2004。

[109] 朱默君：《体验新加坡——27位留学生眼中的中新教育差异》，华东师范大学出版社，2006。

[110] 庄国土等：《二战以后东南亚华族社会地位的变化》，厦门大学出版社，2003。

[111] 庄善裕：《东南亚地区华文教育文集》，暨南大学出版社，1996。

二 专题报告、讲话

[1] 〔新加坡〕时任新加坡海军少将、教育部长兼国防部第二部长张志贤在新加坡中文教师工会成立45周年庆典暨工会会馆开馆仪式上的讲话（英文），新加坡，1998年7月6日。

[2] Richard Lee Colvin，《教育是新加坡生存之道》，http：//club.lanyue.com/view/48/251389.htm，2014年2月16日。

[3] 〔新加坡〕潘星华、杨雪慧：《新加坡特选学校设旗舰课程让学生体验中华文化》，中国新闻网，2009年9月7日。

[4] 〔新加坡〕李光耀：《"独立后新加坡的适当教育制度"座谈会上的讲话》，新加坡：《星洲日报》1957年2月28日。

[5] 〔新加坡〕杨玉麟：《统一教育政策的成就》，新加坡：《民报》1960年12月31日。

[6] 〔新加坡〕李光耀：《在为补选而举行的群众大会上的讲话》，新加坡：《南洋商报》1961年6月22日。

[7] 〔新加坡〕李光耀：《庆祝教师节的致词》，新加坡：《南洋商报》（星期刊）1961年8月6日。

[8] 〔新加坡〕李光耀：《在新加坡中华总商会庆祝新大厦落成典礼上的致词》，新加坡：《南洋商报》1964年7月29日。

[9] 〔新加坡〕李光耀：《茶阳会馆四机构联庆暨扩建馆校全部落成典礼上的致词》，《南洋商报》1966年11月14日。

[10] 〔新加坡〕李光耀：《在接受美国马萨诸塞大学颁发名誉法学博士学位时的发言》，《星洲日报》1977年10月15日。

[11] 〔新加坡〕欧进福：《促青少年关注政经社会问题》，新加坡：《联合

早报》1984年7月22日。

[12]〔新加坡〕李光耀：《一人一票制能继续——李总理在丹戎巴葛选区庆祝国庆联欢宴会上的讲话》，新加坡：《联合早报》1984年8月17日。

[13]〔新加坡〕杨荣文：《在国会上的发言》，《联合早报》1991年3月26日。

[14]〔新加坡〕吴作栋：《勿因方便与经济价值抹煞亚洲文化传统》，新加坡：《联合早报》1991年7月27日。

[15]〔新加坡〕杨荣文：《在国会上的发言》，《联合早报》1991年9月26日。

[16]〔新加坡〕新加坡华文教学检讨委员会：《新加坡华文教学的检讨与建议》，1992年3月28日。

[17]〔新加坡〕严孟达：《告别方言时代之后》，新加坡：《联合早报》1992年9月6日。

[18]〔新加坡〕李显龙：《为迎接21世纪作好准备》，新加坡：《联合早报》1995年9月23日。

[19]〔新加坡〕李显龙：《在华侨中学向华中和华初学生发表演讲》，《联合早报》1995年9月23日。

[20]〔新加坡〕《时任新加坡副总理李显龙在国民教育启动仪式上的讲话》（英文），1997年5月17日。

[21] 李莹：《新加坡华文不太景气》，人民网，2004年2月18日（www.people.com.cn/GB/paper68/11354/1025188.html）。

[22]〔新加坡〕李显龙：《李总理国庆群众大会演讲》，《联合早报》2005年8月22日。

[23]〔新加坡〕李显龙：《讲华语运动开幕式上的讲话》，《华声报》2005年11月24日。

[24]〔新加坡〕王慧容：《落实"少教多学"方针 教育部资助另21学校课程》，新加坡：《联合早报》2006年7月8日。

[25]〔新加坡〕《李总理：赌场不会成为我国经济重心，新加坡不会变成澳门》，新加坡：《联合早报》2007年9月11日。

[26]〔新加坡〕《李显龙总理访谈全文》，新加坡：《联合早报》2008年4月13日。

[27]〔新加坡〕《时任新加坡高级政务次长马善高带领一批马来语教师赴文莱达鲁萨兰国实施语言文化浸濡活动时的讲话》（英文），2008年7月25日。

[28]〔新加坡〕潘星华：《华文二语教学法新加坡是最大实验场》，新加坡：《联合早报》2009年5月24日。

[29]〔新加坡〕潘星华：《突显各自特点 2012年发展完成所有特选学校将各有旗舰项目》，新加坡：《联合早报》2009年9月5日。

[30]〔新加坡〕母语教育总理记者会：《黄永宏：成立母语教育检讨委员会是重视而非削弱双语政策》，新加坡：《联合早报》2010年5月12日。

[31]赵琬仪、林诗慧、王珏琪：《总理表态支持反响广 新加坡掀起母语教育大讨论》，中国新闻网，2010年5月13日。

[32]〔新加坡〕陈能端：《麦肯锡探讨全球20个教育体制报告》，新加坡：《联合早报》2010年12月1日。

[33]〔新加坡〕周殊钦：《面对竞争 总理要我国教育更上一层楼》，新加坡：《联合早报》2011年1月3日。

[34]陈能端：《新加坡母语教育检讨报告出炉 教学考试方式将调整》，中国新闻网，2011年1月20日。

[35]〔新加坡〕潘星华：《特选中学保住优秀华校》，新加坡：《联合早报》2011年12月18日。

[36]〔新加坡〕《时任新加坡教育部长王瑞杰在第六届教师大会上的讲话》（英文），2012年5月31日。

[37]〔新加坡〕黄永宏：《各国CEO评本地大学生弱点》，新加坡：《我报》2012年9月1日。

三 论文

[1] 陈之权：《新加坡教育分流下华文课程面对的问题与挑战及改革策略研究》，2005。

[2] 王林昌：《新加坡教育体系的特色及利弊分析》，《河北工程大学学报》（社会科学版）2007年第6期。

[3] 李岩、杨文君、张玮玮：《新加坡教育的国际化视野及启示》，《中医教育》2011年第11期。

[4] 柳水平：《试析新加坡教育政策的基本理念》，《武汉教育科学研究院学报》2007 年第 2 期。

[5] 卢晓中：《论新加坡教育发展战略的若干特征》，《外国教育研究》1997 年第 5 期。

[6] 陈文：《新加坡教育的迅速发展及其原因》，《东南亚纵横》1995 年第 1 期。

[7] 于丹、周先进：《新加坡东方价值观教育运动的特点与经验》，《湖南农业大学学报》（社会科学版）2011 年第 5 期。

[8] 曹惠容：《试析新加坡实现人才立国战略的重要环节》，《中国教育学会比较教育分会第十六届年会资料》，2012。

[9] 李国娟：《新加坡中小学开展"共同价值观"教育的特色及启示》，《外国中小学教育》2011 年第 12 期。

[10] 张培：《"中西合璧"的新加坡教育》，《河南教育》2011 年第 4 期。

[11] 陈玉清：《明．新加坡双语教育与华人语言习惯和态度的变迁》，《集美大学学报》2011 年第 12 期。

[12] 黄明：《新加坡双语教育模式与语用环境及语言转移》，《西南民族大学学报》2012 年第 4 期。

[13] 李露、邓剑：《新加坡高等教育"钻石体系"的竞争优势及启示》，《现代教育科学》2011 年第 1 期。

[14] 杨玮玉：《新加坡（2000—2009 年）中等教育的改革与发展》，《现代教育科学·普教研究》2012 年第 3 期。

[15] 王学风：《面向 21 世纪的新加坡基础教育改革》，《外国教育研究》2002 年第 2 期。

[16] 王敏：《新加坡基础教育改革的多层面思考》，《现代中小学教育》2009 年第 1 期。

[17] 霍利婷：《新加坡"学校家庭教育计划"》，《外国中小学教育》2008 年第 7 期。

[18] 黄明：《新加坡华文学校教育体系消亡的原因》，《河南师范大学学报》（哲学社会科学版）2012 年第 3 期。

[19] 李宏伟、陈友力：《新加坡南洋理工学院师资队伍建设探析》，《成人教育》2010 年第 5 期。

[20] 徐颖：《浅析新加坡高等教育的国际化发展战略》，《浙江师范大学学

报》（社会科学版）2003年第3期。

[21] 陈莉：《全球化背景下的新加坡双语教育探析》，《外国教育研究》2010年第3期。

[22] 吴晓平：《上海与新加坡教育行政部门比较及启示》，《河南师范大学学报》（哲学社会科学版）2012年第13期。

[23] 陶也青：《提升教育的品质——新加坡教育发展的启示》，《南昌高专学报》2004年第3期。

[24] 武小军：《新加坡教育政策及社会效力对我国实施双语教育的启示》，《教学与管理》2006年第6期。

[25] 宋火金：《新加坡教育对我国教育改革的启示》，《基础教育参考》2006年第4期。

[26] 《新加坡教育发展战略概述》，《世界教育信息》2002年第7期。

[27] 黄建如：《20世纪90年代以来新加坡高等教育的改革与发展》，《南洋问题研究》2010年第1期。

[28] 牛欣欣、洪成文：《"入世"后新加坡高等教育发展的实践探索》，《比较教育研究》2005年第9期。

[29] 《2001年新加坡教育改革概况》，《世界教育信息》2002年第4期。

[30] 《对新加坡教育的一些反思》，《世界教育信息》2002年第2期。

[31] 周聿峨、曾品元：《战后国际局势对新加坡华文教育演变的影响》，《暨南学报》（哲学社会科学版）2002年第1期。

[32] 曹惠容：《新加坡教育投资政策的特点——兼论其成功的原因》，《比较教育研究》2009年第1期。

[33] 胡光明：《新加坡华语生存环境及前景展望》，《云南民族大学学报》（哲学社会科学版）2004年第2期。

[34] 〔新加坡〕李元瑾：《从新加坡两次儒学发展高潮检视中国、新加坡、东南亚之间的文化互动》，《中国哲学史》2005年第3期。

[35] 杨沐：《李光耀和朴正熙的治国思想比较》，《河南师范大学学报》（哲学社会科学版）2011年第4期。

[36] 刘宏：《论二战后新加坡华人社团与教育的互动关系——社会经济的视野》，《华侨华人历史研究》2002年第1期。

[37] 杨敏虹：《剖析新加坡国立大学优质生源选拔机制后的思考》，《第四届全国高校电气工程及其自动化专业教学改革研讨会论文集》）。

[38] 孟瑞霞：《儒家伦理与新加坡"家庭价值观"教育》，《内蒙古师范大学学报》（教育科学版）2010年第4期。

[39] 袁锐锷、李阳秀：《新加坡教育行政管理模式探讨》，《比较教育研究》1996年第3期。

[40] 徐悦仁、刘素民、王默茵：《新加坡教育与儒家文化》，《西安电子科技大学学报》（社会科学版）2000年第4期。

[41] 钟志勇：《新加坡民族教育政策与法规的历史研究》，《宁夏社会科学》2007年第11期。

[42] 王灵芝：《儒家伦理思想在新加坡道德教育中的升华及启示》，《湖南工业职业技术学院学报》2012年第2期。

[43] 邓秀华：《日本、新加坡的德法兼治特色及启示》，《新东方》2004年第6期。

[44] 李静：《新加坡基础教育分流制度的演变及启示》，《重庆科技学院学报》（社会科学版）2012年第12期。

[45] 张虹：《新加坡高等教育走向国际化的策略》，《天津市教科院学报》2012年第2期。

[46] 卢千奇：《新加坡、马来西亚的私立教育》，《比较教育研究》2002年第5期。

[47] 夏裕富：《关于新加坡教育文化的思考》，《大连教育学院学报》2012年第1期。

[48] 桂平辉：《新加坡的教育国际化及其启示》，《武汉市教育科学研究院学报》2007年第2期。

[49] 韦冬雪：《新加坡学校德育对我们的启示》，《广西社会科学》2002年第4期。

[50] 王学风：《新加坡的和谐教育政策及启示》，《比较教育研究》2007年第10期。

[51] 高云、侯萍萍：《新加坡成功教学模式及对我们的启示》，《临沂师范学院学报》2010年第1期。

[52] 洪玉、徐美云：《新加坡发展教育事业的成功经验》，《苏南科技开发》2003年第10期。

[53] 茹宗志：《新加坡高等教育改革新动向述评》，《比较教育》2007年第6期。

[54] 黄建如：《新加坡发展终身学习体系的借鉴意义》，《继续教育研究》2004年第1期。

[55] 韦红：《新加坡解决民族问题的有效途径——多元一体化》，《中南民族学院学报》（哲学社会科学版）1999年第1期。

[56] 〔新加坡〕吴伟彬、陈惠萍：《新加坡学校教育市场化的政策与实践》，《城市观察》2011年第1期。

[57] 〔新加坡〕黄镜波：《宁阳学校史略》，《新加坡宁阳会馆130年纪念特刊》，新加坡：宁阳会馆，1952。

[58] 胡光明：《新加坡华语生存环境及前景展望》，《云南民族大学学报》（哲学社会科学版）2004年第2期。

四　英文专著

[1] Kum Chee Than. *Many Pathways, One Mission: Fifty Years of Singapore Education*, Singapore: Ministry of Education, Curriculum Planning & Development Division, 2007.

[2] Singapore Teachers' Training College: 150 Years of Education in Singapore.

[3] Xu Daming Chewcheng Hai ChenSongcen, *A Survey of Language Use and Language Attitudes in the Singapore Chinese Community*, 南京大学出版社，2005.

[4] Barcan, Alan, *A History of Australian Education*, Oxford University Press, 1980.

[5] Blaug, Mark, *An Introduction to the Economics of Education*, Penguin Books, 1970.

[6] Buchanan, James, Devletogiou, Nicos. *Academia in Anarchy*, Basic Books, 1970.

[7] Butts, R. F., *A Cultural History of Education*, McGraw-Hill, 1947.

[8] Chipman, Lauchlan, *Liberty, Equality and Unhappiness*, The Centre for Independent Studies, 1978.

[9] Clark, B. R., *Entrepreneurial Universities*, Elsevier, 1998.

[10] Connell, W. F., *A History of Education in the Twentieth Century World*, Teachers College Press, 1980.

［11］Currie, J. Introduction. In Currie, J., J. Newson, *Universities and Globalization: Critical Perspectives*, Sage Publications, 1998..

［12］Currie, Jan., Thiele, Bev., *Harris, Patricia. Gendered Universities in Globalized Econnomies: Power, Careers, and Sacrifices*, Lexington Books, 2002.

［13］Green, Madeleine, *Transforming Higher Education: Views from Leaders around the World*, The Oryx Press, 1997.

［14］Hall, Stuart, Jacques, Martin, *New Times: Changing Face of Politics in the 1990's*, Lawrence & Wishart Ltd., 1989.

［15］Halsey, A. H., Lauder, Hugh, Brown, Phillip, etc, *Education: Culture, Economy, and Society*, Oxford University Press, 1997.

［16］Heald, D., *Public Expenditure: Its Defence and Reform*, Oxford: Martin Robertson, 1983.

［17］Karmel, P, *Some Economic Aspects of Education*, Cheshire, 1962.

［18］Mauch, James E., Paula, Sabloff, *Reform and Change in Higher Education: International Perspectives*, Garland Pub., 1995.

［19］McCallum, D., *The Social Production of Merit*, London: Falmer, 1990.

［20］Miliband, D., *Markets, Politics and Education*, Institute for Public Policy Research, 1991.

［21］Partridge, P. H., *Tertiary Education: Society and the Future*, Angus&Robertson, 1965.

［22］Slaughter, A., Leslie, I. I., *Academic Capitalism: Politics, Policies and the Entrepreneurial University*, Johns Hopkins University Press, 1997.

［23］Taylor, Sandra, Rizvi, Fazal, Lingard, Bob, etc., *Educational Policy and the Politics of Change*, Routledge, 1997.

［24］Teather, David C. B., *Higher Education in a Post – Binary Era: National Reforms and Institutional Responses*, Jessica Kingsley Publishers, 1999.

［25］Tierney, William G., *The Social Role of Higher Education: Comparative Perspectives*, Garland Publishing, 1996.

［26］Trow, Martin., *Problems in the Transition from Elite to Mass Higher Education*, Carnegie Commission on Higher Education, 1973.

［27］Rita Elaine Silver, *The Discourse of Linguistic : Language and Economic Policy Planning in Singapore*, Language Policy, No. 4, 2005.

后　记

在马年新春即将到来的前夜，我的书稿终于完成了。在蛇年的整个冬天里，我把自己的一切喜怒哀乐都交给了本书，面对着书桌上堆积如山的书籍和资料，我的喜悦还没有来得及发酵，内心却陡然腾起一种比下笔之时更为强烈的不安。一本书岂能概括新加坡双语教育政策发展非同凡响的半个世纪？在历史的洪流面前，我慨叹人的渺小与卑微，体验了风驰电掣一般历史前进的速度。也许，没有任何文字能够描述历史，正如同一滴水珠无从感受大海的辽阔。

感谢导师朱文富先生的指导帮助，导师学识之渊博、学术之严谨，每每令我高山仰止。在老师门下四年的学习生活，让我深刻地体验到了做学问的艰辛，更体会到"书山有路勤为径，学海无涯苦作舟"的境界。

感谢母亲对我的大力支持，在我工作与学业兼顾的情况下，帮我挑起了大部分家务的重担，让我在不惑之年仍能沐浴在母爱的阳光里安心读书。感谢田田小朋友，在每一个静谧的夜晚和周末的美好时光里，你都懂事地离开我的书房，并告诉我"要好好学习哦"。你纯真的眼神是对我最大的鼓励和支持！

感谢撰写书稿这段纠结的日子，让我遨游在众多先哲思想与精神的海洋里感悟文化的力量！写作过程中的收获和体会将是我人生最大的财富。

周　进

2014 年 4 月

图书在版编目(CIP)数据

新加坡双语教育政策发展研究/周进著.—北京:社会科学文献出版社,2015.3
 ISBN 978-7-5097-7205-8

Ⅰ.①新… Ⅱ.①周… Ⅲ.①双语教学-教育政策-研究-新加坡 Ⅳ.①G533.90

中国版本图书馆 CIP 数据核字(2015)第 048045 号

新加坡双语教育政策发展研究

著　　者 / 周　进

出 版 人 / 谢寿光
项目统筹 / 邓泳红　桂　芳
责任编辑 / 陈晴钰

出　　版 / 社会科学文献出版社·皮书出版分社 (010)59367127
　　　　　　地址:北京市北三环中路甲29号院华龙大厦　邮编:100029
　　　　　　网址:www.ssap.com.cn
发　　行 / 市场营销中心 (010)59367081　59367090
　　　　　　读者服务中心 (010)59367028
印　　装 / 三河市尚艺印装有限公司

规　　格 / 开　本:787mm×1092mm　1/16
　　　　　　印　张:16　字　数:270 千字
版　　次 / 2015 年 3 月第 1 版　2015 年 3 月第 1 次印刷
书　　号 / ISBN 978-7-5097-7205-8
定　　价 / 79.00 元

本书如有破损、缺页、装订错误,请与本社读者服务中心联系更换

▲ 版权所有 翻印必究